"安徽红色历史记忆丛书"编委会

主 编

陆发春

编 委
（按姓氏笔画排序）

朱贵平　张启兵　郝欣富　徐　京
唐国富　唐　莉　黄文治

安徽红色历史记忆丛书

红色寿县

丛书主编 陆发春

蒋二明 编著

时代出版传媒股份有限公司
安徽教育出版社

图书在版编目（CIP）数据

红色寿县 / 蒋二明编著. —合肥：安徽教育出版社，2021.4

（安徽红色历史记忆丛书 / 陆发春主编）

ISBN 978-7-5336-9015-1

Ⅰ.①红… Ⅱ.①蒋… Ⅲ.①革命史－寿县 Ⅳ.①K295.44

中国版本图书馆 CIP 数据核字（2019）第 208095 号

红色寿县
HONGSE SHOUXIAN

出 版 人：费世平
总 策 划：郑 可　费世平
项目统筹：姚 莉　王宗琦
质量总监：姚 莉
策划编辑：王宗琦
责任编辑：黄 文　孙婷婷
装帧设计：吴宂宗
责任印制：李松伦

出版发行：时代出版传媒股份有限公司　安徽教育出版社
地　　址：合肥市经开区繁华大道西路 398 号　邮编：230601
网　　址：http://www.ahep.com.cn
营销电话：(0551)63683012,63683013
排　　版：安徽时代华印出版服务有限责任公司
印　　刷：安徽联众印刷有限公司

开　　本：710×1010　1/16
印　　张：24.25
字　　数：240 千字
版　　次：2021 年 4 月第 1 版　2021 年 4 月第 1 次印刷
定　　价：85.00 元

（如发现印装质量问题，影响阅读，请与本社营销部联系调换）

总　序

2016年7月1日,习近平总书记在庆祝中国共产党成立95周年大会上的讲话中指出:"我们党已经走过了95年的历程,但我们要永远保持建党时中国共产党人的奋斗精神,永远保持对人民的赤子之心。一切向前走,都不能忘记走过的路;走得再远、走到再光辉的未来,也不能忘记走过的过去,不能忘记为什么出发。面向未来,面对挑战,全党同志一定要不忘初心、继续前进。"中国共产党一贯重视对党史国史的学习和研究,从这些历史中,可以看到中国共产党人的初心和使命,可以获得面对各种挑战所应具备的经验与勇气。

"安徽红色历史记忆丛书"在原有的安徽革命历史研究基础上,充分利用近现代历史文献、档案资料,真实全面地反映了安徽革命斗争历程。丛书试图构建一个红色文化研究平台,连点成线,系统地对安徽省内各地红色文化予以陈述。丛书选取安徽省最有红色革命历史传统的十个县市,即合肥、宿州、六安、黄山、寿县、定远、金寨、无为、泾县、岳西,对1912至1949年间这些地区的红色革命历史予以梳理叙述。为避免与以往出版的同类型书籍同质化，本丛书在体例上采取专题叙事方式，即每本书均以专题方式，突出该地区重大主题的红色革命历史。各专题之间，有一定逻辑关系，按照时间和事件发生先后关系，分章叙事论述。丛书强调权威性、学术性和社会大众性有机结合，希望能够打造成既有学术含量，又有文宣效果，能够深入人心的系列图书。

一、安徽红色文化的富矿，有待深入挖掘。

安徽是新民主主义革命时期的重大事件发生地、重要历史人物出生地和革命家活动地，是闻名国内外的红色文化资源大省，因此，研究和保护、开发和利用好红色文化资源，打造和传播好具有安徽特色的红色文化，既有重要的文旅经济价值，也有深远的社会意义和历史意义。

安徽红色历史文化除具备中国革命共通特征之外，另有几个主要特点：

首先，安徽是接受马克思主义思想传播较早，地方党组织组建较早的省域。有先进思想武装的革命组织是革命事业发展的发动机。1921年10月，当时的省城安庆即成立了安徽社会主义青年团组织，1923年安庆成立中共安庆基层支部，寿县乡村小甸集成立中共特别支部。这样一个特点与皖籍出身的中共早期创建者有着紧密关联。我们从《红色岳西》《红色合肥》等卷帙对王步文、蔡晓舟等早期接受新文化思潮的安徽人物的叙述中，可以了解马克思主义思想在安徽传播的概况。

其次，安徽是贯彻八七会议精神，较早进行土地革命，用武装暴动方式发动农民群众,建立独立乡村红色政权的革命先进地区。大革命失败之后,安徽地区的革命者没有被白色恐怖所吓倒,发动了皖西大别山商南立夏节暴动、六霍暴动和请水寨暴动三大农民暴动,成立了红色苏维埃政权和建制的军事武装如红三十二师、红三十三师。1928年4月9日,皖北阜阳爆发著名的"四九"武装起义,成立了皖北苏维埃政府,建立了皖北工农红军。

第三,在1930年代初期,依托大别山区建设的鄂豫皖红色革命根据地,是仅次于中央苏区的红色苏维埃革命政权,覆盖了湖北、河南、安徽的广大地域,是土地革命战争时期中国共产党探索由农村包围城市革命新路径的另一个重要实验区;以红二十五军、红二十八军为主干建立的红四方面军,是发挥了红色种子作用的军队,是中国革命军队的一支源泉队伍。

第四,全国抗日战争爆发后,皖南泾县新四军军部成为大江南北新四军抗战的指挥中心,解放战争时期皖西、淮南、蚌埠、合肥瑶岗相继成为革命武装千里跃进大别山、挺进豫皖苏、淮海战役、渡江战役的指挥枢纽之地。横跨江淮的皖北、皖南是中国革命战争年代革命志士抛头颅洒热血,为建立新中国英勇奋战的热土,是追随中国共产党的革命群众贡献聪明才智的沃壤。

二、要认识到安徽红色文化的时代价值。

安徽是红色文化的富矿,值得研究者条分缕析,阐发隐微。红色文化作为一种独特文化标识,得到党中央的高度重视,其时代价值应该被清晰认知:

第一,安徽红色文化展示了20世纪革命年代以陈延年、陈乔年、王步文、曹渊、许继慎、胡底、陈原道、刘淠西、周维炯、漆德玮、舒传贤、王效亭等为代表的安徽革命志士,为了民族独立和人民解放,前赴后继、无畏牺牲的革命英雄主义气概和血战到底的对敌战斗意志;为了追寻国家光明前景和革命真理,宁肯舍弃一切献身革命事业的崇高革命信仰和历史情怀。这是新时期安徽人民仰之弥高的精神财富。

第二,安徽红色文化展示了革命年代安徽进步人士,始终以爱国主义为精神内涵,为了追求社会进步、国家富强,勇于走在反帝反封建斗争的时代前列,极大地丰富了20世纪安徽思想文化历史,为新时期安徽人民树立了力学笃行的精神丰碑。

第三,安徽红色文化展示了革命年代形成、新中国成立之后不断被阐释宣扬、历经百年风云已经内化为安徽历史传统的精神财富,是新时期安徽人民建功立业、创新进取、奋斗于民族复兴大业、建设美好家园的重要传家之宝。

重视红色文化,学习红色文化,实践红色文化,不仅是安徽文化强省的重大举措,更是中国人民增加文化自信的重要精神源泉。我们不能让富有特色的安徽红色文化,躺在历史的尘埃中。

陆发春

于安徽大学问津楼

目 录

导 语 　　　　　　　　　　　　　　　　　　　　　1

第一章　安徽近代革命运动的策源地　　　　　　　9

　一、寿县的社会变迁　　　　　　　　　　　　　9

　二、寿州志士积极策划安徽反清革命斗争　　　　17

　三、寿州淮上革命军起义　　　　　　　　　　　25

　四、淮上军光复淮河南北及寿州革命党人推动皖宁等地独立

　　　　　　　　　　　　　　　　　　　　　　　28

　五、"二次革命"的先锋　　　　　　　　　　　37

　六、反对北洋军阀的斗争　　　　　　　　　　　41

第二章　安徽最早的中共组织　　44

一、开展新文化运动，传播马克思主义　　46

二、寿县党、团组织的创建和早期党、团员的活动　　53

三、中共寿县小甸集特支　　61

四、寿县党、团组织的发展和活动　　64

五、寿县革命运动蓬勃发展　　70

第三章　勇立潮头的先驱者　　89

一、安徽早期党、团组织的指导者——高语罕　　89

二、黄埔岛上的红色拓荒者——茅延桢　　113

三、安徽多地党、团组织的创建者——薛卓汉　　122

四、安徽最早党组织的创始人——曹蕴真　　134

五、追寻真理的先驱——方运炽　　141

六、"胸中自有主义真"的早期党员——徐梦周　　148

七、北伐武昌第一人——曹渊　　153

第四章　寿县学兵团　　162

一、中共寿县临时委员会的活动　　163

二、中国共产党开展士兵运动和周恩来的指示信　　171

三、创办北路宣慰使署学兵团　　176

四、学兵团教学和革命活动　　　　　　　　　　178

　　五、廖家湾的斗争　　　　　　　　　　　　　　182

　　六、正阳学兵连起义　　　　　　　　　　　　　184

第五章　寿县瓦埠暴动　　　　　　　　　　　　　　187

　　一、中共寿县县委改组并发动群众斗争　　　　　187

　　二、县委对武装斗争的准备　　　　　　　　　　195

　　三、瓦埠暴动　　　　　　　　　　　　　　　　203

　　四、寿县红军游击队的诞生与初期活动　　　　　212

第六章　皖西北游击区的开辟和坚持　　　　　　　　221

　　一、中共寿县中心县委的重建、调整及其领导的群众斗争　222

　　二、发展革命武装　开展游击斗争　　　　　　　231

　　三、革命武装在斗争中壮大　　　　　　　　　　238

　　四、县委解体和游击队转移　　　　　　　　　　243

　　五、皖西北游击战争的坚持　　　　　　　　　　248

第七章　寿东南抗日根据地　　　　　　　　　　　　258

　　一、中共安徽工委的建立及活动　　　　　　　　259

　　二、中共皖北中心县委和中共寿县县委领导的抗日救亡运动

　　　　　　　　　　　　　　　　　　　　　　　263

三、寿县抗日武装的组建及战斗　　271

　　四、血战寿县城　　283

　　五、淮西独立团　　288

　　六、寿东南抗日民主根据地　　303

第八章　战斗在淮西　　313

　　一、寿东南革命根据地的恢复　　313

　　二、扩大游击根据地的战斗　　320

　　三、寿六舒合游击区的政权建设　　327

　　四、寿县全境解放与淮南矿区的新生　　330

　　五、新生的政权建设与支援渡江战役　　344

结　语　　351

大事记　　353

参考文献　　370

后　记　　373

导　语

　　国家历史文化名城——寿县,旧称寿州,1912年改称寿县,位于淮河南岸的八公山下,地处大别山的外围,也是皖西北的中心区域。寿县历史悠久,文化灿烂,具有光荣的革命传统。

　　在古代,寿县曾做过10次郡、州、路、府的治所,其中三次为都城,是方圆十几万平方公里内的政治、经济、文化中心和军事重地。历史上无论南北分疆还是东西争霸,也无论是农民起义还是反抗外族的战争,寿县都是出兵、养兵、用兵的战略要地。寿县人民参加了历代各种类型的战争,既承受了巨大牺牲,又创造了辉煌历史和灿烂文化。

　　鸦片战争后,帝国主义疯狂侵略和掠夺中国,清王朝的日益腐朽没落,激起了寿县人民的英勇反抗。特别是辛亥革命以来,寿县革命志士叱咤风云,淮上健儿屡建功勋,寿县成为安徽近代革命的策源地。

　　武昌起义后,张汇滔等革命党人在安徽省内率先起义光复寿县,建立安徽第一个资产阶级地方政权;1911年11月6日,寿县起义军改编为淮上革命军,全军两万余人随即分三路挥师皖北和皖西,光复六安等23个州县和河南、湖北部分地区,促成了11月8日的安徽独立。淮上军是辛亥革命中以农民革命武装为主光复各州县的一面旗帜(其他地方以新军和会党武装为主)。安徽是全国唯一的由下而上起义促成独立的省份,淮上军功在其首。淮上军起义威慑南京,牵制了河南、湖北的反动势力。与此同时,柏文蔚从上海领取大量枪弹、现款策动南京新军起义,并在南京光复后担任国民革命军第一军军长兼北伐联军总指挥,率部击溃沿淮和淮北的清军。1912年元旦,南京临时政府成立,标志着中国历史上第一个资产阶级共和国诞生。但是不久,辛亥革命果实被袁世凯窃取,柏文蔚、张汇滔等率淮上军余部又在全国率先奋起讨袁,保卫辛亥革命成果,成为二次革命的先锋。袁世凯命冯国璋、倪嗣冲等部进攻江淮讨袁军,疯狂镇压寿县军民,在城乡为非作歹。1913年9月,驻寿县城的倪军400多人出东门抓夫抢劫,激起民愤,东乡民众自发拿起刀枪棍棒反抗倪军,当场打死倪军几十人。起义农民2万多人推举王庆云表弟水百川为司令,连续7天围攻寿县城,并派出4000多人连夜攻克凤台县城,后惨遭倪军镇压。倪嗣冲还派人先后暗杀水百川、孙师武、张汇滔等寿县志士。倪军祸害寿县10年,罪恶滔天;寿县人民英勇不屈,不断反抗,多次组织人数不等的武装斗争。

　　在具有近代资产阶级革命性质的辛亥革命中,寿县是安徽的"辛亥首义之城,江淮革命先锋"。为了纪念包括寿县先辈在内的辛亥革命烈士,孙中山曾亲嘱为张汇滔治以国葬,亲题范传甲、薛哲、张劲夫等"皖江九烈士墓"墓额;古城安庆设有"熊范二烈士专祠""德宽路""张汇滔陵园";蚌埠小南山战役旧址在孙中山亲命立碑地建立有"淮上军纪念碑";杭州西子湖畔耸立着孙中山为张汇滔亲题"国魂不死"的碑铭。现在蚌埠有张汇滔研究会,出版《张汇滔研究》杂志。这些都在向人们传颂着寿县籍辛亥革命前辈为民族解放和人民幸福而不懈奋斗的辉煌业绩和不屈精神。幸存的寿县籍辛亥革命先辈,有的喋血沙场或被军阀暗杀;有的成为北伐勇士或抗日名将;有的挺身反对蒋介石独裁统治,成为中国共产党最忠实的朋友;也有的成为早期的共产党人,投身于中国革命的伟大事业。在同盟会四任安徽主盟中,三任为寿县人;民国年间,寿县籍人士任安徽省都督、主席者先后有5人,在省内各县中人数最多。寿县人民为推翻清朝专制统治,结束中国封建帝制,开启民主共和新纪元,做出过重要贡献。

五四运动以后,马克思主义思想在中国广泛传播,寿县许多具有民主主义思想的进步青年,接受了马克思主义思想,成为新文化运动的推动者和无产阶级革命的先驱。1918至1920年间,高语罕编写成《白话书信》百余篇,作为芜湖商业夜校和工读学校的教材。此教材1921年1月由上海亚东图书馆结集出版,后应广大读者要求多次修改再版,竟出至39版,在安徽以至全国都有很大影响。研究者认为:《白话书信》在五四运动后一段时间里,为宣传社会主义和民主主义起了重要作用,在全国思想界、文化

界、教育界有一定影响。它是安徽省最早系统宣传马克思主义的读本。高语罕于1920年11月在北京加入中国共产党早期组织，并受老友、中国共产党主要创始人陈独秀的委托，负责在安徽、江苏、浙江一带建立党、团组织，在安徽进步青年中发展了一批党、团员。1922年春，寿县就出现"二三同志"的党小组；1922年中共二大召开的时候，全国有党员195人，其中寿县籍党员就有6人。1923年冬，安徽省最早的党支部——中共寿县小甸集特支成立，直属中共中央领导。此后，中共寿县淮上中学补习社支部、中共瓦埠小学支部、中共寿县城关支部、中共寿县窑口集特支、中共堰口集支部相继成立，这几个党组织都直属党中央领导，也是安徽较早的几个党组织。寿县籍早期党、团员大多成为革命的火种，撒播到全县、全省以至全国许多地方。他们发动群众、领导群众进行反帝反封建的斗争，在寿县人民革命史上写下了光辉的一页。

1924年底以前加入中国共产党的早期党员，安徽全省有40多人，其中寿县籍就有高语罕、曹蕴真、徐梦周、茅延桢、薛卓汉、徐梦秋、方运炽、曹练白、陈允常、方运初、曹少修、李荣桂、曹渊等25人，以及新中国成立后划入合肥但他们本人一直填寿州或寿县籍的胡萍舟、崔筱斋、陶淮、陶久仿，共29人。大革命时期，寿县早期党员约占全省早期党员的一半。在安徽人民反帝反封建的一系列革命斗争中，寿县革命者既运筹帷幄，又冲锋在前。寿县籍师生是芜湖学生运动、芜湖工人罢工、抵制日货的领头人和骨干。党、团员在寿县深入发动群众,相继建立工会、农民协会、妇女会等组织,积极动员群众募捐,支援上海等地的工人罢工运动。寿县党组织还先后选送几批优秀青年远赴苏联留学,或赴上海大学、广州中央农民运动讲习所和黄埔军校学习,努力培养党、团组织的骨干分子。而且寿县籍黄埔学生、留苏学生和农讲所学员中的共产党员比例,在全国各县籍都是最高的。北伐战争开始后,一大批寿县子弟参加了北伐军,寿县人民积极支援北伐战争,同时寿县也是北伐军在安徽战斗的重要战场。1927年7月在汉口成立的中共寿县临时县委(又称寿凤临时委员会)是全省最早的中共县委。后来寿县又多次成立中心县委和特委,领导人民进行革命。

　　蒋介石、汪精卫背叛革命后,寿县革命者纷纷声讨、揭露蒋介石、汪精卫叛变革命的行为,并开始了武装反抗国民党统治的斗争。南昌起义后,寿县一批党员利用同乡或亲友关系进入柏文蔚、方振武等部队开展活动,得到中共安徽省临委和中央军委的重视与关注。主持中央机关日常工作和军委工作的周恩来高度重视这个问题,亲自起草给中共安徽省临委的指示信,对帮助柏文蔚创办寿县学兵团提出具体方法和要求。在中央军委和中共安徽省临委的领导下,寿县学兵团迅速创办起来,并成立了中共学兵团党委,配合中共寿县县委开展了一系列活动,可是由于中共安徽省临委"左"倾盲动主义的错误指导,学兵团的活动没有达到预期目的。但学兵团在寿县、在柏文蔚旧部中扩大了中国共产党的影响，播下了革命的种子，为后来在寿县开展军事斗争打下了基础，积累了经验。

1931年3月，由中共中央巡视员指导、中共皖北中心县委领导，在寿县瓦埠地区举行了农民武装暴动，诞生了一支红军游击大队。瓦埠暴动后，革命的火种越烧越旺，寿县境内不少地方组建了游击小组，开始进行游击战争，有力地配合和支援了大别山根据地的革命斗争。

"九一八"事变后，国民党政府顽固执行"攘外必先安内"的卖国政策，寿县的劳苦大众生活在水深火热之中。为了生存，他们在党的领导下纷纷起来开展抗租、抗债、扒粮的经济斗争和小型武装斗争。寿县党组织在上海临时中央局的指导下，加强自身建设，宣传和扩大党的政策和影响，整顿、发展党和群众组织，领导广大群众和游击队开展英勇不屈的反帝、反压迫剥削的革命运动和武装斗争，沉重地打击了反动势力。由于白色恐怖严重，寿县县委和游击队屡受敌人包围和打击。为了保存革命力量，摆脱困难处境，县委决定游击队向合肥方向转移，到合肥、舒城、庐江一带开展游击战争，后组建皖西北游击大队、皖西北独立游击师，开辟了皖西北游击区，有力地支援和配合了鄂豫皖革命根据地的反"围剿"斗争，打击了国民党驻军和地方反动武装，扩大了党和苏维埃的影响。

全面抗战爆发后，张如屏、曹云露受党中央派遣从延安回到寿县，积极宣传抗日救国方针，迅速恢复发展党组织。1938年

1月,中共安徽工委在寿县杨庙(今属长丰)成立,曹云露为书记,下辖中共六安县委、中共霍邱特支及合肥、寿县、凤阳等县党组织。在中国共产党的领导下,寿县各界人士积极投入到抗日救国的行列,成立了动委会和自卫军等抗日民众组织。1938年3月,皖北抗日游击支队成立,这是全面抗战爆发后中国共产党领导的安徽省第一支地方抗日武装,不久后改编为凤阳抗日游击大队、国民党第一七四师别动队、皖北抗日自卫军第一路军第三直属大队,一直由党牢牢掌握,负责人为张如屏、曹云露等,后编入新四军。

寿县地理位置重要,沿淮山区有丰富矿产,因而县城三次沦陷,被日军占领长达五年半时间。但寿县人民坚持抗战,寿县东南广大地区一直有中国共产党武装在开展游击斗争,先后创建寿东南抗日根据地和寿六合霍抗日游击区,1943年正式成立寿县抗日民主政府,建立了30多个乡政权,是中国共产党19块大解放区(战略区)之一——淮南抗日民主根据地的重要组成部分。

解放战争时期,寿县人民英勇斗争,中共寿六合霍工委及游击总队广泛开展游击战争,积极建立游击政权,逐步扩大稳固根据地,先后建立寿六合霍县政府和寿六舒合县民主政府,大力瓦解国民党地方武装,争取和平解放县城。1949年1月,寿县全县解放,在瓦埠湖以东地区建立寿合县,湖西地区仍设寿县,随后开展民主建政、生产救灾、支援渡江作战等中心工作,迎来中华人民共和国的诞生。

　　寿县人民在各个历史时期,都为党领导的人民解放事业和民族复兴大业做出了卓越贡献,不少优秀儿女献出了宝贵的生命。这些革命先烈可歌可泣的英雄事迹值得我们永远怀念,他们的革命精神和高尚品德永远值得后人学习。

第一章

安徽近代革命运动的策源地

寿县位于皖西北地区,淮河中游南岸,历史悠久,具有深厚的文化底蕴和光荣的革命传统。鸦片战争后,帝国主义疯狂侵略、掠夺中国,清政府日益腐朽没落,不断剥削、压迫人民,激起寿县人民的英勇反抗,反帝反封建斗争如火如荼。特别是辛亥革命以后,寿县革命志士叱咤风云,淮上健儿屡建功勋,寿县成为安徽近代革命运动的策源地。

一、寿县的社会变迁

淮河南岸的寿县地区,夏、商时期属扬州及古六国,商周时期淮夷的一支曾在这一带建立州来国或州来邑。春秋时期这里成为吴国、楚国、越国争霸的重要地区,楚国在州来两次建城防。公元前493年,蔡昭侯迁都州来,州来改名下蔡。当时较为发达的中原地区和吴国、楚国经济、文化的交流,促进了这一带的发展,尤其是鸿沟的开凿,沟通了黄、淮、颍、泗流域,处其要冲的下蔡成为繁华之邑。楚人宋玉作《登徒子好色赋》,列举繁华之邑时就有"惑阳城,迷下蔡"名句;北宋诗人苏子美游历至此,留下"维舟亭下偶登临,下蔡风流古至今"的诗句。公元前255年,这里成为楚国春申君的封邑,从此出现寿春地名。公元前241年,战国七雄之一的楚国迁都寿春。秦分天下为36郡,其中的九江郡治寿春;汉初为淮南王驻地,汉武帝分置13州以巡察天下。从战国末期楚国迁都寿春起,到元朝末年,这1600年间,这里三次为都、10次为郡、州、路、府治所,是方圆几十万平方公里内的政治、经济、文化中心和军事重地。

寿县自古为"江东之屏藩,中原之咽喉""有重险之固,得之者安",历代为兵家必争之地。魏晋用兵,江东争雄,必先夺寿春。《陈书》云:寿春者古之都会,襟带淮、汝,控引河、洛,得之者安,是称要害。[①] 明、清时寿州先后隶属于中都临濠府、凤阳府,寿州地位虽有下降,但仍是淮河南北一带的军政要地。历史上无论是南北分疆还是东西争霸,无论是农民起义还是反抗外族的战争,寿县都是出兵、养兵、用兵的战略要地,寿县人民既做出了巨大牺

---

① 寿县地方志编纂委员会:《寿县志》,合肥:黄山书社,1996年,第5页。

牲，又创造了辉煌历史和灿烂文化。两汉时期，寿春成为学术文化的交流中心，《淮南子》是"以道为归，杂采众家"的百科全书式重要文献。寿县境内文物众多，有"地下博物馆"之称。春秋时期兴修的古代大型水利工程芍陂成为"天下第一塘"；南宋嘉定年间重建的城墙保留至今，古城墙完好程度为国内所罕见。1986年12月，国务院批准寿县城为国家历史文化名城，当时全国历史文化名城只有62个。

几千年的灿烂文化培育了一代又一代勤劳勇敢、奋发有为的优秀寿县儿女，形成了优良的传统、高尚的品质，增强了寿县儿女的自豪感、责任感。如孙公斩蛇的传说，教育人们舍己为人，英勇斗争；时苗留犊的故事，激励官吏公差清正廉洁，正直为人；境内外延绵不绝的战争又练就了寿州儿女骁勇善战、能文能武的本领，等等。寿州历代先进分子受"天行健，君子以自强不息"的民族精神熏陶，有着浓厚的"修身、齐家、治国、平天下"的经世致用传统，他们忧国忧民、以天下为己任的意识较为强烈，寿州人民豪爽义气、勤劳勇敢的形象深入人心。在鸦片战争以来的近现代革命的风云际会中，寿县人民创造了辉煌的历史。

1736年，清王朝在寿州城设立寿春镇，是安徽唯一的一镇绿营兵，辖寿春镇标2营及六安、亳州、泗州、庐州、颍州等营。[①] 鸦片战争爆发前，寿春镇官兵就加紧练兵备战。当时清朝在全国设

---

① 《安徽通史》编纂委员会：安徽通史·清代卷（下），合肥：安徽人民出版社，2011年，第949页。

有水陆总兵定员83名,而安徽只有寿春镇总兵一个。1840年7月,英军侵扰浙江沿海时,寿春镇总兵王锡朋奉命抽调1200余人赴江浙沿海作战,曾在吴淞宝山击退英军。1841年秋,寿春镇官兵在定海保卫战中英勇奋战,牺牲殆尽,用鲜血和生命谱写了近代中国人民誓死反抗侵略者的壮丽诗篇。

此后,许多寿州人陆续投效淮军,参加保卫边疆的战斗。福建水师提督杨岐珍为保卫东南沿海和台湾,染疾而亡;直隶候补道戴宗骞在甲午战争中誓死守卫威海南帮炮台,阵前捐躯。

鸦片战争以后的晚清时期,寿州的社会状况也经历了"三千年未有之大变局"。寿州在清朝初期隶属江南省凤阳府,领霍邱、蒙城二县。1724年,寿州改为散州,原领霍邱、蒙城二县改隶颍州(阜阳)府。1733年,清廷析寿州所属故下蔡县地设置凤台县,县治所在州城东北隅。1865年,析凤台县治于下蔡镇,原所辖地州城6坊还属寿州;同年,安徽设置3个道,寿州隶属于凤颍六泗道(后改为皖北道)。至光绪年间,寿州共设三个乡:东乡名为长丰乡,南乡名为裕民乡,西南乡名为保义乡;每乡设12里,每里设10甲,全州计有36里、124保、360甲,行政区域包括今寿县全部、长丰县西部(水家湖至合肥铁路以西)、淮南市区一部分,因地理位置重要,寿州一直驻有重兵。① 明朝成化元年(1465年),朝廷在寿州正阳设钞关征管常关税,是为正阳称关之始。钞关隶属于朝

---

① 寿县地方志编纂委员会:《寿县志》,合肥:黄山书社,1996年,第36—42页。

廷户部,清廷因袭其制,派钦差或委托抚道大员挂钦差衔主持关务。清廷在安徽所设盱眙、亳州税关也隶属于正阳钞关。后因战乱暂停关榷,又因军费剧增,清内阁大臣胜保、两江总督曾国藩督师安徽,奏准开办厘捐,以助军饷,于1855年在正阳设盐厘局。1861年设立寿州厘务总局,下辖六安、三河尖(今属河南省固始县)、五河三处正卡以及淮河南北13处分卡。①

由于帝国主义入侵,封建的中国逐步沦为半殖民地半封建的贫穷落后国家。在这个过程中,帝国主义也将侵略魔爪伸进寿州。

1891年,英、美商人到正阳关开设商埠,推销美孚、亚细亚洋行煤油,并倾销矿烛、肥皂、火柴、布料等大量洋货,同时廉价收购粮食、黄豆、棉花、茶叶、桐油、生丝、大麻等土特产品,②从而破坏了寿州原来自给自足的自然经济,阻碍了寿州民族工商业的发展,致使商业逐渐萧条,手工业纷纷倒闭,农业日趋凋零。寿州八公山的豆制品曾远销南京和上海,自"洋奶"品大量涌入后,豆制品销售量日益下降。寿州很多破产的手工业者和农民背井离乡,到淮南、上海等地的外国资本家的厂矿里当苦力。帝国主义为进一步掠夺寿州资源,甚至打算包揽寿州各地煤矿开发、安庆至正

---

① 寿县地方志编纂委员会:《寿县志》,合肥:黄山书社,1996年,第406页。

② 寿县地方志编纂委员会:《寿县志》,合肥:黄山书社,1996年,第306页。

阳铁路建设和导淮等各项工程。① 寿州物产丰饶,人口众多,寿县农村人口占人口总数95%以上,但大多数贫苦农民只占有少量土地,加上生产力低下,正常年景也难得温饱,若遇灾荒战乱,贫苦农民不免要逃荒要饭,卖儿卖女,甚至冻饿而死。广大农民有五枷锁身:一为地租,二为灾荒,三为高利贷,四为苛捐杂税,五为官役兵差。② 而少数官僚地主却霸占着大量田地,采取各种方式,对农民进行残酷的剥削。一是索取押板金。地主出租土地时,租地的农民必须先付高额的押板金,其金额一般是买田价款的六分之一。有些地主出租土地时"充田亩",将八斗田充一石田,榨取更多的押板金和地租。二是收取高额地租。地租分定额地租和分成地租。不管采取哪种地租制,地主每年要向佃户索取土地收获量的至少三成,多达六成。地主收的租子,包括粮、油、棉、麻和柴草等,连田头地边栽种的高粱、小米、豆类,池塘里养的鱼,也要按产量分成。此外,每年在收获庄稼之前,地主还要佃户大办酒席招待他们,称为"吃新";每逢新谷登场,家禽上市,还要佃户送新米麦和家禽。三是迫使农民承担繁重的劳役。地主逢年过节、红白喜事、修建庄园等都强迫佃户无偿地出劳力,至于平时要佃户出的杂役就更多,名目达十多种。地主剥削农民的另一重要手段是雇

---

① 中共六安地委党史工作委员会:《皖西革命史》,合肥:安徽人民出版社,1987年,第6页。

② 寿县地方志编纂委员会,《寿县志》,合肥:黄山书社,1996年,第113页。

工剥削。很多无地农民给地主当长工,终年劳作,工资极少。地主还向农民进行高利贷盘剥,每逢春夏青黄不接之际,向饥饿的农民放贷,春借秋还,加利三到五成,甚至八成。① 寿州广大农民长年生活在水深火热之中。

而清朝官府既是支持地主阶级压迫农民的工具,也是帝国主义侵略中国的帮凶,所以寿州人民前赴后继,不断开展反抗腐朽的清王朝统治和地主阶级剥削压迫的斗争。1851年,州民程六麻领导农民起义,屡挫清军。1853年,太平天国定都南京后,分兵北伐、西征,10余年间寿州成为太平军、捻军活动的重要地区。寿州境内多次发生重大战斗,英王陈玉成被凤台逆首苗沛霖诱捕于寿州城;寿州人民参加、支援起义军,特别是在两次抗击苗沛霖叛军的围攻中,寿州人民英勇壮烈,可歌可泣。

寿州历来为藏龙卧虎、人文荟萃之地,在试图使中国"自强求富"的洋务运动中,寿州又走在时代前列。城中孙家"一门三进士,五子四登科",其中孙家鼐为咸丰状元,历任工部尚书、礼部尚书、吏部尚书、武英殿大学士、资政院总裁等要职,支持洋务,同情维新,于1895年赞助康有为创立强学会,1896年开始筹建京师官书局和京师大学堂,主张变法自强、注重科学,兴实业、办学堂。1898年8月京师大学堂(北京大学前身)开办,吏部尚书兼大学士孙家鼐为第一任管学大臣。同年戊戌变法失败,百日维新中的各

---

① 中共寿县县委党史工委办公室:《寿县革命史》,合肥:安徽人民出版社,1992年,第9—10页。

项新政措施都被废止,只有京师大学堂得以保全。

孙家鼐等寿州籍开明官员、士绅支持家乡兴办新式教育。1896年,柏文蔚、孙毓筠、薛少卿、张树侯等人在寿州城内创办"阅报书社",研读《申报》和《湘学报》,探求富国强兵之道,宣传新的思想文化;1898年,孙家鼐侄孙孙毓筠在家乡创办阜才学堂和蒙养学堂,与张树侯等密谋革命,组织"强立学社""天足会",引导进步青年走上革命道路;1901年,寿州循理书院改为寿州公学,孙家鼐捐银一千两。1902年,孙毓筠与族人共建藏书楼于寿州城,蒙养学堂聘请具有革命思想的教员任教。这个学堂,实际成了皖北革命据点之一。① 接着芍西等学堂也相继开办。同时,一批进步青年远赴欧美和日本学习。寿州新式教育居全省前列,在全国也有影响,梁启超在《新大陆游记》中写道:20世纪初,在美国华盛顿除使馆外,有中国学生八人,寿州孙氏居其五,皆沉实向学,有用才也。其中,孙多钰于1899至1909年在美国留学,后任中孚银行总经理、通惠实业股份有限公司总裁等职。

在发展实业方面,孙家鼐曾与马吉森创办安阳益纱厂,1898年他支持侄孙、也是李瀚章外孙的孙多鑫兄弟到上海创办工厂,1900年,中国华商第一家机器面粉工厂——阜丰机制面粉厂正式投产。接着,孙氏族人又参与创办启新洋灰公司、北京自来水公司、中孚银行、上海电报局、上海商务总会、井陉矿务局、滦州官矿

---

① 沈寂:《中国近代史事论丛》,合肥:安徽大学出版社,2009年,第356页。

公司、天津劝业道、中日实业股份有限公司等众多实业,在全国各地办银行、开矿山、修铁路、通邮电等等。孙多森曾任直隶劝业道,掌管了北洋各大官督商办的企业;1912年创办中国银行并出任总裁。孙氏实业集团带着许多寿县人和安徽人逐步走向近代化,为近代中国民族工业的发展做出了不可磨灭的贡献。

二、寿州志士积极策划安徽反清革命斗争

新学的兴起、新式知识分子的成长和近代实业的发展,催生了民族资本主义和近代资产阶级革命思想。洋务运动和变法维新的失败,启示着人们探寻新的救国救民道路;在国势衰微、民族危难的时刻,以孙中山为领袖的革命志士,顺应历史和人民要求,掀起了推翻封建帝制、建立民主共和的斗争。安徽是近代革命最活跃的地区之一,寿州志士仁人更是勇立潮头,为争取民族独立和人民自由幸福,挥洒一腔热血。

寿州柏家寨人柏文蔚,号烈武,是著名的资产阶级革命家。他于1899年考入安徽求是学堂(后改为安徽大学堂),因痛陈清廷丧权辱国,被勒令退学。1900年,柏文蔚与赵声等在南京组织强国会,密谋反清,事泄,出走安庆,入安徽武备学堂。1903年,柏文蔚再入安徽大学堂,次年他与陈独秀及霍邱人士郑赞丞(祖籍

寿州)等在安庆建立安徽最早的爱国民主团体"青年励志学社",并组织在安庆藏书楼进行爱国演说,被学校开除,他深感报国无门,于是投笔从戎,转入武备练军学堂,创立同学会,从事革命活动。1904年他与张树侯等联络尚在狱中的太和哥老会首领郭其昌密谋聚集万人起义,不久,郭其昌被官府捕杀。柏文蔚到芜湖,任安徽公学体操教员。①

1904年冬,安徽公学从长沙迁至芜湖,旨在培养进步青年,开展革命活动。寿州柏文蔚、张树侯与陈独秀等著名革命人士受聘担任教员,使安徽公学成为长江中下游地区传播革命思想的中心。1905年,陈独秀、柏文蔚等在芜湖创立安徽第一个资产阶级革命组织"岳王会",寿州志士、淮上健儿为主要成员和骨干,并在安庆、南京设立岳王会分部,寿州人常恒芳、柏文蔚分任两地分部长,赵声、徐锡麟、熊成基、倪映典、刘文典等革命志士皆加入该会。岳王会以岳飞精忠报国的精神开展秘密反清活动,其显著特点一是发展、利用维新会、慰心会、同心会、华族会、励学会等外围组织来进行活动;二是它的主要活动对象是新军,在全国各地革命组织中它是最早开始做争取新军工作的,而新军后来又是辛亥革命武装起义的主力。岳王会是安徽、江苏革命力量的母体,华

---

① 沈寂:《中国近代史事论丛》,合肥:安徽大学出版社,2009年,第332页。

中和广东新军革命力量的奠基者,大都是该会中人。① 1908年,岳王会发动的安庆马炮营起义,是中国资产阶级第一次依靠新军发动的武装起义。

为了促进安徽革命形势的发展,陈独秀与柏文蔚等人在成立岳王会之前进行以寿州为中心的皖北之游,串联淮上革命分子,传播革命思想,旨在用武力推翻清王朝,吸引了石德宽、宋健候(石、宋等皆黄花岗起义中安徽籍烈士)等众多进步青年加入革命队伍。岳王会成立后,寿州很多青年陆续加入。安庆岳王会分部的会员多为熊成基等新军的中下级军官、士兵。他们按总会长陈独秀的要求,在新军士兵和各种军事学堂中散发《猛回头》《警世钟》《革命军》等革命读物,宣传兴汉反清并鼓吹革命。

岳王会重视新军工作的一个重要原因和条件,是因为安徽省的新军中以寿州籍人士为最多,仅1903年安徽巡抚一次就在寿州招募新军300名。柏文蔚在军中组织"同学会",宣传革命思想,散发《猛回头》《警世钟》《扬州十日记》等书刊。② 后来,同学会成员都加入了岳王会。1904年2月,安徽巡抚诚勋在安庆招募新军300人,名为武备练军学堂。柏文蔚报名加入,还函召张树侯

---

① 陈万雄:《五四新文化的源流》,香港:生活·读书·新知三联书店,1997年,第56—57页。

② 寿县地方志编纂委员会:《寿县志》,合肥:黄山书社,1996年,第21页。

率寿州子弟20余人来安庆应募。寿州又一批青年志士加入新军。① 而且寿州创办的蒙养、芍西等学堂也成为安徽宣传民主革命思想的重要场所,反清革命思潮在寿州越来越浓厚。柏文蔚回忆:寿州诸同志多热心奔走,创办学校,开通民智,灌输思潮,大有一日千里之势。会党兄弟,绿林豪杰,群相附翼……从此与淮上诸同志深相契合,革命思潮遍于乡里②。

1905年,孙中山在日本领导创立资产阶级革命政党性质的中国同盟会,领导中国民族民主革命。在现存的同盟会1905年至1907年960人会员名册中,有安徽会员59人,居各省的第五位,③其中寿州人21人④,是海内外参加同盟会人数最多的地方之一。而实际人数远不止此,仅1906年张伯纯在芜湖安徽公学中就吸收常恒芳等80多名师生参加同盟会;吴旸谷在南京、安庆等地成立同盟会支部,柏文蔚、石德宽、高语罕等寿州志士先后参加;在日本加入同盟会的有管鹏、管曙东、石寅生。与上述59人名单对照,1905年至1907年寿州加入同盟会的除所列21人外至少还有10余人,此后还有更多的寿州人加入。1906年春,因孙中山和黄

---

① 徐承伦:《近现代安徽历史与人物论集》,合肥:安徽大学出版社,2009年,第9页。

② 中共安徽省委党史工作委员会:《安徽现代革命史资料长编·第一卷》,合肥:安徽人民出版社,1986年,第117页。

③ 徐承伦:《近现代安徽历史与人物论集》,合肥:安徽大学出版社,2009年,第10页。

④ 张湘炳、蒋元卿、张子仪:《辛亥革命安徽资料汇编》,合肥:黄山书社,1990年,第212—213页。

兴准备回国从事武装起义,致使东京的同盟会总部缺少有力的主持人,而孙毓筠由于在家乡有"毁家纾难"的美誉,一到东京就被推为同盟会总部代理庶务干事,"代理这全党执行机关的首领"①。同年秋冬间,湘籍同盟会员刘道一、蔡绍南、魏宗铨等联络萍乡、浏阳、醴陵一带的秘密会党进行武装起义。孙毓筠遂偕同乡权道涵、段云等寿州籍同盟会成员从日本潜回国内,拟在苏、浙、皖一带起事,策动江淮革命,以作萍、浏、醴义军的声援。返国前夕,孙中山特在东京寓所设宴为孙毓筠饯行。当时长江流域的革命气势不断高涨。在南京,新军第九镇聚集了以赵声为核心的一大批革命分子。安徽岳王会成立后,柏文蔚应赵声之邀到南京第九镇先后任队官、管带,又成立岳王会南京分部,吸收、影响了一批青年志士。在安庆则有熊成基、常恒芳所领导的岳王会安庆分部在新军中活动。皖北寿州一带也有石德宽领导的"乙巳俱乐部"(也是岳王会的分部)②。但孙毓筠的活动过于张扬,其联络新军、希图大举和谋刺两江总督端方的计划被人告发,孙毓筠、权道涵、段云等均被捕押。赵声、柏文蔚等人被迫离开南京。

另一拨寿州籍同盟会会员张汇滔、张纶、管鹏、管曙东等人于1906年奉命回乡,积极开展革命宣传和建立革命组织工作,他们

---

① 沈寂:《中国近代史事论丛》,合肥:安徽大学出版社,2009年,第357页。

② 沈寂:《中国近代史事论丛》,合肥:安徽大学出版社,2009年,第357页。

会同王庆云、岳相如等人,在寿州城内建立同盟会分支组织"信义会",以同盟会誓词"驱除鞑虏,恢复中华,创立民国,平均地权"为入会誓词。信义会得到进步青年和劳苦群众的拥护与支持,很快发展会员1000多人。寿州成为安徽革命力量的重要聚集地,寿州信义会成为当时江淮地区力量最强的秘密革命组织。此外,寿州不少人在外地参加了同学会、爱国会、强国会、光复会等革命组织。

辛亥革命期间,以孙中山为首的革命党人,发起一次又一次旨在推翻清王朝黑暗统治的武装起义。在多次震惊全国的起义中,寿州革命先辈大义凛然,冲锋在前。1907年,张汇滔、薛哲与江浙籍革命党人秋瑾、徐锡麟等相约皖浙起义。方振武等参加徐锡麟领导的安徽巡警学堂起义,刺杀安徽巡抚恩铭。在巡警学堂起义之前,徐锡麟曾联络驻安庆的新军马营排长常恒芳、步兵管带薛哲、工程队正目范传甲等寿州籍官兵,打算在起义时把他们作为革命的声援力量。①

1908年春,寿州信义会计划乘城北四顶山庙会之机起义,因机密泄露,组织暴露,临时终止计划。11月,当岳王会在安庆策划马炮营起义时,寿州信义会也曾筹备响应,因安庆方面的起义很快失败,参加马炮营起义的寿州籍革命党人张烈等人带来安庆失

---

① 中共安庆市委党史研究室:《中国共产党安庆地方史·上卷》,北京:中共党史出版社,2001年,第16页。

败的消息,因而响应起义的计划也告流产。① 张汇滔见信义会已暴露,难以保存下去,遂联合一些革命党人,改变活动方式。他一面借组织寿州农会为名,与张纶、管鹏、袁家声等人一起打入农会工作;一面派孙旨美进入寿州教育会任副会长,从而利用合法身份发展革命力量。他们借清廷预备立宪之机,成功地推荐革命党人王庆云当选安徽省咨议局议员。王庆云在参加安徽省咨议局成立会上,向安徽巡抚朱家宝建议:皖北多匪患,人心浮动,社会不得安宁,应组织地方团练,加以震慑。朱家宝不知是计,令王庆云回乡成立寿州团防局,并拨给王庆云毛瑟枪700支。王庆云得武器后,立即在城东乡曹家庵设立团防局,以原信义会和农会成员为骨干,广纳四乡民众。王庆云和张汇滔还发起联庄会,将各村庄的成人10人编成一班,三班为一小队,三小队为一大队,由团防局直接指挥。这支由革命党人掌握的民众武装后来成为光复寿州的主力军。

1908年11月,乘光绪、慈禧双亡,清廷惶乱之机,熊成基与寿州籍新军骨干薛哲(管带)、范传甲(曾任工程队队长)、薛子祥等召开秘密军事会议,决定在安徽省会安庆发动马炮营千余人起义。这次起义是清末革命党人策动组织的全国第一次新军起义,成为1911年武昌新军起义的先声。范传甲、薛哲、张劲夫等众多的寿州籍志士担当了

---

① 张毅:《辛亥革命时期的淮上军起义》,见方兆本:《安徽文史资料全书·六安卷》,合肥:安徽人民出版社,2005年,第219页。

起义的领导者和骨干。起义失败后,范传甲、李朝栋、张劲夫等 300 多名起义将士被捕杀,薛哲被枭首示众。①

▲ 寿县籍黄花岗烈士石德宽

1911 年 4 月,黄兴在广州发动同盟会领导的第十次武装起义。张汇滔、郑赞丞代表安徽省革命党人参与密谋起义,组织包括百余名淮上健儿在内的敢死队,准备分两批赴粤参加起义。因广州起义失败,南下的寿州志士又回到家乡,待机而动。参加起义的寿州人石德宽成为黄花岗起义 72 名烈士之一。"广州败,淮

---

① 中共安庆市委党史研究室:《中国共产党安庆地方史·上卷》,北京:中共党史出版社,2001 年,第 19—21 页。安徽省委党史工作委员会:《安徽革命史话·上册》,合肥:黄山书社,1987 年,第 235—243 页。

上同志益奋。"张汇滔与淮上同志加紧筹划,伺机再举。①

清朝末年,有寿州革命志士参加或策划的多次起义和斗争虽然失败了,但沉重打击了清王朝的腐朽统治,教育、唤醒了更多的革命志士,为后来的革命斗争积累了经验,积蓄了革命力量。

三、寿州淮上革命军起义

1911年10月,武昌起义成功,全国各地纷纷响应。由于安徽省会安庆两次起义失败,革命力量被绞杀,因而寿州成为安徽革命的烽火台。

1911年秋,上海同盟会负责人给寿州革命党人发去一份密函,告诉他们全国各地革命工作的情况,要他们时机一到就立刻响应起义。张汇滔等人接到这一指示,非常兴奋,纷纷返回寿州准备发动起义。大家一致认为寿州为清政府镇守使署所在地,皖北兵力大半在此驻守,只要攻下寿州,整个皖北地区就会迎刃而解。武昌起义后,湖北军政府发出《民国军政府檄安徽文》和《敬告皖省父老文》,呼吁安徽立即响应武昌起义。淮上健儿为之振

---

① 刘彦平:《淮上军起义》,见方兆本:《安徽文史资料全书·六安卷》,合肥:安徽人民出版社,2005年,第224—225页。

奋,跃跃欲试。但张汇滔等负责人考虑到饷械不足,难以立即成事,遂号召大家典质衣物,筹饷筹款,又派郭行健等人到上海与同盟会联络。1911年10月,郭行健、郑养源由上海返回,不仅带来最新的革命消息,还携带经费两千。11月初,张汇滔、王庆云、袁家声等召集邻近各县革命党人开会,着重研究和布置起义。参加会议的有寿州张纶、王占一,凤台县的廖海粟、廖梓英,定远县的方绍舟等。袁家声首先发言:黎元洪已在武昌起义,我淮上同志应马上发动响应,以壮大革命声势。张汇滔接着说:武昌据长江上游,寿州是长淮重镇,据江守淮,彼此呼应,为军事所必需,况南京系津浦铁路终点,长淮当津浦要冲,直捣北京,朝发夕至。我党驱逐鞑房,建立民国,在此一举。谚曰"宁为鸡口,不为牛后",我们应该马上行动起来。①

　　会上大家一致赞成起义,决定于1911年11月5日夜半发难。寿州起义的计划决定后,附近各地的革命党人纷纷赶到寿州城,连续召开多次会议,逐步细化和完善起义计划。他们的办法一是运用地方士绅力量,先行游说、恐吓清廷官吏、士兵,迫使他们缴械投降;二是积极准备,在不能和平解决问题时,即以军事力量攻下寿州。在革命与反革命军事力量对比上,他们也作了适当的估计。当时驻寿州城的清兵约3000人,革命党人除掌握乡团武装外,还有以刀矛土枪为武器的联庄会农民武装,双方武装力量不

---

① 中国人民政治协商会议安徽省委员会文史资料研究委员会:《安徽文史资料选辑·第五辑》,合肥:安徽人民出版社,1982年,第113页。

相上下。只要革命党人坚定决心，同心协力，起义成功还是有把握的。为统一指挥，大家推选张汇滔、王庆云、廖海粟、毕少山为起义负责人，推选熟悉军事的毕少山任行军总司令，张树侯为参谋。起义具体部署为：由王庆云、廖海粟、毕少山等率乡团届时攻打东门和南门；岳相如率乡团届时攻北门，快枪不够，辅以板刀和片斧；岳逸九、徐石君等各领部下，乔装成商贩人等，先期入城，负责攻占总兵署和州署；农会机关部郭行健、张汇滔、孙传轩等编为预备队，于夜间打开南城门，策应各路；同时派咨议局议员张纶、李诱然等利用合法身份为革命虚张声势，对清吏和官兵施以恐吓，相机进行策反，力争和平解决。

1911年11月5日，张纶、李诱然等人的策反工作取得很大进展，城外一营清军为张纶所说服，表态赞成起义；驻城内关帝庙的巡防营管带，虽个人不愿参加义军，但表示不与义军为敌，并于当日领军离开寿州。州牧魏业籁被朱树声、孙多枚、鲍兰标等人说服，进而还游说新到任的总兵李定明。李定明见势不好，也匆匆溜出城外。为革命起义做鼓吹宣传的李诱然，因在衙门走动，被知县孙绍英扣留。李诱然见机行事，干脆推倒县堂公案，厉声呵斥孙绍英：你摸摸你的脑袋是不是长在头上！孙绍英被革命声势吓倒，放了李诱然，自己躲到名宦世家、同情革命的寿州商会会长孙建虞家，后又交出印信文件。当天夜里，当王庆云、毕少山、岳相如等率各地乡团抵达城下时，寿州四门已经洞开，各路起义军不战而进入城内。张汇滔亲自率部分义军到南门的绿营收缴清军的全部武器后,即到县衙门办理接收手续。随后打开监狱,接出被清政府关押的革命党人段云、权道涵等,并烧毁记录清政府苛捐杂税的册籍。革命党人通知各商店照常营业,公买公卖,门前悬灯,百姓不要慌乱,城内秩序井然。1911年11月6日,寿州起义军扩建为淮上革命军,成立了淮上军司令部,公推王庆云为临时总司令,张汇滔、袁家声、张纶为副总司令,张汇滔兼任参谋长。全军两万余人共编为18个步兵营,2个炮兵营,1个骑兵营。淮上军光复寿州,成立军政分府,建立安徽第一个资产阶级地方政权。寿州以安徽辛亥首义之城而载入史册。11月7日,寿州城内各大街悬挂白旗,全城居民以白带系于臂上,作为欢迎革命党的标志。在这种情况下,革命党人便开始扩军,四乡农民闻讯后,纷纷剪去辫子,加入起义队伍。两天之内,淮上军就扩充到两万多人。

四、淮上军光复淮河南北及寿州革命党人推动皖宁等地独立

淮上军成立后,遂以寿州为大本营,兵分三路,进军淮河南北,在各地同盟会和人民群众的配合、支援下,先后光复了六安、霍邱、颍上、凤台、定远、阜阳等安徽23个州县,摧毁当地清政权,建立军政分府,沉重打击了清军倪嗣冲、张勋等部。

寿州的光复,推动了安徽的独立。本质上十分反动的安徽巡抚朱家宝也摇身一变,于1911年11月8日宣布安徽独立,在安徽省咨议局会上被推为安徽都督。因革命派的反对和各地军政分府意见分歧,一个月中安徽政权竟更换了七次。1912年2月,安徽临时参事会选举成立新的军政府,孙毓筠被选为都督,在此之前,上海同盟会本部及旅沪皖省同乡会皆推选孙毓筠为皖军都督,各省都督府代表联席会议也选孙毓筠为安徽都督。①

在光复安徽的战斗中,淮上军血溅江淮,英名远扬。1911年12月3日,淮上军在蚌埠小南山阻截、击溃张勋所率清军,淮上军将士阵亡160多人。12月中旬,清政府河南布政使兼武卫左翼长倪嗣冲率清军进攻颍州(今阜阳),张汇滔率淮上军一部坚守,以一当百,血战多日,杀伤大量攻城清兵。正当清兵无计可施,准备退却时,清募兵总办倪毓菜率领地主武装2万余人赶来增援,于是清军再次猛攻。淮上军冒着大雨昼夜苦战,多次打退清军的进攻。阴险狡猾的倪嗣冲遂改变策略,秘密派人潜入城内,买通城内反动士绅,从内部瓦解淮上军。12月14日,倪嗣冲获知城内防备情况,率部乘云梯向兵力单薄的城西、城北发动进攻。城内原已投降的清军两营倒戈接应,向守城的淮上军进行夹击。淮上军在腹背受敌的不利形势下沉着应战。终因众寡悬殊,清军攻破城墙,大量涌入,淮上军与清军展开激烈的巷战,到15日晚上张汇

---

① 沈寂:《中国近代史事论丛》,合肥:安徽大学出版社,2009年,第359页。

滔才下令余部分头突围,前后突围到颍上的淮上军共有千余人。在这次颍州保卫战中,淮上军阵亡584人,被俘遇害300余人。颍州失守后,倪军大肆杀戮,凡寿州口音者一律斩杀,仅张汇滔同族就有57人殉难。颍州城内一时尸积如山,在城隍庙前就被杀5000人,其景惨烈悲壮。加入淮上军的寿州青年学生300多人被倪嗣冲下令全部杀害,学生们视死如归,痛斥敌人,表现出英勇无畏的革命精神。①

张汇滔突围回到寿州后,因总司令王庆云到南京求援未归,代理总司令李诱然离职,张汇滔于12月下旬被推为总司令。张汇滔把原来留守在寿州的淮上军略加扩充整顿后,又调来岳相如等部数千人开往颍州,准备与倪嗣冲决一死战。1912年1月中旬,段志超、管鹏率领的皖军北伐队,卢兹甫率领的镇军援颍支队一团和张子刚率领的浦口红花队与淮上军张汇滔部共5000多人在寿州正阳关会师,联合讨伐颍州清军。1月28日,联军发动进攻,大破清军,倪嗣冲险些被俘。倪嗣冲逃回城内,立即打电报向清廷告急,接着发布重赏令,分三路出城与革命军决战。经过激烈战斗,革命军越战越勇,清军损兵折将。正在清军败退入城之际,倪毓棻部赶来增援,偷袭革命军背后,入城清军又回身反击。革命军腹背受敌,又因缺乏统一指挥,导致全线崩溃,节节败退,直退到正阳关才稳住阵脚。2月12日,"南北和议"告成,革命军

---

① 安徽省政协文史资料研究委员会:《淮上起义军专辑》,合肥:安徽省政协文史资料研究委员会,1987年,第54页。

为顾全大局,停止了进攻,遂使倪嗣冲得以窃据皖北。

这一时期,驻怀远的另一支淮上军(当时编为北伐军第二路军第一军第四师第七旅)由袁家声、杨冠英、孙旨美率领,参加了由柏文蔚直接指挥的北伐张勋的战斗。这支部队作为北伐联军的前锋,与张勋军队多次激战,把张勋从固镇击退到宿县,又从宿县赶到徐州,再把张勋在徐州打得将死兵溃,逃往山东。淮上军作为这次北伐军的生力军和前锋,纪律严明,作战勇敢,屡战屡胜,1912年2月24日,淮上军追击张勋军队到利国驿,在北伐中立下显赫战功。1912年3月10日,袁世凯在北京宣誓就职,当上了中华民国临时大总统,窃取了辛亥革命的胜利成果。袁世凯千方百计削弱南方革命军,将淮上国民军缩编为一个旅,不久又将这个旅缩编为"屯垦团"。

淮上军是辛亥革命中以农民革命武装为主光复各州县的一面旗帜。安徽是全国唯一的由下而上起义促成独立的省份,寿州淮上起义军功在其首。淮上军起义威慑南京,牵制了河南、湖北反动势力。与此同时,在南京、安庆等地的光复中,寿州人也发挥了重要作用。

武昌起义后,由于安徽巡抚朱家宝防范严密,同盟会在安徽各地的起义没有发动起来。直到1911年10月30日,革命党人吴旸谷、王天培、胡万泰等在安庆萍萃楼开会,新军六十一标、六十二标和马、炮、工程各营代表共同商定当晚起义,推举寿州人胡万泰为总指挥,吴旸谷在城内总部策应。但是,战斗还没打响,起义

军便连遭挫折,这次新军起义遂告失败。① 当黄焕章的浔军在安庆纵兵掳掠,祸害地方时,寿州人管鹏一面斥责黄焕章,一面通电呼吁各地皖军备战,集结军队,准备武装驱逐黄焕章。胡万泰召集被遣散的各标营新军返回安庆,并联合陆军小学、测绘学堂、尚志学堂的学生骨干组建青年军,反击浔军。驱走浔军后,管鹏、高语罕等带领青年军维持省城安庆的社会秩序。为结束群龙无首的混乱局面,胡万泰、史沛然、史恕卿、王天培等出面在测绘学堂组织起"皖省维持统一机关处"。统一机关处召集临时参事会,于1911年12月12日票选孙毓筠为安徽都督,并得到淮上军总司令王庆云、庐州和芜湖军政分府的拥护,从而解决了争督问题,初步稳定了安徽政局。②

武昌起义爆发后的第二天,在东北从事革命活动的柏文蔚一连接到范鸿仙、郑赞丞三个电报,邀他立即南下,第三天又接到上海陈其美电报,恳切相邀。1911年10月15日,柏文蔚南下赴上海,与黄兴等人在陈其美家集会,决定由黄兴负责收复武汉,柏文蔚负责收复南京。10月24日,柏文蔚赶抵南京,新军第九镇的数十名军官赶来相见,大家摩拳擦掌,士气高涨。柏文蔚与同盟会负责人凌毅、李华侬等商讨起义方案。他们一致认为:目前新军

---

① 徐承伦:《近现代安徽历史人物论集》,合肥:安徽大学出版社,2009年,第15—16页。

② 中共安庆市委党史研究室:《中国共产党安庆地方史·上卷》,北京:中共党史出版社,2001年,第25—26页。

士气高涨,人心思变,形势很好,但是新军的军械装备不足,虽有些枪支,却缺少弹药。柏文蔚又赶回上海,与陈其美、范鸿仙、郑赞丞等商议办法,筹措枪支弹药。随后,他率领百余名敢死队员,带着上海革命党人赶制出的1200颗炸弹,连同购买的300支手枪,乘坐火车潜回南京。柏文蔚与新军第九镇统领徐绍桢决定于1911年10月31日晚10时起义。此事被两江总督张人骏侦知,他严令徐绍桢部立即开赴秣陵关,否则以张勋所率江防军剿灭之。徐绍桢被迫依令将部队撤出南京,起义计划暂搁浅。此时,张勋在城内布防捉人,徐绍桢率领的第九镇人心涣散,随同柏文蔚来的人亦纷纷离去,最后只剩下柏文蔚、李华侬夫妇、凌毅4人,所幸第九镇正副目代表兵士来迎接柏文蔚,这才化险为夷。柏文蔚见徐绍桢畏难情绪很重,便耐心劝说引导,晓以革命大义,使徐绍桢坚定了起义决心。当时全镇缺乏枪支弹药,柏文蔚再回上海,从同盟会总部领取大量枪弹、现款,运到镇江。柏文蔚与林述庆等一起指挥了进攻江宁的战斗,赶跑了张勋,遂于1911年12月2日收复南京。为统一思想,统编部队,各省革命党人代表于12月12日齐集南京开会,当时孙中山尚在美国,大家暂推黄兴为大元帅,统帅各军及各省都督,做北伐准备。会议决定首先扩编柏文蔚所领导的部队为革命军第一军,柏文蔚任军长,自己驻蚌埠一带。12月21日,柏文蔚派兵护送孙毓筠乘船直达安庆就职。29日,各省革命党人代表会议选举孙中山为临时大总统,黄兴任陆军总长兼参谋总长。

1912年1月,柏文蔚接革命军参谋本部命令:和议停顿,克日进军,兵力未到达徐州以前,所有各军,统归第一军军长柏文蔚指挥。这对柏文蔚来说,无疑是最大的信任。但他深知革命军初兴,犹异军突起,各自称雄,谁服从谁并不那么简单,同样都是同级军长,自己不好居高临下发号施令。经再三考虑,他采用一种协调的姿态,如下文时用"通报"而不是用"命令";此外,他要求各军选派一名高级参谋,共同组成高级参谋团,这样既可以发号施令,又可以联络各部感情。他以第一军军长兼北伐联军总指挥身份,为协调北伐各军作了不懈的努力。不久,柏文蔚奉命北伐,联合粤军分左右两翼,首先向北进攻固镇。革命军势如破竹,张勋等部败退,袁世凯急电要求和谈。北伐军参谋部命令:南北和议复开,要求柏文蔚停止前进,以待后命。柏文蔚认为:革命军如不乘胜追击到黄河以北,占领大片军事重镇,在谈判桌上绝不会有主动权。因此,他口头上奉命停战,实际上沿津浦线继续向北进攻,进占徐州。但是,革命军内部主和妥协派占了上风,参谋本部电斥柏文蔚:奉令停战,竟前进不止,是有意破坏和局,特令申斥,勿得再误,从而使本次进攻半途而废。

1912年2月17日(农历除夕),柏文蔚连接参、陆两部4封急电,要他立即回南京。柏文蔚的幕僚们恐有不测,力劝他不要回南京。但柏文蔚自问无罪,遂坦然星夜乘车南下,于18日拂晓抵达浦口,早晨7时就赶到总统府谒见孙中山说:吾人兵力不过黄河,苟且以和,吾人毫无地位,北洋系力量完全存在,吾恐不及两年,袁氏反手,吾人无立足之地,大总统感想如何？孙中山回答:一人倒在地下,牵其一根头发而拽之立起,吾知其万万不能;大众皆愿讲和,不愿再事兵戎,吾岂能要大家牺牲,为吾一人争总统耶。但是柏文蔚坚持反对议和,并在陆军部召集的军事会议上阐明了自己的观点,他的主张未被到会的大多数人员接受。

南北议和达成后,革命党人大多以为天下大吉,遂放弃了对反革命军阀的北伐。柏文蔚奉命协助安徽都督孙毓筠统一安徽政局。柏文蔚即驰电庐州军政分府孙万乘、芜湖军政分府吴振黄、大通军政分府黎宗岳,劝他们维护大局,早日取消分府。孙万乘、吴振黄先后依电宣布取消分府,唯黎宗岳置之不理。1912年3月,柏文蔚奉命统水陆各军,武力解决黎宗岳浔军。浔军一股携械逃往山区,其余在胡聘臣指挥下投降,黎宗岳乘夜逃往武汉。安徽军政终归于统一。1912年4月下旬,柏文蔚接任安徽都督兼民政长,柏文蔚在督皖期间,制定和颁布了一系列法令、政策,推进资产阶级民主政治建设,在发展教育、实业、交通等方面,做出了很大努力。他严令查封鸦片烟馆,严惩毒贩,警方侦知英商太古公司的一艘轮船上装有大量鸦片,柏文蔚即下令将鸦片全部查封,于都督府门前"和盐

▲ 安徽都督柏文蔚

焚销"。英国驻上海总领事罗磊率兵舰两艘驰皖威胁,要求赔偿损失。柏文蔚督师严阵以待,并予严词驳斥。1912年10月,孙中山巡视长江中下游各省途中,于安庆登岸向军民发表演说,称赞柏文蔚及安徽人民禁烟的正义行动。① 当效忠于清廷的皖军第三旅二团团长傅家珍在芜湖发动哗变时,柏文蔚迅速派兵镇压,并先后派庐军孙品骎第十五师、皖军龚振鹏第二旅、张永正第三旅驻扎芜湖。②

辛亥革命推翻了清朝的统治,结束了中国两千多年的封建专制制度,建立了"中华民国"。但是,这次革命的胜利果实被袁世凯窃取了,取而代之的是北洋军阀的反动统治。

在具有近代资产阶级革命性质的辛亥革命中,寿县是安徽的"辛亥首义之城,江淮革命先锋"。寿县革命将士为孙中山定都南京,为安徽独立、安徽政局统一立下不朽功勋。

为了纪念包括寿县先辈在内的辛亥革命烈士,孙中山曾亲嘱为张汇滔治以国葬,亲题范传甲、薛哲、张劲

▲ 寿县淮上革命军副总司令张汇滔烈士

---

① 侯玉珍:《"讨袁四督"之一的爱国将领柏文蔚》,见方兆本:《安徽文史资料全书·六安卷》,合肥:安徽人民出版社,2005年,第1221—1224页。
② 中共芜湖市委党史研究室:《中国共产党芜湖历史·第一卷》,合肥:安徽人民出版社,2008年,第31页。

夫等"皖江九烈士墓"墓额;古城安庆设有"熊范二烈士专祠""德宽路""张汇滔陵园";蚌埠小南山战役旧址在孙中山亲命立碑地建有"淮上军纪念碑";杭州西子湖畔耸立着孙中山为张汇滔亲题"国魂不死"的碑铭。这些都在向人们传颂着寿县籍辛亥革命前辈为民族解放和人民幸福而不懈奋斗的辉煌业绩和不屈精神。幸存的寿县籍辛亥革命先辈,有的喋血沙场或被军阀暗杀;有的成为北伐勇士或抗日名将;有的挺身反对蒋介石独裁统治,成为中国共产党的忠实朋友;也有的成为早期的共产党人,投身于中国革命事业。在同盟会四任安徽主盟中,三任为寿县人;民国年间,寿县籍人士任安徽省都督、主席者先后有孙毓筠、柏文蔚、孙多森、管鹏、方振武5人,为安徽省内各州县中人数最多。寿县人民为推翻清朝专制统治,结束中国封建帝制,开启民主共和新纪元,做出了重要贡献。

五、"二次革命"的先锋

"二次革命"是孙中山继辛亥革命之后发动的反对袁世凯专制独裁的革命战争。柏文蔚、张汇滔等率淮上军余部又在全国率先奋起讨伐袁世凯,保卫辛亥革命成果,成为"二次革命"的先锋,是最坚决反袁世凯独裁的武装力量。寿州成为讨袁战争的重要战场。

1912年元旦，南京临时政府成立，标志着中国历史上第一个资产阶级共和国诞生。这一年，寿州改称寿县。但是不久，革命果实被袁世凯窃取，袁世凯命冯国璋、倪嗣冲等部进攻江淮讨袁军，疯狂镇压寿县军民，在城乡为非作歹。

袁世凯担任临时大总统后，即企图向南方革命党人的统治地区进行渗透，削减南京留守处经费，裁撤南方军队，把柏文蔚原兼的第四师缩编为旅，而将已被收买的胡万泰一旅扩编为师，并将张汇滔的淮上军完全裁汰。1913年3月20日，国民党（这时，同盟会改称国民党）代理理事长宋教仁被刺身亡。事后查明，杀害宋教仁的主谋就是身为大总统的袁世凯。这件事让包括孙中山在内的许多人对袁世凯的幻想完全破灭了，孙中山于是主张立即举兵讨伐袁世凯，发动"二次革命"。柏文蔚对孙中山这一主张表示坚决支持，他曾对黄兴派来了解情况的代表何遂说：袁世凯的心思很明显，我还能不抵抗，让他打吗？我在徐州附近还有些队伍，总能出两师的人，反正有多少兵都豁着干吧。① 但由于国民党中很多人对武力讨伐袁世凯缺乏信心，主张采取法律途径解决的办法，结果导致讨伐袁世凯行动迟疑不决，以致贻误战机，反为袁世凯所乘。

原来，宋教仁被害后不久，案情真相大白，全国舆论哗然。袁

---

① 沈寂：《中国近代史事论丛》，合肥：安徽大学出版社，2009年，第339页。

世凯自知骗局已被戳穿,遂积极布置武力镇压。1913年4月,他向英、法、德、日、俄五国银行团借款2500万英镑,作为武力消灭南方革命军的军费。柏文蔚立即通电反对袁世凯的所谓"善后借款"。袁世凯得巨款后,大肆收买广州、江西、安徽的高级军官,如广州黄和顺、江西陈廷训、安徽胡万泰等;派奸细烧毁湖南革命军的火药库;下令罢免江西都督李烈钧;调广东都督胡汉民为西藏宣慰使;1913年6月30日,柏文蔚的安徽都督一职也被解除。这样便使国民党所控制的江西、广东、安徽数省相继失势。在袁世凯的步步紧逼之下,国民党人不得不奋起而应战了。7月上旬,孙中山在上海召开国民党同志会议,决定兴师讨袁。他同时派黄兴到南京,朱执信到广东,李烈钧回江西,谭人凤回湖南,龚振鹏回安徽,同时发动讨袁战争。安徽革命党人特别是淮上军旧部在讨袁战争前后,都表现出极大的革命热情。龚振鹏回安徽后,立即赶到寿县正阳关,同张汇滔、袁家声等人召开军事会议。龚振鹏还从芜湖调来两个机关枪连,加强正阳关的防务。7月12日,江西都督李烈钧在湖口宣布独立,首先反袁;15日,黄兴由上海到南京,迫令江苏都督程德全宣布独立,黄兴被推为江苏讨袁军总司令。江西、南京独立的消息传到安徽,正阳关军民更加振奋,积极备战。但因正阳关军民没有统一的领导,正阳关会议也因彼此意见分歧无果而散,这给了倪嗣冲一个进攻的机会。黄兴到南京后,又任命柏文蔚为安徽讨袁军总司令。7月18日,安徽、广东两省宣布独立,7月20日,福建宣布独立。7月22日,国民党有关方面组织讨袁军,开始向北洋军进攻。

7月下旬,柏文蔚由南京到蚌埠,集合皖军,向颍州挺进。他在蚌埠成立了安徽讨袁军总司令部,正式宣布讨袁。这时,袁军倪嗣冲部正集结在颍州一带,企图向颍上出动,与皖军卢慈甫的部队成对峙之势。柏文蔚当即调派皖北各部队向正阳关一带集中,并拟亲赴前线督师,迎头痛击倪军。不料卢慈甫部寡不敌众,很快被倪嗣冲部打败。在此之前,张汇滔被孙中山任命为皖军第一支队队长,负责将淮河南岸的敌人全部驱逐到淮河以北。张汇滔回寿县后,立即召集淮上军旧部,组织淮上讨袁军,一度抵御了倪嗣冲部数万人的进攻。他们在正阳关设立水上厅,岳相如任厅长。张汇滔下令捕获并处决袁世凯、倪嗣冲党羽16人。

淮上讨袁军在寿县一带苦战月余,终因敌众我寡,既无援兵又缺粮弹,难以久战,只好放弃淮河防线,向东南撤退。倪嗣冲部占领正阳关后,又攻占寿县、六安,进逼安庆,讨袁军受挫。这时黄兴也因大势已去,出国去了。黄兴一走,整个讨袁战局全部瓦解。消息传到安徽后,全省都呈现出恐慌混乱现象,革命军被迫退守合肥、芜湖一带。这时的革命形势已是十分恶劣,但柏文蔚仍未气馁,还是想尽最后努力,调遣可用部队,作最后一战:令胡万泰为第一线,在太湖作战;龚振鹏西向为二线,北线张汇滔淮上军旧部为主力,并打算在不得已时,退守徽州,由屯溪经祁门、婺源进入江西,与李烈钧的部队会合,以图再战。

不料黄兴走后,南京讨袁军总司令部撤销,胡万泰公开叛变革命,回师进攻安徽都督府,革命形势愈发恶劣。柏文蔚无奈,只好于1913年8月7日乘江轮东下,到芜湖,令龚振鹏、管鹏等部西攻,在大通打败胡万泰部。这时袁世凯增调李辅勋、王明臣两部军队归倪嗣冲指挥,倪嗣冲挥军攻下寿县、六安,由合肥、桐城直逼安庆,与胡万泰合兵一处。柏文蔚冒险从督署逃出安庆,只身匿居上海虹口胜田馆,不久,他又离开上海到了日本长崎。孙中山、黄兴、陈其美等也被通缉,相继逃亡日本,"二次革命"宣告失败。

六、反对北洋军阀的斗争

"二次革命"失败后,安徽的军政大权落入北洋军阀之手,祸国殃民的倪嗣冲做了安徽都督兼省长,倪嗣冲利用掌握全省的军政大权。在军事上,他首先解散了柏文蔚的第一军第一师,消灭了由淮上军改编的第二师等辛亥革命部队,将自己的部队逐步扩充成新安武军,拥有五个混成旅。他们以"防匪"为名,在安徽各地驻军,各县的军政分府先后被摧毁,革命武装被打散,大批革命党人被屠杀。在政治上,他任用倪毓棻充任第四路军统领兼皖北镇守使,倪芳容充任正阳关督办,还把他的同宗、亲戚委任为寿县迎河集、六安、麻埠、毛坦厂等地的厘金局局长。倪嗣冲网罗地方上的土豪劣绅组成"公益维持会",横行乡里,纵兵为匪,鱼肉人民。在经济上,倪嗣冲横征暴敛,苛捐杂税多如牛毛。寿县人民遭受的苦难越来越重。

倪嗣冲的胞弟倪毓棻充任皖北镇守使（驻寿县）时,施行暴政,其中一次就杀害37个农民。倪氏军阀的反动统治遭到了寿县人民的英勇反抗。1913年9月,驻寿县城的倪军400多人出东门抓人抢劫,激起民愤,东乡民众自发拿起刀枪棍棒反抗倪军,当场打死倪军40多人。乡民公推王庆云表弟水百川为反倪军司令,王占元、鲁传甲为支队长,与合肥民军会合近2万人,连续7天围攻寿县城,并派出4000多人连夜攻克凤台县城,后惨遭倪军镇压。倪嗣冲还派人先后暗杀水百川、孙师武、张汇滔等寿县志士。倪军祸害寿县十年,罪恶滔天;寿县人民英勇不屈,不断反抗,多次组织人数不等的武装斗争。

1915年底,寿县革命党人毕少山从上海派郑家银、周宗然、王二等人回寿县,召集同党数百人,密谋于除夕夜乘民间燃放爆竹时进攻县城,因事情泄露被镇压。1916年5月,革命党人黄冠华、黄柏云等召集同党约期举事,也因事情泄露被捕。1917年,护法战争开始,柏文蔚串联余亚农、岳相如、吴杰臣、王锦章等重组淮上军护法讨伐倪嗣冲,计划先占六安,后向皖西北进展,也因事情泄露失败。11月23日,程蒯等人组织皖北讨倪军,一度攻占寿县,后被倪军镇压。1918年春,寿县革命党人毕镜波、史立斋、朱朗轩等组织民军,第四区区长程华亭集合人枪5000余成立"五大处"共同讨伐倪嗣冲,与倪毓棻部激战于寿县杜师娘岗、隐贤集、三十铺、袁家湖、众兴集等地,沉重打击了倪氏军阀。①

倪氏反动当局和寿县知事邱竹筠,不仅不体恤民众,反而助纣为虐。寿县人民以各种形式进行反抗,如王松斋编写《虐政赋》,翻印成册,四处散发,控诉军阀、官僚的罪行。城内的穷秀才张拾义受阖邑绅民委托去北京,在段祺瑞堂下击鼓鸣冤,迫使段祺瑞在确凿证据面前,不得不下令责问寿县知事邱竹筠,邱竹筠畏罪吞金而死。1918年,寿县白炉桥农民以杨惠道为首,组建二百多人的联防队,攻打钱集、下塘集一带的直鲁联军第三营,赶走了这支队伍。这些斗争,给蹂躏寿县人民的封建势力以很大的震慑。

---

① 寿县地方志编纂委员会:《寿县志》,合肥:黄山书社,1996年,第22页。

第二章

安徽最早的中共组织

辛亥革命结束了统治中国几千年的君主专制制度,对推动中国社会进步具有重大意义,但也未能改变中国半殖民地半封建的社会性质和中国人民的悲惨命运。1913年起,倪嗣冲等反动军阀开始统治安徽,倪氏军阀与寿县人民新仇旧恨不断,对寿县实行更加黑暗的统治,横征暴敛,经常抢劫扰民,疯狂迫害革命者,扣留教育经费做军费,摧残教育事业。寿县许多革命志士被迫逃往外地,青年学生有条件的都到芜湖、安庆、上海、南京、北京等地学习。然而,无论是留在本县还是出走他乡,寿县革命者都没有沉沦,他们与时俱进,不断探索新的出路和革命道路。他们积极开展新文化运动,传播马克思主义,响应五四爱国运动。五四运动又促进了马克思主义的广泛传播,许多具有民主主义思想的进步青年,接受了马克思主义,成为无产阶级革命的先驱,有些先进知识分子较早加入中国共产党。寿县正阳关人高语罕于1920年11

月在北京加入中国共产党早期组织,并受老友、中国共产党主要创始人陈独秀的委托,负责在安徽、江苏、浙江一带建立党、团组织,在安徽进步青年中发展了一批党、团员。1922年春,寿县就出现了"二三同志"的党小组;1923年冬,安徽省最早的党支部——中共寿县小甸集特支成立,直属中共中央领导。此后,中共寿县淮上中学补习社支部、中共瓦埠小学支部、中共寿县城关支部、中共寿县窑口集特支、中共堰口集支部相继成立,这几个党组织都直属党中央领导,也是安徽较早的几个党组织。寿县早期党员约占全省早期党员的一半。从此,寿县人民在中国共产党的领导下,进入新民主主义革命的新时代。

▲ 安徽第一个党支部在学习

一、开展新文化运动,传播马克思主义

如何推翻军阀统治、振兴中华,运用何种思想武器改造社会,寿县革命志士在不断探索,不断前进。柏文蔚、高语罕等人与陈独秀时常交流思想,他们同感于民主共和徒有其名,民族危机日益深重,因而深切认识到:欲救亡图存,富国强民,必先冲破封建思想文化的禁锢,建立民主主义的新思想、新道德、新文化。经过辛亥革命和"二次革命"的失败,他们进一步认识到:救中国、建共和,进行政治革命,必须"从思想革命开始",于是掀起了一场空前的思想解放运动。

1915年,《新青年》杂志高扬科学和民主的大旗,掀起一场规模空前的新文化运动。初期的新文化运动反对封建专制和特权政治,要求实行资产阶级民主政治;反对迷信和旧道德、旧礼教,提倡科学和新道德、新思想;反对旧文学,提倡新文学,荡涤旧文化中腐朽没落的东西,使人们从封建思想的桎梏下解放出来。这时,寿县革命知识分子以宣传新思想、启发民智、改造旧社会为己任,办学校,出报刊,埋头教书育人,大力推广新文化,宣传、介绍民主革命思想。

陈独秀成为新文化运动的旗手和五四运动的总司令,是与寿县人民的大力支持分不开的。1902年以后,陈独秀陆续结识了柏文蔚、常恒芳、袁家声等许多寿县籍仁人志士,他们在辛亥革命前后携手战斗。孙毓筠、柏文蔚担任安徽都督后,先后四次聘请陈独秀任都督府秘书长。1920年初,柏文蔚将上海环龙路老渔阳里2号的房子,送给陈独秀做住所,陈独秀又将此处当作《新青年》编辑部所在地,后来该处又成为中国共产党的诞生地。柏文蔚、袁家声还出资在安徽省城安庆主办《新建设》日报;管鹏、管曙东等人也在安庆创办《民治报》等,这些报刊皆宣传民主革命,反对封建军阀。

在旅外进步人士的支持、影响下,在全国新文化运动的推动下,寿县在乡人士也开始在文化教育界掀起新文化热潮。为了便于传播新思想新文化,寿县有识之士纷纷在各地改良私塾,创办新学堂。"二次革命"后,清朝秀才徐士文利用李山庙宇创办李山庙小学校,孙效祖在城南五公里处孙氏宗祠创办裕昆小学校,孙传瑗在城内火神庙创办寿县第一所女子小学校,等等。① 受新文化思潮影响较早的还有姚皋店小学、瓦埠小学等。1919年,石德纯从甘肃回乡,捐银币1万多元创办石塘小学;1921年,乡绅孙光甫等人在堰口集北头福寿庵创建寿阳公学;五四运动后,历来尊师重教的寿县人民迫使县公署开始兴办新式学校;城乡有志于文化教育的进步人士也纷纷捐资捐物办学,甚至不拿薪水也坚持教

---

① 寿县地方志编纂委员会:《寿县志》,合肥:黄山书社,1996年,第689页。

书育人，从而使寿县的文化教育事业度过教育经费不足的困难时期。不少地方利用原来的庙宇、祠堂办学，如在城关就曾扒城隍庙、地藏庵、东岳庙以及四顶山庙作为建校材料。这种做法虽然受到反动守旧势力的阻挠，地主、和尚、道士曾一起出动，殴打拆庙人员，但这并没有挫伤文化教育者的锐志，他们终于拆毁部分庙宇，建起了学校。1920年，安徽省教育厅在寿县正阳关筹办公立甲种商业学校、机械职业学校和女子职业学校。[①] 这样，在军阀黑暗统治下备受摧残的寿县文化教育事业逐渐恢复元气。

受新式学校、进步报刊的教育和影响，寿县人民的民主革命思潮日益浓厚，实业救国、教育救国、科学救国、法治救国、民主共和、自治、自由、平等独立等各种思想在群众中传播开来。新文化运动在寿县的开展促进了人民的觉醒，为马克思主义在寿县的传播打下了基础。

寿县正阳关人高语罕（1888—1948），是新文化运动的名将、中国共产党早期著名人物、安徽革命运动的领袖。他与陈独秀志同道合、相交相知30多年，在安徽近现代史以至中国革命史、文化教育史上都有一定地位。他早年曾在日本早稻田大学学习，辛亥革命中任安徽青年军秘书长，与安徽都督府秘书长陈独秀结下深厚的友谊。辛亥革命前后，高语罕与朱蕴山、易白沙佐助激进民主主义革命者韩衍创办《安徽通俗公报》《安徽船》《青年军报》

---

① 安徽省六安地区地方志编纂委员会：《六安地区志》，合肥：黄山书社，1997年，第565页。

《血报》，用通俗的语体文宣传形势，介绍新知识新思潮，抨击时弊，鼓吹革命，启迪民智。这些报刊以及《安徽俗话报》的创刊出版，成为安徽乃至全国新文化运动的先声。

1915年9月，陈独秀发起新文化运动之时，避居上海的高语罕立即响应，很快成为《新青年》的撰稿人，他在第一卷发表《青年与国家前途》《青年之敌》，指明青年一代的任务和前途，号召青年奋起救亡图存；在第二卷连载《青岛茹痛记》，揭露德、日帝国主义在山东的罪行，在爱国青年中引起强烈共鸣，也成为后来五四运动中全国各地青年争相阅读的宣传材料。

1916年秋，高语罕应邀到芜湖任教后，仍与《新青年》杂志社保持密切联系，《新青年》《每周评论》《新潮》《新生活》等杂志社分别把每期杂志成捆地寄给高语罕，高语罕立即分发给进步师生传阅，并定期组织讨论，交流心得体会。① 1918年秋，安徽省立五中部分学生在他的倡议和支持下，成立无政府共产主义的团体——安社，并编辑出版《自由之花》小报，报纸部分寄往全国大中城市，甚至日本。蒋光慈、李克农、钱杏邨、赵宗汉、胡苏明等人就曾是安社的成员，后来走上革命道路，其中蒋光慈、钱杏邨二人后来成为无产阶级革命文学的先驱者。

俄国十月革命和五四爱国运动后，新文化运动由资产阶级文化革命运动转变为广泛宣传马克思主义的运动，以及无产阶级社

---

① 中共芜湖市委党史研究室：《中国共产党芜湖历史·第一卷》，安徽人民出版社，2008年，第34—35页。

会主义革命的启蒙运动。

1921年,高语罕从上海仅有的10余名早期党员中邀来董亦湘、郑太朴、沈泽民等早期共产党员和寿县人时绍武、武可权等进步教师来芜湖任教,并带来《共产党宣言》等进步书刊在师生中传阅。在高语罕的主持下,成立了芜湖学社,并先后创办《芜湖学生会旬刊》《芜湖》半月刊,不断载文宣传新文化新思想,批判封建专制和军阀统治。

1918年至1920年,高语罕编写成《白话书信》百余篇,作为芜湖商业夜校和工读学校的教材。1921年1月《白话书信》由上海亚东图书馆结集出版,后应广大读者要求多次修改再版,竟出至39版,在安徽以至全国都有影响。研究者认为:《白话书信》在五四运动后一段时间里,为宣传社会主义和民主主义起了重要作用,在全国思想界、文化界、教育界有一定影响。① 它是安徽省最早系统宣传马克思主义的读本。

1920年春,陈独秀、李大钊、胡适、王光祈、毛泽东等人发起组

▲ 白话书信节选

---

① 中共安徽省委党史工作委员会:《安徽现代革命史资料长编·第一卷》,合肥:安徽人民出版社,1986年,第211页。

织北京、上海工读互助团。在此之前,高语罕就联络刘希平、王肖山等进步教师筹集经费,在芜湖赭山脚下修建平房15间,开办一所工读学校,招收百余名贫苦子弟,设有木科、藤科、漆科,学生半天劳动,半天学习,共同生活。高语罕亲自讲课,并给学生定下三条原则:自己劳动、自己生活、自己学习。工读学校开办两年半,后并入公立职业学校木工科,仍是采取半工半读的教学方式。这是安徽第一所勤工俭学的学校,在全国同类学校中为期较长(北京、上海工读互助团只坚持两个月),实际上也是空想社会主义的工读互助运动在安徽的一次试验。更重要的是,高语罕在该校宣传马克思主义和社会主义革命思想,培养了一批革命骨干,曹渊、孙一中、曹鼎、李坦、崔筱斋(五人均为寿县籍)、凌霄等革命烈士都曾是这所学校的学生。

1919年7月,由于受到反动军阀和官僚的忌恨与压迫,高语罕被迫离开安徽省立五中。但他发动和领导的学生运动在安徽全省以至全国都有很大影响,北京、上海的进步报刊称安徽省立五中为"执安徽学运'牛耳'的学校"。此后,高语罕往返芜湖、上海、寿县等地开展革命活动;到上海、北京联系旅沪皖事改进会、旅京皖事改进会等团体进步人士共同开展安徽省内革命斗争,先后掀起"废督裁军""整顿教育""民选省长"、反对"盐斤加价"、反对嗣冲等军阀等多项斗争。

高语罕非常关心学生的健康成长,关心学生的生活和思想活动,注重培养学生的品格和能力,尽力推荐毕业生到其他学校深造或介绍就业,被称为"青年导师"。

从1919年到1923年之间,在芜湖读书的薛卓汉、曹渊、徐梦秋、方运炽等数十名寿县籍学生受到五四运动和进步教师的影响,特别是听了恽代英同志的"反对帝国主义""废除二十一条""青年运动的道路"等演讲,受到很大的鼓舞和启发。他们组织了"爱社",进行革命宣传活动,并同家乡的进步青年知识分子联系,寄回宣传马列主义的书籍《唯物史观》《社会进化史》和革命刊物《新青年》《向导》等,给家乡青年阅读。曹渊等人在芜湖公立职业学校组织"马克思主义读书会"。薛卓汉、曹渊、曹广化等人还利用寒暑假返回家乡,以串亲访友的形式,向乡民宣传马列主义和反帝反封建的道理。他们从芜湖中学毕业后,有的回到家乡,在学校里以小学教员身份为掩护进行革命活动;另一部分学生包括薛卓汉、方运炽、曹蕴真、胡萍舟、徐梦秋等人转入国共两党合作创办的上海大学读书。曹渊、曹少修、李坦等人也曾在上海大学旁听。

▲ 在上海求学的寿县青年 左起前排胡萍舟、曹少修;后排李坦、曹渊(1923年在上海)

这些在外地求学的学生从多方面影响了家乡的进步青年,使寿县的革命气息愈加浓厚。1923年,从上海回到寿县高刘集李冲洼子的李坦在自己家里

创办了"改良私塾",招收二三十名青少年学生,不读"子曰诗云",开设数学、国文、英文、历史、地理等课程,一面传授科学知识,一面讲解革命道理,很受学生欢迎。当时有人骂他鼓吹邪说,李坦无所畏惧,曾给他的堂伯父写下一副对联:资产铲除世界平等,工农解放革命成功。方运炽在安徽公立职业学校读书时,常把《新青年》《向导》等进步书刊寄给家乡青年阅读。寿县全县形成了以知识界、教育界为主的学习和传播马列主义的热潮。

二、寿县党、团组织的创建和早期党、团员的活动

寿县青年学习、研究并接受马克思主义,为寿县党组织的建立和发展打下了思想基础,储备了干部队伍。

寿县建党是从建团开始的,而建团又是从旅外青年中开始的。

如前所述,在兴办近代化企业和新式学校方面,寿县人走在安徽乃至全国的前列。1902 年,孙多森在寿州城内南街楼巷创办私立阜财高等学堂,为孙氏家族企业培养人才。① 随着寿县人到上海做工、经商的人越来越多,为解决他们的子弟上学问题,就有

---

① 寿县地方志编纂委员会:《寿县志》,合肥:黄山书社,1996 年,第 689 页。

人在上海办起学校。五四运动后,寿县人王理堂假托陈独秀之名,在上海闸北青岛路青云坊(今青云路298号附近),创办东南高等专科师范学校并自任校长。学校设有国文、英文、美术专修科和附中,学生约有160人。师生员工多为安徽人,当初有人把它当作安徽人旅沪的子弟学校。因校方以猎取金钱为目的而非真心办学,所以学校设备简陋,教师缺乏,教务废弛。① 学生中很多人受过五四运动洗礼,对现状极不满意,与校方交涉无效,校长竟携学生缴纳的学膳费去日本东京留学。1922年秋,学生忍无可忍,决定驱逐前校长,改组学校,推举一位热心教育事业、有革命声望的人担任校长,办一所革命大学。学生组织了"十人团"为核心拟在陈独秀、章太炎、于右任三人中延请一位任校长,得到绝大多数学生支持。学生们运用五四运动中的经验,组织纠察队,拟好学校改组宣言,揭露学校黑幕,联络各界争取社会援助。

陈独秀在学界素有声望,他发动的新文化运动影响了无数知识青年,五四运动前后又曾任北大文科学长、广东省教育委员会委员长兼大学预科校长,筹建西南(广东)大学。但在1921年10月和1922年8月,他两次被上海法租界当局逮捕,获释后便隐蔽起来。学生们经多方探询、联系,得知陈独秀行踪不定,章太炎意志消沉。而于右任在一个多月前因其靖国军失败由陕西到达上海,发表过救国须先从教育入手的言论,于是学生们决定请他出

---

① 程永言:《回忆上海大学》,见《党史资料丛刊.一九八〇年第二辑》,上海:上海人民出版社,1980页。

任校长。同时,学生代表也找到共产党人,要共产党来接办这所学校。中共中央和陈独秀考虑:请国民党出面主办于学校的发展更为有利,而且筹款也方便些,于是请学生代表力邀于右任出任校长。办学需要教师和大量经费、设备,此时于右任新到上海以卖碑帖来弥补生活支出,又无办学经验,不敢贸然接手烂摊子,仍寄"厚望"于共产党人。这时,国民党因新遭陈炯明叛变,革命处于低潮,有些人转而谋求在教育方面寻找阵地,培养干部人才。所以国民党人杨杏佛、柳亚子、邵力子等都主张于右任出任校长。学生代表还找到辛亥革命元老、曾任旅沪安徽同乡会会长的柏文蔚出面活动,柏文蔚两次到于右任的住处敦请,并发动其他人共同促成其事。最终,于右任答应出任校长,但不经常到校,由邵力子任副校长负责办学。① 1922年10月23日,于右任、邵力子两人到校会见学生并讲话,标志着上海大学正式开办。此后,这所原本由寿县人创办、继而由国共两党合作接手开办、实际上由共产党人主持校务的上海大学成为培养革命干部的摇篮,成为东南革命运动的中心。早期共产党人邵力子、邓中夏、陈望道、瞿秋白等分任副校长、总务长、系主任,蔡和森、张太雷、李达、恽代英、萧楚女、高语罕等著名的共产党人都曾在该校任教。薛卓汉、曹渊、徐梦秋、徐梦周等很多安徽籍青年在此学习过,其中多数人因转学、

---

① 陈铁健:《瞿秋白传》,上海:上海人民出版社,1986年,第183页;中国人民政治协商会议全国委员会文史资料研究委员会办公室:《和平老人邵力子》,北京:文史资料出版社,1985年,第135,234页。

旁听或革命工作需要而提前离校,只有少数人学到毕业。上海大学培养了大批革命人才,大批的进步人士在上海大学师生的宣传教育和影响下走上革命道路。从上海大学走出的革命师生在全国各地播下了革命的火种,在安徽多地创建了党、团组织,也是寿县早期党、团组织的源头。

1920年,受反动势力迫害而离开安徽的高语罕在上海与陈独秀、邵力子等经常联系、会谈,研究和宣传马克思主义,参与上海早期共产党组织的发起活动。7月底,陈独秀在和张国焘谈论发起共产党组织的计划时表示:上海小组将担负苏、皖、浙等省的组织和发展,他自己则担任在南京、安庆、芜湖等地物色一些青年发起社会主义青年团的组织,他的老友著名学者高语罕那时正在安徽教书,是最先响应的人。① 高语罕成为陈独秀在安徽建立党、团组织的联系人。来自安徽的青年学生蒋光慈、吴保萼、韦素园、曹靖华由高语罕推荐进入共产国际主办的上海外国语学社学习俄语,成为该学社最早的几个学员;8月,上海社会主义青年团成立后,高语罕和蒋光慈、吴保萼、韦素园等学员成为最早的一批团员。1920年秋,高语罕赴北京联络旅京皖事改进会开展活动,不久,经李大钊(高语罕、李大钊两人皆曾入日本早稻田大学学习)介绍,加入北京早期共产党组织,后参加北京大学马克思学说研

---

① 张国焘:《我的回忆·第一册(上)》,香港:香港明报月刊社,1971年,第93,第98页。

究会。①

柏文蔚的外甥王坦甫（1893—1975，寿县人）因和陈独秀、高语罕有着很深的关系，1922年即入中国社会主义青年团，先后介绍同乡薛卓汉、徐梦秋等入团，于1923年1月担任中国社会主义青年团芜湖地方执行委员会委员长。1922年至1923年间，在芜湖、安庆求学和工作的寿县籍青年王坦甫、曹蕴真、徐梦周、薛卓汉等18人先后加入社会主义青年团。当时寿县籍团员在全省各县中人数最多。芜湖建立社会主义青年团之初，寿县青年王坦甫、毕仲翰、余天觉、薛卓汉等人都是骨干团员。②

1922年春，在寿县小甸集任教的曹蕴真，以在外地加入青年团的学生为骨干，在小甸集成立了SY（英语"中国社会主义青年团"的缩写）特支，书记是曹蕴真，团员先后有徐梦周、鲁平阶、胡宏让、徐梦秋、徐德据等，隶属上海社会主义青年团领导。寿县社会主义青年团组织的成立，为建立寿县地方党的组织准备了条件。

据有关史料记载，毕仲翰于1922年由社会主义青年团员转为共产党员。1922年春，曹蕴真在上海经施存统介绍加入中国共

---

① 罗章龙：《椿园载记》，北京：生活·读书·新知三联书店，1984年，第67页。

② 《团芜湖地方执行委员会给团中央的报告》，见中共安徽省委党史工作委员会，安徽省档案馆：《安徽早期党团组织史料选》，见1987年，第64—75页。

产党；鲁平阶于1922年春在上海经施存统、张秋人介绍加入中国共产党。徐梦周于1922年初在芜湖省立第二甲种农业学校读书时加入社会主义青年团，同年春在上海经施存统介绍加入中国共产党，不久后回家乡从事革命活动。茅延桢于1922年入团并经邓中夏介绍加入中国共产党。截至1922年，包括高语罕在内，寿县籍党员有6人。当年中共二大召开的时候，全国有党员195人。曹蕴真在成立小甸集SY特支后，临时形成了中共小甸集小组，由曹蕴真、徐梦周、鲁平阶三人组成。1929年5月9日，中共寿县县委给中央的报告中说：寿县在"民国"十一年就有"二三同志的组织"，当时是党的婴儿的时候。中共小甸集小组是安徽省最早的中共组织，为小甸集特支的成立奠定了基础。

寿县革命青年加入早期党、团组织后，积极宣传马克思主义，深入各界群众进行社会调查，引导青年走革命道路，开展学生运动和工农运动，并从进步青年中发展党、团员。1923年，在芜湖的寿县籍团员王坦甫与党员曹蕴真、团员薛卓汉、余天觉、徐梦秋及教育界进步人士佘小朱等共同发起马克思学术研究会，并公开登报吸收会员。① 经过五四运动洗礼的薛卓汉，面对当时涌入芜湖的新思想，为了寻求挽救社会的良方，他阅读了大量的进步书刊，从中接触到宣传社会主义革命的新思想。1922年，薛卓汉加入社会主义青年团。此时，社会上流传着无政府主义、国家主义等错

---

① 中共芜湖市委党史研究室：《中国共产党芜湖历史·第一卷》，合肥：安徽人民出版社，2008年，第81页。

误思潮,为了澄清学生中的混乱思想,已经具有初步共产主义思想的薛卓汉等人在《芜湖》半月刊、《平义报》上发表了《学潮中的教育》《五一感想》等文章,以新的宇宙观和社会主义革命论的观点提出改造社会必须用革命的手段来推翻反动政府。1922年至1923年在芜湖学习和工作的寿县籍青年们先后组织或参加了爱社、青年协进会,这两个青年组织都被芜湖团组织认为是"很有希望的"。①

1922年春,中国出现了第一次工人运动的高潮。在芜湖的寿县籍早期党、团员带领青年学生积极与工人运动相结合,领导芜湖人力车夫开展大罢工的斗争,写下了安徽工人运动史的新篇章。3月初,芜湖黄包车工人为反对芜湖警察局增加牌照税和车主增加车租举行罢工。警察局与资本家串通一气,压制工人,扬言封闭人力车工人临时办事处,拘传10多名工人。薛卓汉、胡金台、曹蕴真、曹渊等寿县籍学生与工人打成一片,发动各校学生开展募捐,帮助罢工工人解除后顾之忧,并代表芜湖学生联合会和罢工工人召开劳动大会,成立芜湖劳工会。劳动大会结束后,参会人员举行游行。游行队伍前导为军乐队和由学联代表与人力车工人共同扛着芜湖劳工会的旗帜,随后是工人代表三四十人,最后压阵的是学生队伍。游行队伍由东门经鱼市街出西门、下长街,由陡门巷经二街至警察厅上大马路至大舞台,最后在十三道

---

① 中共芜湖市委党史研究室:《中国共产党芜湖历史·第一卷》,合肥:安徽人民出版社,2008年,第82页。

门空场绕一周后分散。工人的坚决斗争迫使警察局撤销封闭工人办事处和拘传工人的命令,因而取得罢工斗争的胜利。接着,芜湖劳工会和学生联合会又组织、发动芜湖市纱厂工人、油漆工人、锯木工人、鞋业工人、成衣工人、刷纸工人等相继罢工,均取得一定胜利。1922年5月,由中国劳动组合书记部在广州发起召开第一次全国劳动大会,薛卓汉作为芜湖工人领袖出席了这次大会。①

1922年秋,芜湖公立职业学校流行时疫,学生郑某染病,高烧不退,曹渊、李坦率学生会成员多次与校方交涉要为同学治病,校方却不医治,致使患者死亡。又加平时校方延长劳动时间,对学生健康漠不关心,激怒学生,于是学生会决定罢课一天,为死者举行追悼会,曹渊还撰写了挽联。开会时,学生把校长李子寿、学监董质坚拖到灵前为死者致哀,随后把他们逐出校门。董质坚逃到警察局,要求惩办"过激分子",开除曹渊等学生会骨干。学生会决定继续斗争,曹渊、李坦认为此次行动已获胜,不能因个人问题而妨碍大家学习,表示自己愿意离校。离校前,曹渊发表宣言,说明驱逐李子寿、董质坚的事由和经过。曹渊、李坦离开学校时,职业学校的师生和安徽省立第二甲种农业学校、第五中学等在校学生四五百人,挥舞旗帜,高呼口号,前往送行,扩大了学生会和青

---

① 中共芜湖市委党史研究室:《中国共产党芜湖历史·第一卷》,合肥:安徽人民出版社,2008年,第64—65页。

年团的影响。① 寿县籍早期党、团员成为芜湖工人运动、学生运动的领袖。

三、中共寿县小甸集特支

1923年11月22日,在上海大学读书的薛卓汉、徐梦秋和六安的王逸常,被中共上海地方兼区执行委员会批准为中国共产党候补党员。当时党员候补期不定,根据需要随时可转为正式党员。候补党员如接受发展党组织的任务,也就理所当然成了正式党员。同年,寿县籍的胡萍舟在上海大学入党。不久,寿县籍的陶淮、徐德据、朱松年、方曙霞等人也在上海大学加入中国共产党。

1923年冬,共产党员曹蕴真、薛卓汉、徐梦秋等根据党的指示,接受了在寿县发展党组织的任务,从上海返回家乡寿县。他们首先与进步教师和学生接触,利用学生会的组织,乘节假日机会,做宣传发动工作,集会演讲革命道理,指出劳动大众受苦受难的根源和奋斗的方向、斗争的方法,要大家树立起民主、进步、科

---

① 中共安徽省委党史工作委员会:《安徽中共党史人物传·第一卷》,合肥:安徽人民出版社,1993年,第12页。

学的精神。他们很快就介绍了上海大学学生方运炽、小甸集小学校长曹练白和在宣城安徽省立第四师范学校读书的陈允常等人入党。随着党员人数的增多,革命队伍的壮大,在寿县地区建立党组织的条件已经成熟,这时曹蕴真、薛卓汉等人根据党中央的指示,于1923年冬在寿县小甸集小学召开党员会议,成立了寿县第一个党支部——中共寿县小甸集特支,特支书记为曹蕴真,组织委员为鲁平阶、宣传委员为徐梦周,特支直属中共中央领导。特支设有"交通",负责来往通讯。这是安徽第一个党支部。

中共小甸集特支成立后,先以瓦埠、李山庙小学、小甸集为阵地,党员多以教书为掩护,进行革命活动。曹蕴真、徐梦秋在瓦埠小学任教,薛卓汉、方运炽在小甸集小学任教。党中央不断地给小甸集特支指示,还经常邮寄《新青年》《中国青年》等革命刊物和马列书籍。党中央的指示有的利用旧小说书的双层纸翻过来写好后再予装订;有的用米汤书写,看时涂碘酒方能显示。这些指示都由"交通"传递。当时中央指示的主要任务是:对内发展党员,对外发动群众,建立农会、妇女会、青年团、商会等群众组织,领导群众进行反帝反封建斗争。特支遵照这个指示,秘密而有成效地开展工作。

中共小甸集特支建立后,便成为当时寿县革命活动的中心和领导力量。1924年初,特支书记曹蕴真患肺病吐血,不能继续工作,特支书记这一职务改由曹练白担任。为了便于开展工作,特支又对所有党员按家庭住址的远近进行分工:薛卓汉、陈允常分工在窑口，并向堰口、保义、石集、团城等地做宣传鼓动工作。当时寿县农村交通闭塞，文化落后，群众的文化生活非常枯燥。薛卓汉等人带着一部留声机和笙、萧、笛、管，常到较大的集镇、村庄和群众较集中的场所进行宣传。他们先以娱乐活动吸引群众，等到大家聚拢来了之后，便用通俗易懂的语言，深入浅出地讲解生活、生产常识和革命道理。如宣传点灯诱蛾，消灭虫害，说明一家一户点灯诱蛾效果小，千家万户都点灯诱蛾就能灭蛾，借此启发大家懂得组织起来就有力量能做成大事的道理。接着宣传"三民主义、三大政策"等，宣传打倒帝国主义、打倒军阀、打倒封建统治阶级等进步思想，并书写张贴标语，对农民影响深刻。就这样，每个党员都团结、动员了一批群众。秘密状态下的共产党员就像暗夜中的北斗星，给无望无助、期盼革命的群众指引出翻身解放的希望之路。

1924年5月，曹蕴真、徐梦秋到广州黄埔军校学习，鲁平阶入广州农民运动讲习所学习（后转入黄埔军校第四期学习）。中共小甸集特支作了调整，由曹练白任特支书记，方运炽任组织委员。特支成员和党员深入群众，宣传群众，发展党、团员，很快在寿县地区陆续建立了几个党组织。9月，薛卓汉、方运炽、陈允常等支部成员到瓦埠小学教书，或到外地活动，只有曹练白一人留在小甸集小学。至此，中共寿县小甸集特支活动停止。但小甸集特支播下的火种在全县逐渐燎原，并传播到安徽省内外许多地方。

四、寿县党、团组织的发展和活动

(一)中共淮上中学补习社支部

为了加强寿县党组织的工作,团结、教育更多的失业失学青年,根据党中央的决定,在上海大学加入中国共产党的寿县、凤台籍学生胡萍舟、吴云等6人和进步女青年方昕(寿县瓦埠人,方振武堂妹),受上海大学党组织派遣返乡,准备以办学为名培养革命青年,发展党、团组织,推动群众运动。他们7人于1924年暑假回到寿县,开展革命活动。他们7人开始在小甸集曹少修家办学,名叫"淮上中学补习社",不久因学生增加,曹少修家房屋不够用,就联系有多余房屋的曹子善共同办学,于是很快搬到曹小郢曹子善家办学,招收失学青年30余人。同年秋,他们的好友李坦带着10余名学生从寿县南乡高刘集北李冲洼(现属肥西县)自家私塾来到曹小郢,加入淮上中学补习社。这时,他们共招收40多名失学青年,由吴云教国文,李坦教数学,吴震教英文,胡萍舟、黄天伯等也参与教学和管理工作,讲授《社会进化史》《唯物史观浅说》等,介绍国内外形势,传播科学知识,宣传革命道理。

这批青年学生经过一个时期的培养教育,不少人加入了党、团组织。1924年8月,他们发展李坦、曹少修、薛骞为党员,建立中共淮上中学补习社支部,书记是胡萍舟,直属中共中央领导,有党员9人。[①] 同时,他们又介绍张如屏、曹云露等学生加入中国社会主义青年团,建立淮上青年社。中共淮上中学补习社支部是寿县第二个党支部,在全省是无可争议的第三个党支部。[②] 1924年11月,胡萍舟、黄天白根据党组织指示返回上海大学,吴云等人因经费不足,于年底离开寿县到凤台县白塘庙继续办学,中共淮上中学补习社支部活动遂告停止。淮上中学补习社在小甸集开办只有3个多月,但在当地产生很大影响。在当时文化落后、大学生罕见的农村,一下来了7名大学生,自然引起人们的关注;在人们围观、谈论方昕这位时尚洋气的知识女性时,他们趁势宣传男女平等、妇女解放思想,号召男子尊重妇女、女同胞走出家庭、追求新文化。一股清新的空气吹拂着这片封建意识较浓、闭塞沉寂的乡间原野,同时也播下革命的种子。曹广海、张如屏、方敦善等人后来都成为在这一带长期坚持斗争的革命骨干,并带动了一批又一批青年参加革命。

[①] 中共安徽省委组织部,中共安徽省委党史工作委员会,安徽省档案馆:《中国共产党安徽省组织史资料》,合肥:安徽人民出版社,1996年,第17页。

[②] 中共安徽省委组织部,中共安徽省委党史工作委员会,安徽省档案馆:《中国共产党安徽省组织史资料》,合肥:安徽人民出版社,1996年,第32—33页。

(二)中共瓦埠小学支部

1924年9月,薛卓汉介绍方运初、陈允常、方亚恒等人到瓦埠小学教书,当月建立了中共瓦埠小学支部,直属中共中央领导。中共瓦埠小学支部下辖李山庙、吴山庙等上奠寺六个党小组,机关先后驻瓦埠镇、石家集等地。支部利用学生会、群众集会等形式,宣传党的主张,并联系同志,发展组织。1924年底,支部有党员20人。党员大部分以教书为掩护,揭露剥削阶级的罪恶,讲解革命的道理。支部书记先后由方运炽、方运初、石德晏担任。① 在此期间,薛卓汉在家乡农村方圆十里范围内调查了51户人家的情况,并写成调查报告《皖北寿县的农民生活》一文,发表在1924年11月出版的《中国青年》第53期上。文章详细分析了寿县农村的基本情况,包括各阶级占有土地情况,地主、自耕农、佃户、住户各占人口的比例,农民贫困和农村落后破产的原因,从而得出结论:只有进行革命,打倒帝国主义、封建主义,广大农民才有出路。

(三)中共寿县城关支部

1925年6月初,上海大学学生朱松年、王弼受党组织派遣,回到寿县,召集分散在全县各地和旅外归来的党员,在城关黄隆兴

---

① 中共安徽省委组织部,中共安徽省委党史工作委员会,安徽省档案馆:《中国共产党安徽省组织史资料》,合肥:安徽人民出版社,1996年,第16页。

客栈召开党员会议,成立中共寿县城关支部,直属中共中央领导,支部书记先后由陈允常、龚铁汉、朱松年担任。支部先后驻寿县第二小学、城关育稚小学,辖李山庙、小甸集等10个党小组,有党员40多人。支部当时的主要工作是宣传、发动群众,抵制日货。为了声援上海的五卅运动,城关支部指导学生联合会组织成立了寿县学生沪案后援会、寿县各界沪案后援会。1926年10月,城关支部在瓦埠建立了寿县五区农民协会,有会员200余人。1926年冬,因绝大多数党员调到武汉学习或参加北伐战争,投身大革命斗争,城关支部停止活动。① 据资料显示,1925年6月寿县有党员40多人,占当时全省党员数的半数以上。

(四)中共寿县窑口集特别支部、堰口集支部

1926年3月,薛卓汉受党中央指派,回到家乡寿县发展组织,在中共窑口集小组的基础上,建立了中共寿县窑口集特别支部,直属中共中央领导,有党员10多人,书记是薛卓汉、薛墨如,支部以窑口集小学为活动中心。1927年7月,特支改属中共寿县临委(也称中共寿凤临委)领导。1926年夏,薛卓汉巡视皖北,在寿县组织民众支援北伐战争。他在寿县堰口集小学召集党员开会,在原党小组的基础上建立了中共寿县堰口集支部,负责人为王墨

---

① 中共安徽省委组织部,中共安徽省委党史工作委员会,安徽省档案馆:《中国共产党安徽省组织史资料》,合肥:安徽人民出版社,1996年,第16页。

林,直属中共中央领导,有党员10多人。同年冬,因绝大多数党员赴武汉学习或投身北伐战争,留下的少数党员分散活动,至1927年3月被编入中共窑口集特支。①

(五)中国社会主义青年团寿县支部、共青团寿县地方委员会

1924年夏,薛卓汉、徐梦秋受上级团组织委派回到家乡寿县,和当地团员徐德据一起,成立了中国社会主义青年团寿县支部,于1925年1月改名为共产主义青年团寿县支部。寿县支部始属团江浙区执行委员会领导,1925年2月,改属团中央领导,同时也受中共瓦埠小学支部领导,有团员11人,负责人为徐德据和石德晏。团员们在寒暑假和节假日联合各小学教员和学生开展活动,借组织寒假新剧团之名,到各处游行宣传,并演剧募捐,充作平民教育费,成立寿县乡村小学教员联合会,吸收积极分子加入团组织。②

1926年春,薛卓汉"负有中央之命","回里组织地方"团的领导机构。3月7日,薛卓汉、方曙霞、曹练白、石补,等9人在寿县

---

① 中共安徽省委组织部,中共安徽省委党史工作委员会,安徽省档案馆:《中国共产党安徽省组织史资料》,合肥:安徽人民出版社,1996年,第17页。

② 中共安徽省委组织部,中共安徽省委党史工作委员会,安徽省档案馆:《中国共产党安徽省组织史资料》,合肥:安徽人民出版社,1996年,第17页;中共安徽省委党史工作委员会:《安徽省档案馆.安徽早期党团组织史料选》,合肥:1987年,第117页。

窑口集开会,成立了共青团寿县地方委员会,书记为薛卓汉,直属团中央领导。团地委辖六个支部(城内二个,乡村和乡村学校四个),有团员40多人,机关驻石家集私立小学,因薛卓汉赴安徽省会安庆担负重要工作,团地委事务由石裕鼎代理。① 团地委的主要工作是开展内部训练,吸收进步青年入团,扩大团的组织,推动青年运动。1926年冬,寿县大部分党、团员奔赴武汉参加北伐战争。②

上述几个党、团组织在安徽省都是成立较早的组织③,寿县籍早期党、团员大多成为革命的火种,在全县、全省以至全国许多地方播下革命的种子,他们发动群众、领导群众进行反帝反封建的斗争,在寿县安徽人民革命史上写下了光辉的一页。④ 在全省乃至全国早期革命中都有较大影响。

1924年底以前加入中国共产党的早期党员,安徽全省有40多人,其中寿县籍就有高语罕、毕仲翰、曹蕴真、徐梦周等25人,以及新中国成立后被划入合肥但他们本人一直自称是寿县籍的

---

① 中共安徽省委党史工作委员会,安徽省档案馆:《安徽早期党团组织史料选》,内部资料,1987年,第120页。

② 中共寿县县委党史工委办公室:《寿县革命史》,合肥:安徽人民出版社,1992年,第26页。

③ 中共安徽省委组织部,中共安徽省委党史工作委员会,安徽省档案馆:《中国共产党安徽省组织史资料》,合肥:安徽人民出版社,1996年,第32—33页。

④ 中共安徽省委组织部,中共安徽省委党史工作委员会,安徽省档案馆:《中国共产党安徽省组织史资料》,合肥:安徽人民出版社,1996年,第9页。

胡萍舟、崔筱斋、陶淮、陶久仿，共29人。

五、寿县革命运动蓬勃发展

新文化运动发起后，寿县人民与省内外革命势力得以进一步联合，不断掀起革命运动的高潮，先后发动或参加五四爱国运动、废督裁兵运动、声讨倪马军阀、反对张文生督皖、革新教育、争取教育经费独立、反对省三届议会贿选、撤换反动校长和知县、反对曹锟贿选等一系列反帝反封建斗争。1923年11月，陈独秀在《向导》第46期发表《安徽学界之奋斗》一文说：安徽在直系势力管辖之下，他们若只是空喊几声，也比广东、浙江学界的空喊有价值，况且他们还有在空喊以上的实际动作，在这一点上看起来，安徽学界又实是全国学界之领袖。

寿县籍师生是芜湖学生运动、发动工人罢工、抵制日货的领头人和骨干。在抵制日货运动中，日本领事企图挥拳动武时，会武术的薛卓汉一掌将他推开。薛卓汉、胡金台等人不仅省吃俭用接济穷苦工人，开办工人夜校，向工人宣传马克思主义，还亲自拉黄包车与工人打成一片，既代表芜湖学生联合会又代表黄包车工人同警察局和工头做斗争，带领工人进行罢工并取得胜利。

在反对倪嗣冲、马联甲军阀的一系列斗争中，全省人民到处散传单、发通电、游行示威,实行"三罢",利用报刊揭其黑暗,并向北洋政府告状,多次发动反马驱马斗争都没有赶走马联甲。而军阀马联甲之流仍耀武扬威,不断镇压人民。但是,寿县另一群人的举动让马联甲大惊失色,仓皇出走。1924年11月中旬,曾任北洋军的旅长、皖北镇守使、皖南镇守使的李传业运动旧部在寿县组织国民第四军,向省城安庆进迫,安徽督理兼省长马联甲闻讯,立即弃职离开安徽。李传业在军界素有影响,寿县籍旧军人也因深受五四运动影响,都有一定的民主意识和正义感,不能容忍马联甲等军阀的倒行逆施和黑暗统治。

1924年冬天,方运炽在寿县中学公开成立了学生联合会,简称学联会,负责人有方贯之、朱松年、朱乔年、方运亭等。学联会曾出版两期带有革命内容的刊物。学联会成立后,方运炽便在校内发动进步学生参加这一组织,并利用学联会开展各种形式的宣传活动。而校方却反对成立学联会,反对学生运动,不准上街宣传,对学生的活动加以种种限制。寿县中学校长祝梦华顽固地反对学生运动,学联会决定把他赶走。经过研究后,学联会以"闹饭场"为导火线进行斗争。有一天午餐时,学生借口饭菜不好闹了起来,举行罢课。由于学生们不懈地斗争和外围的声援,斗争终于获得了胜利。祝梦华下台后,继任校长孔士豪,教育主任林士儒都是国家主义派,他们对学生的各种进步活动都加以限制。学联会在党的领导下,继续进行斗争,罢课三四天,把他们二人也赶下了台。

1925年3月,陈独秀派徐梦秋、薛卓汉到安庆恢复并发展党、团组织,并筹备成立国民党(左派)安庆市党部。他们首先成立中共小组,在安徽省立第一师范、第一高级中学发展学生入团。5月,共青团安庆特别支部成立,寿县人徐梦秋、李竹声先后任特支书记。次年5月,中共安庆特别支部改建为中共安徽地委,李竹声任书记。①

寿县人民在中国共产党的领导和教育下,思想上起了很大变化。他们不甘再做任人宰割的奴隶,纷纷起来向万恶的帝国主义、封建势力开火。1925年,五卅惨案的消息传到寿县,全县人民无比愤恨,在党、团组织的发动下,纷纷去街头游行示威,控诉帝国主义的残暴罪行。工人罢工,学生罢课,商人罢市,约有上万人参加示威,并先后成立了寿县各界沪案后援会、寿县学生沪案后援会,负责人是方贯之、陈彬等。后援会的主要任务有三个:首先,宣传动员广大群众游行示威,反对帝国主义及与帝国主义勾结的反动政府;其次,宣传动员群众募捐,支援上海等地的工人罢工运动;最后,宣传动员群众抵制、没收、焚烧日、英货。在声援五卅运动中,寿县人民将破坏群众运动的大资本家、商会会长刘作臣揪出示众,迫使刘作臣向群众低头道歉。寿县学生沪案后援会又将斗争胜利情况及刘作臣的种种丑恶行为印成了传单,通告全县,并募捐款100余银圆汇往上海大学,支援五卅运动。

---

① 中共安庆市委党史研究室:《中国共产党安庆地方史·上卷》,北京:中共党史出版社,2001年,第75—78页。

中共小甸集特支成立后，积极向农民宣传革命道理，启发农民认清组织起来的力量。特支经过教育和考察，吸收有革命热情、积极勇敢、忠实可靠的贫苦农民加入农协，建立农协小组。1923年冬，共产党员薛卓汉在堰口集从事农民运动，始建农协小组。1925年4月，党组织在上奠寺追悼孙中山逝世，召开了党、团群众纪念大会。会上，党员张子标扮成工人、农民形象登台公开演讲，向群众宣传。在这次会上，正式成立了农民协会，新加入农民协会的有200多人。1926年3月29日，寿县石裕鼎给团中央的报告称：农民协会于短促时期，很难组织成功，好在诸同学多在民党及学生会办事，很能操纵以上两个团体，将来对农协很有希望。① 这个时期，寿县妇女组织也建立起来。②

寿县建团、建党之后，在领导开展群众运动的同时，也很注重自身建设，先后选送一批优秀青年远赴苏联留学，或赴上海大学、广州中央农民运动讲习所和黄埔军校学习，努力培养党、团组织的骨干分子。

在黄埔军校一至六期学习的寿县青年有30余人，其中大多数人后来成为革命骨干。茅延桢参与了黄埔军校的创建工作，担任第一期学生第二队队长，该队是黄埔一期学生5个队含中共产

---

① 中共安徽省委党史工作委员会：《安徽现代革命史资料长编·第一卷》，合肥：安徽人民出版社，1986年，第359页。
② 中共寿县县委党史工委办公室：《寿县革命史》，合肥：安徽人民出版社，1992年，第29页。

党员最多的一个队。参加南昌起义的15个团中,第十一军二十五师七十五团就由寿县人孙一中任团长。高语罕是黄埔军校最受欢迎的政治教官,也是军校第一位政治主任教官。

随着斗争的不断发展和形势的需要,党组织决定派一部分同志到广州农民运动讲习所学习。1925年9月,高语罕安排寿县党、团组织选送薛卓汉、裴济华、胡宏让参加第五届广州农民运动讲习所的学习,安徽省赴这届农民运动讲习所学习的只有他们三人。1926年1月,国民党二大在广州召开期间,他们三人担任大会工作人员。1926年2月,安徽选送15人到第六届广州农民运动讲习所学习,其中寿县就有崔筱斋、曹广化、方绵良等9人。1926年9月,第六届广州农民运动讲习所的学生毕业后,大部分人回原籍开展农运工作。10月,中共寿县城关支部派出党员方绵良到瓦埠发展农民协会,在瓦埠泰山庙召开会员大会,成立寿县五区农民协会。寿县籍的崔筱斋、曹广化和南陵县的胡济从第六届农民运动讲习所毕业后,一起回到寿县东南乡、合肥北乡开展农民运动。他们组织成立中共合肥北乡党支部,直属党中央领导,这是合肥地区最早的党支部。

为了支援北伐战争,促进农民运动,中共中央在《目前农运计划》中指出:安徽农运的重点是以寿县、合肥为中心的皖北地区。按照这个要求,中共合肥北乡支部在双河集成立了安徽省农民运动委员会,崔筱斋任农委主任,曹广化、胡济为委员。安徽省农民运动委员会成立后,以"崔小斋"的名义,通过秘密信件与"上海大

学龙铭盘"(中共中央农民部机关代号)联系,汇报工作,接受指示,

▲ 寿县五区农民协会成立地瓦埠泰山庙

以求得中央农委对安徽农民运动的具体指导。① 经过一段时间的活动,到1926年冬,他们在寿县、合肥、定远边界地区组织了农民协会,先后建立了双河集、造甲店、白家河、陈刘集农民协会。曹广化等学员回到家乡后,深切地感受到人民群众对北伐的拥护,看到当地的农民群众和拥护北伐的革命志士都有同军阀斗争的决心,他们还秘密向人民群众展开宣传工作,宣传北伐战争就是要打倒军阀,打倒帝国主义,打倒土豪劣绅。他们还和薛卓汉等当地党员在一起活动,主要活动区域在寿县瓦埠、小甸一带,宣传发动群众,通过张贴标语、演文明戏等方式宣传革命,组织农民协

---

① 中共安徽省委党史工作委员会:《安徽现代革命史资料长编·第一卷》,合肥:安徽人民出版社,1986年,第360—361页。

会。他们曾在小甸集演过一个揭露寿县财政局长朱菊香苛政罪行的话剧,曹广化扮演朱菊香,把朱菊香的丑恶嘴脸暴露得淋漓尽致,无情地讽刺和鞭挞了贪官污吏,对启发群众觉悟,号召群众斗争起了很大作用。①

在安徽党、团组织建立和革命运动发展过程中,上海大学、黄埔军校、广州农民运动讲习所的学员发挥了相当重要的作用。他们在安徽甚至全国都播下了革命的火种。我们对黄埔军校各省学生情况和多种资料进行比较,不难发现在一至五期黄埔生和第六届广州农民运动讲习所中,安徽学员中的中共党、团员比例较大,而寿县籍的学员几乎全部是共产党员,党员比例最高。他们在学习、战斗和生活中发挥了先锋模范和骨干作用,在巩固广东革命根据地、北伐战争、南昌起义、土地革命战争中做出了重要贡献,大部分牺牲。他们播下的革命火种在江淮大地乃至全国各地呈燎原之势。

中共中央选派青年赴苏联学习,"由陈独秀主其事","陈认为党务纷繁,无暇顾及,乃委托高语罕代理执行"。② 1925 年至 1927 年寿县就有方运炽、薛卓忠等 17 人到苏联莫斯科中山大学深造,他们在苏联不仅学习了马克思列宁主义理论,提高了革命理论素

---

① 曹广化:《我在家乡开展革命活动的经历》,见六安市政协文史资料委员会:《黄埔军校六安人》,合肥:安徽人民出版社,2015 年,第 177 页。

② 中共安徽省委党史工作委员会:《安徽现代革命史资料长编·第一卷》,合肥:安徽人民出版社,1986 年,第 390 页。

养,同时在十月革命圣地受到无产阶级革命精神的熏陶,回国后大多担任了中国共产党和共青团的领导工作,成为坚定的共产主义者直至为革命献出了宝贵的生命。1928年,中共六大在莫斯科召开时,寿县籍留苏学生王培吾、方运炽、孟庆树因为表现出色,担任了大会会务工作人员(王明也是工作人员之一),负责资料提供、会议记录、翻译工作,并可在会上发言。在中共六大上,中国工人运动领袖、时任中共南京市委书记的寿县人孙津川被选为中共中央审查委员会委员。

  1926年2月,国民党左派安徽临时省党部在安庆邓家坡成立,9名执行委员中有寿县人常恒芳、薛卓汉。此时寿县有中共党员80余人,团员40余人。3月上旬,成立共青团寿县地方执行委员会,薛卓汉任书记。1927年4月,寿县城乡举行了声势浩大的反北洋军阀的示威游行。1927年3月,薛卓汉以国民党安徽省党部农民部长身份在安庆召开省农民协会筹备会成立大会,被选为省农民协会委员长。薛卓汉在国民党临时安徽省党部成立后就回到寿县,成立了国民党寿县临时党部筹备委员会,并在其中负责农民运动工作。当时加入国民党寿县党部较多的是旅外返乡学生和寿县中学学生,薛卓汉、方运炽等都是寿县党部的成员。寿县党部的核心是共产党领导,活动重点不在城内,主要以石家集、瓦埠、小甸集等地为活动区,逐步建立起六个区分部。共产党员和共青团员在其中担任重要职务,吸收工人、农民、学生代表参加,使寿县国民党组织基本上成为各阶级的革命联盟形式,接受共产党反帝反封建主张,执行孙中山"联俄、联共、扶助农工"的三大政策,加速革命进程。寒假期间寿县党部的活动尤其活跃,经常集会宣传"三民主义",并以此为内容写出一些标语口号,到处张贴。他们遭到当时皖系军阀的仇视,军阀当局曾多次逮捕寿县党部成员中的共产党员和共青团员,还清查、迫害孙健、朱乔年的家庭,把他们读的书籍焚烧掉。

1926年4月4日共青团寿县地委在城内召开市民大会,讲解北京"三一八"惨案的前因后果,宣传中国共产党为"三一八"惨案发表的告全国民众书,号召人们团结起来打倒段祺瑞,推翻帝国主义、军阀的统治,并组织市民游行示威。寿县团地委通知各支部派团员参加游行示威活动,并做一些宣传工作,传单全用国民党寿县党部各分部的名义,内容注重揭露英、日帝国主义的阴谋及段祺瑞政府的罪恶,口号主要是讨伐残杀爱国学生的段祺瑞,反对威吓中国的使团通牒,要求取消辛丑条约,援助受难同胞,抵制英、日货,促成国民会议,组织人民政府,勿忘"三一八"国耻等。① 共青团寿县地方执行委员会又于1926年5月领导学生冲破安徽省教育厅关于禁止各校举行五卅纪念大会的命令。寿县初中、三女师、模范、育稚、县立第五中学、县立第七中学等学校,以及国民党寿县党部及其第一、第三区各分部、学生联合会、非基督教大同盟、中国济难会寿县分会等团体参加,人数达一千多人。

---

① 中央档案馆,安徽省档案馆:《安徽革命历史文件汇集·第一册》内部资料,1987年,第219页。

会场在西城文明坊,南部设讲台一座,各学校分列整齐,奏乐开会后,首由主席报告,次演讲,遂即整队游行,沿途唱国民革命歌及高呼打倒媚外军阀张作霖、吴佩孚！废除不平等条约！打倒基督教,拥护广州革命政府北伐！中国革命万岁！革命努力统一等口号。① 1926年5月,寿县团地委组织纪念"五一"活动,因寿县没有工厂,只在乡间开了一个纪念会,会上座谈了"五一"的历史及价值。团地委还要求团中央多发给全国劳动大会特刊或决议案。②

为了使工人、农民进一步掌握革命斗争的思想武器,普及教育,提高文化素质,1925年8月,薛卓汉在《中国青年》第82期上发表了《普及平民教育的意见》一文,大力提倡普及平民教育,并提出普及平民教育的方式方法。为了改革封建奴化教育制度,寿县在本地和外地的共产党员、共青团员、国民党左派人士,于1926年农历正月联合发表了《寿县中山学校发起宣言》(以下简称《宣言》)。《宣言》指出,由于国际帝国主义和中国封建势力的勾结,严重地摧残中国的教育,造成了中国教育的落后腐败。帝国主义为了达到逐渐灭亡中国的目的,在中国实行奴化教育,培养御用人才。《宣言》痛陈寿县青年有"尽入迷途之绝大危机",为了拯救

---

① 裘年志:《裘年志关于纪念"五卅"情况给团中央的报告》,见中央档案馆,安徽省档案馆:《安徽革命历史文件汇集·第一册》,内部资料,1987年,第230—231页。

② 中央档案馆,安徽省档案馆:《安徽革命历史文件汇集·第一册》,内部资料,1987年,第226页。

青年,革新教育,特发起组建中山学校。《宣言》号召:邦人君子,名流硕彦,与以实力劝助,俾得届时实现,不唯同人及青年学子之幸,实教育前途之大幸也!中国共产党和共青团寿县地方组织一面积极筹办中山学校,一面成立乡村小学教员联合会,组织寒假新剧团到各处演出,募捐资助平民教育。[①] 寒假新剧团后因蕴真附近处之小学全体师生均被匪绑去,所以无形中大受影响,即稍有资产家的同学都不敢加入,实因环境关系,未能做大规模的运动。但寿地学生,自五卅案发生后,很能勇敢做革命的运动,并且也很清楚今后学生对于社会改造的使命。因此他们尽力反抗县署对于地方之苛税,此时正在进行中。而我们的同学亦加入努力指导,将来定有成绩可观。现在加入本校的同学颇多。[②]

薛卓汉、王坦甫与陈独秀有直接联系,但他们于1926年前后在寿县和在柏文蔚第三十三军中发展的一些党员手续没有交到中央,上级不承认这些人的党籍,必须重办手续才算入党。截至1927年春,寿县党员人数约占全省的一半。5月,中共安徽省临时委员会成立,王坦甫是7名省临时委员会委员之一。1927年7月中旬成立的中共寿县(寿凤)临时委员会,是安徽最早的两个县

---

① 中共六安地委党史工作委员会:《皖西革命史》,合肥:安徽人民出版社,1987年,第49页。
② 中央档案馆,安徽省档案馆:《安徽革命历史文件汇集·第一册》,1987年,第207页。

委之一。①

为迎接大革命的高潮,寿县革命者积极开展军事活动,联络、争取旧军队,改造或组建新的革命武装。1924年秋,袁家声到上海与柏文蔚、岳相如等联络。在柏文蔚的支持下,袁家声同岳相如回寿县,召集以往淮上起义军人员,组织"淮上人民自治军"。袁家声在袁家湖一带号召青年踊跃参军,并动员戚族募集经费。一时投笔从戎、弃农参军者数以千计。队伍由袁家声的堂叔袁少仪率领,开往淮北高皇寺、汪家庙一带驻扎,与凤台岳相如、廖梓英所募淮上军合并,共3000余人,公推袁家声为淮上人民自治军总司令,廖梓英、岳相如、程华亭为团长,袁少仪等人为营长,进行集中训练,准备北伐。北伐之前,寿县籍的茅延桢、廖运泽等人不畏艰险,奉命到吴佩孚、冯玉祥部队开展军事调查和策反工作,以策动北方军队响应南方革命军的北伐。1925年9月,中国共产党早期军事骨干茅延桢在郑州准备与军阀部队谈判时,不幸被反动刺客开枪杀害。1926年,寿县籍的黄埔生黄铁民、廖运泽等人到江淮地区开展军事和社会调查,宣传国民革命。

1926年夏,国民革命军由中国共产党直接领导的叶挺独立团为先锋,出师北伐,开始了推翻帝国主义和北洋军阀统治,夺取国民革命在全国胜利的武装斗争。时任皖军总司令的军阀陈调元

---

① 中共安徽省委组织部,中共安徽省委党史工作委员会,安徽省档案馆:《中国共产党安徽省组织史资料》,合肥:安徽人民出版社,1996年,第17页。

加紧镇压革命势力,捕杀共产党人和国民党左派人士,解散进步学校。国民党(左派)临时省党部被迫迁往上海,发电报给国民革命军总政治部,保荐寿县人常恒芳为安徽宣慰使,回安徽领导革命斗争。

1926年9月下旬,常恒芳就职。他通电讨伐军阀孙传芳、吴佩孚和北洋政府,分电安徽各县人民团体响应北伐。他委派沈子修为国民革命军皖西中路司令,同共产党员朱蕴山等人回六安、霍山,联络地方民军相机起义。由于消息泄露,霍山县警备营营长沈子成(沈子修的胞弟)及戴汝成被陈调元的第二混成旅旅长马祥斌捕杀。但是霍山县警备营和六安县麻埠等地的民军毅然起义。起义队伍统由陈龙甫、于昆伯率领,开赴霍山县西镇地区,在回头岭与马祥斌的追击部队展开激战后,撤到罗田县僧塔寺。

在六安、霍山民军起义的同时,常恒芳利用与陈雷是寿县同乡的关系,同共产党员周新民、宋伟年等到太湖,成功地策动了被北伐军驱赶到此地的旧桂系军阀马济部下的陈雷团起义。为改造这支部队,高语罕又派遣薛卓汉、黄铁民等寿县籍共产党员到陈雷部做思想政治工作和安抚工作。陈调元速派其旅长倪朝荣率两个团追击,起义部队转移到湖北黄梅县独山镇。

1926年冬,国民革命军占领武汉后,国民党安徽临时省党部再次由上海迁到武汉。这时,常恒芳从黄梅到武汉,在临时省党部听取了从合肥去的董伯荣关于寿县、合肥部分地方武装的起义准备情况汇报,当即指派蔡晓舟、董伯荣、许习庸为起义负责人,迅速行动。11月上旬，蔡晓舟等人同临时省党部派来的郑鼎（又名李云鹤，共产党员）、聂鹤亭在合肥研究了起义方案，分头行动。11月11日，寿县古渡岗李雨村民团及合肥东乡民团共计300人左右，集结于吴山庙，成立安徽讨贼军第四路军，公推蔡晓舟为司令，许习庸为副司令，郑鼎为指导员，董伯荣为参谋长，李雨村为总参议。第四路军于12日清晨正式宣布起义。

第四路军于23日拂晓进攻合肥，行至合肥北四十埠时，遭到陈调元所派第四混成旅旅长刘凤图部的阻击，起义军牺牲4人，遂撤回。在起义部队撤到古渡岗时，又遭到陈调元调集的地方反动武装的围攻，形势十分危急，司令部乃决定部队分散隐蔽，待机再起。

六安、霍山、太湖、吴山庙等武装起义，在一定程度上打乱了驻皖军阀的阵线，动摇了敌人的军心，鼓舞了人民的斗志，有力地配合了北伐战争。1926年12月底，陈调元在内外交困的情况下，派代表到武汉交涉投降事宜。

广东国民革命军北伐开始后，寿县人民在中共地方党组织的领导下，积极支援北伐战争。在太湖、吴山庙起义期间，柏文蔚到天津策动国民军第二军中的原寿县淮上军旧部袁家声第十五旅响应北伐。经柏文蔚多方面做工作，结果袁家声旅被收编为国民革命军暂编师。袁家声率全师由石家庄南下，转战千里，于1926年冬回到皖西的金家寨和麻埠之间，同军阀马祥斌第二混成旅大战于苏家畈附近的鹅毛岭，后转到罗田县，与六安、霍山、太湖起

义的部队互相支援。

北伐战争开始后,原淮上军将领纷纷要求柏文蔚以军长名义统率淮上各部。经朱蕴山和原淮上军总司令王庆云的推荐,王励斋、谭延闿、李烈钧等从中推动,国民革命军总司令部于1927年1月8日任命柏文蔚为第三十三军军长。柏文蔚就职后,任命常恒芳为党代表兼政治部主任,王铸人为参谋长,设军部于湖北武穴,设办事处于汉口。以袁家声暂编师和岳相如独立旅为基础,召集淮上军旧部和江淮民众武装,很快扩编成三个师和两个教导团,共计三万五千多人。柏文蔚指挥所部向皖北一带集中,以适应军事进展的需要。

1927年春,北伐军节节胜利。皖豫国民革命联军被改编为国民革命军暂编第六军,寿县人石寅生任军长,挥师北上,立下战功。1927年5月,寿县籍方振武任国民革命联军援陕副总指挥兼第一路军司令。他率部从五原出发,日夜兼程,赶赴咸阳,于猴儿寨大败吴佩孚所辖刘镇华部,解了西安之围,接着沿陇海路东进,攻占洛阳、郑州等地。不久,方振武又率部参加"二次北伐"。为支援北伐,上海共产党机关决定把上海工人组织起来,发动起义,并阻止北洋军阀孙传芳部运输军火。中共吴淞机器厂特支经过认真研究,决定由担任沪宁铁路工人协进会委员的孙津川领导工人秘密赶制破坏铁路的工具。寿县人孙津川曾参加北京大学马克思学说研究会,是上海工人运动的领袖,于1925年加入中国共产党。孙津川接受任务后,立即挑选部分工人准备工具,组成破坏铁路小组,于夜间冒雨开赴有军警防范的破路地点。经过紧张工作,他们成功地破坏了两段铁路,完成了中断铁路运输三天的任务,配合了北伐军东路的战斗。

北伐战争开始后,以淮上军旧部和皖西民军为基础成立的国民革命军第三十三军、暂编第五军、暂编第六军是北伐军的重要组成部分,寿县也是北伐战斗的重要场所。淮上人民自治军全部编入第三十三军,柏文蔚任军长,袁家声任第三十三军第一师师长。1927年春,奉军杨树藩旅驻扎寿县正阳关,横征暴敛,苛政扰民。柏文蔚命袁家声率部收复正阳关。袁家声率部星夜兼程,并指挥湘军叶开鑫部一个团,由淠河登岸,开赴正阳前线,大举进攻。激战两昼夜,屡攻不克。袁家声令炮营拉出三八式野炮向敌营轰击,奉军全线崩溃,纷纷逃窜,终于收复正阳关。

1927年4月初,第三十三军各师暨所指挥的暂编第五、第六两军及第五独立师向北发起总攻,2日占领霍邱,5日占领凤台,7日占领寿县正阳关及颍上,接着围攻寿县城,共计毙敌2000多人,俘敌5000多人,缴获步枪4000多支、战马500多匹、大炮及机关枪20多件及其他军用品无数。

1927年4月中旬,正当第三十三军与第一军准备会攻徐州之际,北洋军阀袁家骥、张敬尧等部攻陷六安。第三十三军遂回师与王普的第二十七军等部围攻六安城,同时石寅生部进驻霍邱县三元店、姚李庙、洪家集断敌后路,马文伯师在合肥县金桥歼敌,叶开鑫部进抵六安县马头集一带,形成与敌会战之势。敌军袁家

骥、张敬尧等部遂从六安突围,逃往淮北。

寿县党组织输送了一大批共产党员、共青团员和进步青年参加北伐革命。其中有在叶挺将军领导下的"铁军"——叶挺独立团担任一营营长,在北伐战争中屡建功勋,后在武昌战役中壮烈牺牲的曹渊烈士,以及孙一中、薛卓汉、曹广化、廖运周等。北伐军攻占武汉后,寿县籍的共产党员、共青团员大多跑到武汉,有的参加北伐军宣传队,有的到中央军事政治学校或安徽干部党务学校学习,开展革命活动,不少同志还被派遣到外县帮助工作。

北伐军到达江淮地区后,得到寿县人民群众的热情援助。国民革命军进入寿县后,他们的宣传队采用各种形式向人民群众广泛宣传革命道理,有力地推动了工农运动的迅速发展。人民群众欢呼雀跃,工人、农民争先恐后地当向导,提供情报,踊跃参军,集中粮草,供应军需。国共两党以县党部名义组织宣传队配合军队的政治部开展宣传鼓动工作;组织运输队、担架队和慰劳队,随军行动;组建地方武装,配合主力作战,为北伐战争的胜利做出了贡献。

随着北伐战争的不断胜利和工农运动的迅速发展,统一战线内部的资产阶级同无产阶级争夺领导权的斗争也日益尖锐化。北伐军总司令蒋介石于1927年3月23日在安庆指使国民党右派收买流氓打手,捣毁国民党左派省、市党部和工、农、青、妇等群众团体机关,打伤共产党员、国民党左派人士和革命群众数十人,制造了一起严重的反革命事变。接着,在蒋介石的指令下,安庆公安局拿办舒传贤、周新民、薛卓汉等人,通缉100多人。

蒋介石在安庆策划"三二三"反革命事件的罪行被公开后,立刻在各地引起很大反响。寿县革命人士和进步团体纷纷发表通电和宣言,对蒋介石镇压革命、屠杀工农罪行发出声讨,对安庆人民的革命斗争表示了极大的同情与支持。第三十三军党代表兼政治部主任常恒芳率领全军各级政工人员通电声讨蒋介石。时任国民党中央监察委员的高语罕也为《汉口民国日报》撰写了题为《反对与打倒》的社论,提出了"反对背叛总理遗教,摧残农工运动的蒋介石"等口号。1927年4月初,迁到武汉继续举行的国民党第一次安徽全省代表大会,声讨蒋介石的反革命的罪行,成立了由共产党员和左派人士任执行委员的正式省党部,增选柯庆施、李宜春、高语罕等十数人为执行委员和监察委员,其中共产党员约占省党部委员的三分之一。会后再次印发了《三二三事变宣传提纲》,号召安徽人民在左派省党部的领导下,"团结起来","集中革命力量","杀开一条血路",求得真正解放。

大革命的风暴席卷大江南北,革命人民扬眉吐气,反动势力威风扫地,显示了国民革命联合战线的威力,寿县人民为国民革命做出了较大贡献。

就在北伐军推进到淮河以北时,代表大地主大资产阶级利益的蒋介石集团背叛了革命,在上海制造了"四一二"反革命事变,血腥屠杀共产党人和革命群众。1927年7月,汪精卫集团又在武

汉叛变革命,标志着轰轰烈烈的大革命失败,白色恐怖笼罩全国。

为了领导安徽人民继续进行革命,1927年5月下旬,在中共中央委员陈延年的指导与帮助下,经中央批准在武汉成立了中共安徽省临时委员会(以下简称省临委),任命柯庆施为书记,王坦甫、王贯之、王步文、郭士杰、李宜春、周范文为委员。安徽省临委举行了第一次全体委员会议,传达了党中央的指示,讨论了恢复安徽党的组织,发展工农运动和创造条件回安徽等问题。会议确定当前的工作是调查安徽的组织成员,联系在武汉的安徽同志,并进行登记。很快,安徽省临委同在武汉的寿县籍党员取得联系后,遂于1927年7月中旬在汉口决定并成立中共寿县临时县委(又称寿凤临时委员会),指定薛卓俊、朱松年、许一清、曹广化等为委员,令他们准备尽快回乡组织领导人民进行更艰巨的斗争。①

---

① 中共安徽省委组织部,中共安徽省委党史工作委员会,安徽省档案馆:《中国共产党安徽省组织史资料》,合肥:安徽人民出版社,1996年,第36—44页。

第三章

勇立潮头的先驱者

寿县革命斗争一开始就和全国革命斗争紧紧相连,寿县革命史是中国革命史的组成部分。寿县人民为革命做出了巨大牺牲,寿县革命先烈为中国人民的解放事业做出了重大贡献。寿县党、团组织建立比较早,党的骨干分子比较多,他们在全省各地乃至全国多地都播下革命的火种,建立了党、团组织,发动了革命运动。他们以自己满腔的热血谱写了一曲又一曲感人肺腑、气壮山河的革命诗篇。

一、安徽早期党、团组织的指导者——高语罕

高语罕是新文化运动的健将、中国共产党早期著名人物,大

革命时期他是安徽国共两党党务活动的指导者,因在黄埔军校屡发反蒋言论而被党内同志称为"高大炮",国民政府在武汉时期他是武汉反蒋的"三尊大炮"之一。

(一)安徽革命运动的领袖、党团组织的指导者

高语罕(1887—1947),寿县正阳关人,原名高世素,在凤阳府中学堂、安庆陆军测绘学堂读书时改名为高超,曾在日本早稻田大学学习。1908年高语罕参加熊成基领导的马炮营起义,辛亥革命中他任安徽青年军秘书长,与安徽都督府秘书长陈独秀结下深厚的友谊。

曾任全国政协副主席、全国人大常委会副委员长的朱蕴山说过:安徽的新文化运动,实际上是从芜湖开始的,是与刘希平、高语罕两人分不开的;刘希平和高语罕是陈独秀在安徽的代理人。①

1919年5月5日凌晨,北京学生游行示威的电报一传到芜湖,高语罕立即把学生自治会的骨干从睡梦中喊起来,亲自与学生骨干分头发动各校师生响应北京学生运动;他还赶到宣城,帮助组织宣城学生联合会,推动宣城一带的学生运动。运动中,他积极推动成立芜湖学生临时委员会、芜湖中小学教职员工联合会,发动芜湖工人罢工、市民罢市、学生罢课的大规模"三罢"斗争,并组织游行示威,抗议日军炮舰在芜湖江面示威寻衅的行径,

---

① 中国国民党革命委员会,中央委员会宣传部:《纪念朱蕴山文集》,北京:中国文史出版社,1987年,第124页。

声援北京学生。芜湖的码头工人、人力车夫、手工业工人加入斗争行列,当时是全国工人阶级登上政治舞台的少数城市之一。①

那时,高语罕被公认为芜湖学联、教联和学界运动的"军师"、首领,许多活动都是由他精心组织、策划的。1919年7月,由于受到反动军阀和官僚的忌恨与压迫,高语罕被迫离开安徽省立五中,同年秋又转任安徽省立第二农业学校教员,继续推动学生运动,同年冬被迫离校去上海。但他发动和领导的学生运动在全省以至全国都有很大影响,北京、上海的进步报刊称安徽省立五中为"执安徽学运'牛耳'的学校"。此后,高语罕往返芜湖、上海、寿县等地开展革命活动,他到上海、北京联系旅沪皖事改进会、旅京皖事改进会等进步人士共同开展省内革命斗争,先后掀起"废督裁军""整顿教育""民选省长"、反对"盐斤加价"、反对倪嗣冲、马联军军阀等斗争。

1920年春夏间,高语罕在上海与陈独秀、李汉俊、邵力子、陈望道等经常联系、会谈,研究和宣传马克思主义,参与上海早期共产党组织的发起活动。7月底,陈独秀在和张国焘谈发起共产党组织的计划时表示:上海小组将担负江苏、安徽、浙江等省的组织和发展,他自己则担任在南京、安庆、芜湖等地物色一些青年发起社会主义青年团的组织,他的老友著名学者高语罕那时正在安徽

---

① 中共芜湖市委党史研究室:《中国共产党芜湖历史·第一卷》,合肥:安徽人民出版社,2008年,第62—65页。

教书,是最先响应的人。① 高语罕成为陈独秀在安徽建立党、团组织的联系人。来自安徽的青年学生蒋光慈、吴葆萼等由他推荐进入共产国际主办的上海外国语学社学习俄语,成为该学社最早的几个学员;1920年8月,上海社会主义青年团成立后,他和蒋光慈、吴葆萼等学员成为最早的一批团员。同年秋,他赴北京联络旅京皖事改进会开展活动,不久后,他经李大钊介绍,加入北京共产主义小组,并参加北京大学马克思学说研究会。

高语罕参与领导了反第三届省议会贿选、驱逐省长李兆珍、撤换各县反动县知事、驱逐反动校长等的一系列斗争。在带头冲击省长公署时,王肖山等人重伤,高语罕也轻伤挂红。先生们的勇气极大地鼓舞了广大市民和学生的斗志。通过斗争,安徽人民特别是广大学生得到了锻炼,推动了马克思主义的传播,在思想上、组织上和干部上为安徽党、团组织的建立做了准备。

1921年,共产国际准备召开远东各国共产党及民族革命团体代表会议,高语罕受陈独秀委托,推荐了安庆学生宋伟年、唐道海和芜湖五中学生马章禄、夏揆予4人作为安徽省代表出席会议。1922年3月,安庆团组织秘书王逸龙致函团中央负责人施存统说,安庆团组织派不出代表出席青年团第一次全国代表大会,委托住在上海的高语罕全权代表出席。这时,由高语罕联系和指导

---

① 张国焘:《我的回忆·第一册(上)》,香港:明报月刊,1971年,第93、98页。

的安庆团组织,是全国最早的17个地方团组织之一。

1925年8月,从德国回国的高语罕受党中央委托,主持芜湖青年团员王坦甫、佘文烈、沈天白等人集体入党仪式,指导成立芜湖党组织。同时,经高语罕向陈独秀推荐并获准,团中央派张秋人来芜湖开展党、团工作。高语罕介绍中共党员恽代英、张秋人、杨士彬等人到新民中学任教师以掩护工作。9月,高语罕赴安庆,指导安庆团组织的工作,并通知寿县团组织选送薛卓汉、裴济华、胡宏让参加第五届广州农讲所的学习。此时,苏联莫斯科中山大学在中国招生,高语罕受陈独秀委托,选派了安徽籍革命青年陈原道、徐梦秋、彭干臣等人赴苏联留学。①

陈独秀很关心安徽党、团组织和革命运动的发展,先后指派并当面指导柯庆施、徐梦秋、薛卓汉等人到安徽开展工作,又委托高语罕全面指导党、团工作。在高语罕的指导、推动下,安徽各地中共党、团组织陆续成立或恢复,尤其是芜湖、安庆、寿县等地党、团员发展较多。1925年12月,共青团芜湖地方执行委员会成立,周范文任书记,一度有团员54人。1926年3月,共青团寿县地方执行委员会成立,寿县有党员80余人,有团员40余人。1926年4月,中共芜湖特支成立,周范文任特支书记,直属党中央领导,至6月有党员27人。此后,共青团安庆特支、中共安庆特别支部、中共安徽地委相继成立。

---

① 安徽省政协《安徽著名历史人物丛书》编委会:《革命中坚》,北京:中国文史出版社,1991年,第365—366页。

  国共合作后,各地的共产党员和青年团员以个人身份加入了国民党,推动了国民党地方组织的快速发展,仅安庆地区截至1924年冬就有党员300多人。1925年夏,高语罕又受老友陈独秀委托,来安徽协调、指导国民党党务工作,并得到国民党中央执行委员会常务委员、组织部长、主持中央秘书处日常事务工作的中共党员谭平山的支持。8月,高语罕到芜湖,"与中国国民党同志接洽一切",向中共党员、国民党左派提出党务工作的具体指导意见。① 至暑期后,芜湖国民党员由3月间的135人增至178人,10月22日正式成立芜湖市党部。9月间,高语罕提议由周范文任国民党二大安徽选举筹备处主任,并一同到安庆指导国民党党务工作,立即改组各区分部,重填表册。12月20日,国民党(左派)安庆市党部正式成立。11月,国民党中央宣布黄梦飞为安庆选举事务所主任,周范文为芜湖选举事务所主任。结果安庆先后选出黄梦飞、高语罕,芜湖选出沈天白为代表,朱蕴山为特邀代表出席国民党二大。②

  1925年12月25日,在国民党第一届中央执委会举行的第129次中常会上,高语罕报告了安徽省党务状况并提出派员组织安徽省党部案。会议经讨论决定:安徽党务亟应组织一临时机关

---

  ① 中共芜湖市委党史研究室:《中国共产党芜湖历史·第一卷》,合肥:安徽人民出版社,2008年,第91页。
  ② 中共安徽省委党史工作委员会:《安徽现代革命史资料长编·第一卷》,合肥:安徽人民出版社,1986年,第402—408页。

以资统率，即派高语罕同志所提之光明甫、周松圃、朱蕴山、沈子修等9人为该省党部筹备员，正式省党部未成立以前，即由该委员等代行省党部职权。1926年1月下旬，国民党二大闭幕后，国民党中央正式发表由高语罕推荐的上述9人为国民党安徽临时省党部执行委员。2月，国民党安徽临时省党部在安庆邓家坡成立，光明甫、周松圃、朱蕴山为常委。

中山舰事件后，高语罕因言辞过激受国、共两党要人的指责与批评，但仍负安徽党务和革命运动的指导之责，安徽籍部分干部也由他调派分配工作。1926年秋，六安、霍山部分民军起义后退往湖北罗田境内，他派宋伟年等人从武汉前往罗田慰劳；同时期，安徽宣慰使常藩候策动驻太湖的旧军阀部队团长陈雷（他们是原寿州同乡）率部起义，高语罕与常藩候、朱蕴山协商，调派中共党员薛卓汉、周新民、裴济华、李宜春等人到陈雷团做慰问安抚和政治宣传工作。11月，高语罕又派聂鹤亭与共产党员郑鼎（李云鹤）回安徽，协助先期回安徽的蔡晓舟、董伯荣等同志在合肥、寿县边界地区发动国共合作的吴山庙起义。

北伐军占领武汉后损失很大，北洋军阀势力仍然雄厚，能否取得安徽、江西及长江以北很成问题，陈独秀便派高语罕去做柏文蔚的工作，请他出来掌握军队。高语罕又与朱蕴山等人做北洋军阀陈调元、王普、马祥斌等部的策反工作。1927年1月，国民革命军第三十三军以淮上军旧部和江淮民军为基础成立，辛亥革命元老柏文蔚任军长，常藩候为党代表兼政治部主任。高语罕又选派薛卓汉、宋伟年、黄铁民等共产党员和一批国民党左派人士到北伐军中帮助工作,第三十三军迅速发展到3.5万多人,陈调元、王普、马祥斌等部因北伐军进逼也很快归顺北伐军。3月,武汉国民政府和国民党中央政治委员会决定由李宗仁、光明甫、高语罕、朱蕴山等人组成安徽临时省政府;4月初,高语罕又和徐谦、高一涵等人被补选为国民党安徽省(左派)党部执行委员。高语罕还在武汉主持筹办安徽省党务干部学校(后由中共党员李宜春、胡苏明具体负责),选派共产党员薛卓汉、舒传贤等组成安徽省农民协会、安徽省总工会筹备委员会等组织。周新民回忆说:高语罕在指导安徽省党部事务上,"起到很大的领导作用"。他与中共党员、共青团员和国民党左派共同推动了安徽革命运动,尤其是推动工人、农民、青年、妇女等群众运动红红火火地开展起来,迎来了大革命的高潮。

(二)国民党二大的活跃分子、黄埔军校最受欢迎的政治教官

1922年8月,高语罕与郑太朴、章伯钧同船离开上海,赴马克思主义故乡德国留学。中共中央指示旅欧的党员及其组织合并成立中共旅欧总支部,由张申府、高语罕、郑太朴等组成。高语罕在《九死一生记》中说:他经办了朱德、章伯钧、孙炳文等人加入中国共产党和国民党的手续。1936年,毛泽东对埃德加·斯诺回忆建党初期的情况时就说:在德国也组织了共产党支部,只是时间稍后一些;其成员有高语罕、朱德和张申府。

▲ 1923年高语罕(后右二)与朱德、张申府、刘清扬、孙炳文等在德国

1923年春,国共两党中央分别指示党员协商建立国共合作的旅欧革命统一战线组织——中国国民党驻法总支部,高语罕为总支部监察委员。朱德回忆:在柏林,我们组织有国民党的支部,我们都参加进去,而且领导了它……当国内在广东开第二次国民党代表大会时,我们的支部就派了高语罕做代表回去了。①

1925年春,高语罕回国,向李大钊、陈独秀汇报学习、工作后,他任上海总工会宣传科主任兼上海大学教授,并受命指导安徽省党务工作。1925年12月20日,他与朱蕴山等一同赶到广州,参加国民党中央执、监委员谈话会,参与国民党二大的会务准备工作,负责起草开幕词,参与讨论议程、会务人员招选管理办法、议

---

① 中央文献研究室:《朱德自述》,北京:国际文化出版公司,2009年,第76页。

案提议及表决办法,发表告民众书有关文书,通电等事宜。其间他介绍朱蕴山加入中国共产党。1926年1月1日,他以国民党驻法总支部代表身份出席国民党二大开幕典礼;据朱蕴山、茅盾等回忆:高语罕是中国共产党出席国民党二大的党、团书记,负责有关政策的指导事宜。

在国民党二大上,高语罕极为活跃,发言频繁,并发表《中国国民党第二次代表大会的意义》,抨击右派的主张。1926年1月6日,大会决定由汪精卫、邵力子、高语罕起草大会宣言;7日,高语罕与张国焘发言讲述国共合作的重要意义,批驳右派对中国共产党的攻击言论;9日,他向大会报告旅欧党务;13日,大会全文通过他主笔起草的宣言草案;15日,他与蒋先云、廖划平等复议、讨论工人运动决议案,次日通过该决议案;18日,他与蔡元培、邵力子等12人被选为国民党第二届中央监察委员会委员,黄绍竑、李宗仁等8人为候补监察委员;18日在讨论《党务报告决议案》时,他与毛泽东、张国焘等相继发言,反驳袁同畴攻击、限制共产党员活动的言论,迫使袁同畴收回自己的意见;20日下午举行闭幕礼,主席汪精卫致闭幕词后,高语罕、恽代英、谭平山等相继发表演说。会议期间,蒋介石与参加西山会议派活动刚回到广州的孙科曾商定团结国民党办法,主张西山会议案不在此次大会提出。但高语罕与毛泽东、恽代英、谭平山等多数共产党员和国民党左派主张坚决反击右派,结果大会通过了《弹劾西山会议决议案》《处分违犯本党纪律党员决议案》,宣布西山会议纯属违法,对参与西山会议派活动的人员分别给予处分。1926年1月22日，在国民党二届一中全会上，高语罕、张静江等5人被选为监察委员会常务委员。

1月12日，国民政府军事委员会议决改黄埔军校为中央军事政治学校。接着，高语罕被任命为政治主任教官。他到黄埔后，与政治部主任邵力子、副主任熊雄（主持部务，北伐开始后为代理主任）密切配合，陆续聘请了于树德、甘乃光等中共党员和国民党左派人士为政治教官，加强了军校的政治工作和政治理论教育。

同时，高语罕担任入伍生部少将党代表。入伍生部为师级编制，方鼎英为中将部长，熊雄兼政治部主任，部机关设在广州长堤。高语罕每星期有三天要到部里办公，其他时间在军校为学生讲授政治学概论，并邀请、安排周恩来、恽代英等人来校讲课或演说。他与上述诸人，特别是与军校教育长邓演达、四期入伍生第三团团长张治中（曾任三期入伍生总队上校总队副、代理总队长）等人关系密切，经常会谈交流。他和各位教官都认真负责，每天在校部吹了熄灯号以后，还在灯光下用功备课，或与师生交谈，或指导党、团活动。

高语罕是教育名家，很多青年学生都读过他所提倡的白话文著作，都是敬重他的。他演说、讲课通俗、风趣，为人十分和蔼，被誉为"最受学员欢迎的政治教官"。茅盾说他口才极好，在大会上发言,受人欢迎不亚于汪精卫。①

(三)黄埔"四凶"、武汉反蒋的"三尊大炮"之一

国民党二大宣言及几项议案、文告都强调要森严党的纪律、纯洁革命队伍,努力使党员革命化、团体化。高语罕是理想主义者,对人对事总是有较好的期许,并不时提出预防事物走向反面的要求。同时他具有敏锐的洞察力,所看所想都口无遮拦地说出来。他见蒋介石急于北伐,做事独断专行,已有军事投机和独裁的苗头,深为革命前途担忧,就多次善意提醒大家防止军事投机和独裁。还是在国民党二大会议期间,黄埔军校举行一次全国代表的欢迎会,蒋介石虽没到场,但欢迎会上几个代表讲话,都是谈黄埔军校与蒋介石在统一广东、巩固革命根据地方面的功绩。高语罕所讲内容与其他代表所讲的话差不多,不过在末尾又提出纯洁革命阵容,分清敌我界线的问题。大意是说:革命是要改造整个社会制度,不光是打倒几个人的问题。我们目前是要打倒北京的伪执政段祺瑞,但如果不肃清我们阵线以内的反革命分子和反革命思想,南方恐怕也会出现段祺瑞。如果蒋介石有反革命的思想和行为,我们一样地以对待段祺瑞的态度对待他,打倒他。在

---

① 中国人民政协文史资料研究委员会:《第一次国共合作时期的黄埔军校》,北京:文史资料出版社,1984 年,第 335 页;张卫强:《早期黄埔最受欢迎的教官高语罕》或《黄埔》,2004 年,第 5 期。

其他的集会上他也有类似的说法。①

事后,国民党新右派急急地跑到蒋介石面前,把高语罕的话断章取义、添油加醋地描述一番,说高语罕认为蒋介石就是南方的段祺瑞,要打倒。蒋介石气得直跺脚,因而痛恶高语罕。

国民党二大毕会后,黄埔军校为江苏、浙江、安徽等省代表饯行,蒋介石致辞后,高语罕又对大家说:孙总理曾说推倒曹吴,要防止未来的曹吴。现在我们要打倒北方的段祺瑞,还要防止南方的段祺瑞,提请大家注意!蒋介石闻此言,面红耳赤,怒目而视。张治中见状,接着说:高先生所说,并不是有所指,不过是对大家勉励的意思。气氛才缓和下来。第二天,朱蕴山要搭轮船赴上海,临行前对高语罕说:在那场合放"炮",是不是不对头?高语罕说:你说得对。朱蕴山说:蒋介石将来要做反动的段祺瑞,我不反对这个预言。但是我们毫无准备,先放"空炮"是不好的。高语罕也觉得说得冒失了。自此,高语罕在党内有了"高大炮"之称。

但是他总改不了疾恶如仇的本性,加上他又是国民党中央监察委员会常委,更要恪尽职守。他对师生既和蔼可亲,又严格要求,发现不好的现象就要批评指正,对右派分子或反动派总是无情揭批,坚决斗争。一次,蒋介石在校内召集政治教官开谈话会,吩咐在桌上摆了许多点心。高语罕走近细看,发现盛点心的五彩盘子都是用各种颜色的草编成的,手艺十分精巧。他脸色一板,

---

① 包惠僧:《包惠僧回忆录》,北京,人民出版社,1983年,第203页。

冲着蒋介石说:开会又不是请客,何必如此浪费。蒋介石本想借此笼络在黄埔军校工作的共产党员,可是高语罕竟当面批评他奢侈浪费,气得他两颊红一块紫一块,一甩门走开了。

在军校负实际责任的邓演达对军队风纪要求极严,无论何人违反校规都不宽容。在德国留学时高语罕曾给邓演达寻找住房,并介绍邓演达学习马克思主义,两人已成好友。高语罕在广州每次来去黄埔军校,都是邓演达亲自安排船只接送。但即便这样,有一天早晨高语罕起床迟了一点,邓演达就到高语罕的寝室当面予以批评,毫不留情。高语罕也理解并支持邓演达从严治校。当时,高语罕、恽代英和邓演达、张治中四人关系极好,他们的言论和态度也偏左,因而国民党右派视他们为"红色教官""赤色分子",称他们是"黄埔四凶",欲去之而后快。

1926年3月19日,国民党召开第十三次中央常委会,批准毛泽东为第六届农民运动讲习所所长,高语罕为政治训练主任。20日上午,高语罕和方鼎英到燕塘入伍生部第一团训话。正当他打算在黄埔军校施展才华、准备参与筹办农讲所并延请教员时,蒋介石发动了中山舰事件,排挤汪精卫,诬陷打击共产党人,"黄埔四凶"也在逮捕名单之列,只因李济深等的担保以及各派的不满、指责而使蒋介石收手。高语罕有感于自己的言论被人篡改,对蒋介石说:我等对于校长始终拥护。此次不幸事件,实出误会,望校长不必介意。蒋介石轻轻地说:没有什么,没有什么!

何香凝把高语罕拉到一边,深深埋怨道:你说话太不谨慎。

听人说,你在总理纪念周上,当着几千学生批评学校行政,又在公宴席上与某一部青年军人发生语言上的争辩。高语罕答道:我刚从欧洲归国,满怀革命热情,不晓得顾忌,又丝毫没有政治经验,横冲直撞。

对于中山舰事件,中国共产党和陈独秀及汪精卫、谭延闿等人本想反击,但苏联和共产国际急切期望国民党内部团结、维护国共合作,以便迅速完成北伐而与苏联连成一片,有利于巩固苏联政权,因而极力打压各方对蒋介石反击的计划和念头。中共中央迫于苏联和共产国际的压力,对蒋介石实行妥协,高语罕等身份公开的共产党员被迫离开了黄埔军校和蒋介石的第一军。但中共广东区委以及高语罕等许多党员,对蒋介石的叛乱行为极为愤慨,对陈独秀的妥协退让政策并不真心赞同。1926年3月底,高语罕去国民党中央执行委员会开会,碰见国民党中央执委常委、农民部长林伯渠。林伯渠让他到广州大学反段示威运动大会上去作演讲,他又放了一"炮"。他向学生们提出:我们不但要打倒北洋军阀段祺瑞,并且要打倒我们思想上的段祺瑞!当时粤语翻译将这句话译成"打倒我们这里的段祺瑞",并发表在《国民新闻》上。蒋介石听到误传后,遂下令驱逐高语罕出广州。高语罕在陈延年等安排下,由曾担任黄埔军校卫兵队长的胡公冕陪同护送,离开广州赴上海。

1926年4月20日,蒋介石在宴请退出第一军的党代表及官长席上指出:高语罕在黄埔军校每次演讲,有形无形之间,诋毁本校不革命的言论是公开的,他的用心,先暗示一班同志,对我失了信仰。5月25日,上海《申报》刊登蒋介石关于中山舰事件的演说,中有高语罕"彰明较著说我们团体里有一个段祺瑞,要打倒北方的段祺瑞,就要先打倒这里的段祺瑞"之语,把高语罕的反段言论当作共产党反蒋活动之一。高语罕立即与陈独秀商定分别写信给蒋介石,以图消除蒋介石的误会、弥合裂隙。当天,高语罕在上海写了《一封公开的信——致蒋介石先生》,并登载于1926年6月16日的《向导》第158期,低首下气地把"介石先生"恭维到九天之上,把所谓排蒋、反蒋的"误会"解释到水净沙明,否认有诋毁中伤之语。陈独秀于6月4日也写了《致蒋介石先生》,并载于1926年6月9日的《向导》第157期。陈独秀和广东区委的同志,以及邓演达、张治中等人,一再向蒋介石说明:高语罕因为初回国对广东情况不太了解,要好之心太急切,期望国民党尤其黄埔军校不要出现段祺瑞一样的人物,绝不会说出蒋介石就是南方的段祺瑞之语。

但无论高语罕、陈独秀等人如何辩解,蒋介石始终没有谅解高语罕,国民党左、右派和共产党人都指责高语罕的言论在国共合作的伤口上撒了一把盐,对共产党当时的合作承诺来说也算是犯了"失言"的一个错误,因而他受到了党内外的责难,及至他写信向蒋介石辩解,又被党内一些人指责为妥协、投降主义。所以包惠僧说:"高大炮"那一炮并没有打中敌人,只算是走火炸伤了自己,为国共合作的战线上多增了一条裂痕罢了。①

　　回到上海后,高语罕在中共中央宣传部工作,编写了《白话书信二集》和《现代公民》两书,并负责上海工人运动和武装起义的宣传工作。1927年3月初,他接任汉口《民国日报》总主笔。在此之前,中国共产党一直积极推动国共合作,发动工农商学兵各界群众支持、响应北伐,并呼请汪精卫尽早回国视事,希望蒋介石、汪精卫携手;陈独秀还禁止高语罕发表有碍国共合作的言论。自2月中旬起,中国共产党开始进行反蒋宣传,与国民党左派一致要求提高党权、反对军事独裁,有时也劝蒋介石要尊奉"联俄、联共、扶助农工"三大政策、不要镇压工农运动。3月,武汉方面不断举行反蒋大会和游行示威活动,高语罕经常参加反蒋活动。

　　1927年3月中旬,国民党二届三中全会在武汉召开,高语罕参会。会议决定:撤销蒋介石的国民党中央常务委员会主席和军事委员会主席职务,推汪精卫兼组织部长(原为蒋介石),裁撤由蒋介石兼任部长的国民党中央军人部。3月23日,蒋介石在安庆支持反动派捣毁由共产党人主导的国民党左派安徽省党部、安徽省市总工会及第六军政治部等机关,高语罕和安徽民主派代表人物纷纷发表反蒋通电和文章,并到安徽籍将领冯玉祥、方振武部活动争取共同反蒋。高语罕主笔的汉口《民国日报》连续登载揭露蒋介石以军治党、独裁干政、破坏革命的文章,他自己也写了

---

① 全国政协文史资料研究委员会:《第一次国共合作时期的黄埔军校》,北京:文史资料出版社,1984年,第166—167页。

《"反对"与"打倒"》《这叫做"亲善"》《左派胜利的象征》等社论、文章和诗词,抨击作为国民革命军总司令的蒋介石与日本帝国主义暗中勾结、制造惨案的行为,希望蒋介石承认自己的过失,大喊:蒋介石同志呵!回转来罢!……只希望你回复到去年三月二十以前的'蒋介石'。警告蒋介石如其执迷不悟,将党的纪律、党的主义、党的政策破坏无余,则"一定要群起攻之,便是'打倒蒋介石'"。

1927年4月初,国民党安徽省(左派)第一次代表大会迁到武汉召开,会后,在高语罕指导下,揭露蒋介石反革命行径的《三二三事变宣传提纲》刊行于世。国际工人代表团汤姆斯一行到武汉,在两湖书院大操场举行各界欢迎大会,高语罕与徐谦等人高声痛责蒋介石。4月18日,蒋介石在南京成立国民政府,第一号命令即为通缉共产党首要鲍罗廷、陈独秀、林伯渠、吴玉章、张国焘、高语罕等197人。武汉国民党中央常务委员会也决定开除蒋介石的党籍,免其本兼各职,并通缉拿办。高语罕和共产党人都拥护这一决定,多次联名通电声讨蒋介石。4月23日,黄埔军校各期学生在武昌阅马厂举行讨蒋大会,到会的党、政、军各界人民团体达百余个、到会40余万之众,大会主席蒋先云、中央党部代表高语罕、国民政府代表彭泽民、总政治部代表李合林等登台演说,历述蒋介石种种反共反革命罪行。因为高语罕极力鼓吹反蒋,到处发表演说,而与国民党中央常委徐谦、吴玉章被称为武汉反蒋的"三尊大炮",他与邓演达、宋庆龄、董必武等人也被视为武汉方面的左派领袖,在武汉三镇妇孺皆知。①

同时,高语罕还积极策动军事反蒋。中央军事政治学校武汉分校成立后,他被聘为政治教官,曾在学生中以及有黄埔学生任职的军队中争取反蒋势力。1927年4月18日,武汉政府任命刘伯承为暂编第十五军军长,高语罕为第二十军党代表兼四川党务特派员(当时中国共产党拟取四川),因军长杨森几天后就通电反对武汉政府,高语罕未到职。5月,党内曾决定由朱蕴山代表安徽、高语罕代表中共中央,偕同国民革命军总政治部主任、武汉行营主任邓演达(代表武汉国民政府)到河南洛阳,会见国民革命军第二集团军总司令冯玉祥,意欲联冯反蒋。6月10日,武汉国民政府代表团汪精卫、邓演达、张发奎、高语罕等在郑州再会冯玉祥,争取联冯反蒋,但仍无结果。国民革命军讨伐奉军凯旋武汉后,高语罕被聘为张发奎部第二方面军总指挥部秘书长,同时兼任第二方面军共产党党、团书记,争取实施"东征讨蒋"计划。

(四)参加南昌起义

汪精卫于1927年7月15日公开反共,屠杀革命者,全国陷入白色恐怖之中。中国共产党临时中央政治局决定以国民党左派名义在南昌举行武装起义。当时,中国共产党所掌握和能影响的

---

① 荣祖:《现代史料:高语罕之荣枯得失》,载上海《社会新闻》,1933年,第2卷,第20期;中国人民政协文史资料研究委员会:《第一次国共合作时期的黄埔军校》,北京:文史资料出版社,1984年第389页。

部队主要在张发奎部第二方面军。7月下旬,高语罕从汉口到达九江,下榻甘棠湖烟水亭黄琪翔第四军军部,与恽代英、廖乾五等住在一起。7月24日,江西省政府主席、第五方面军总指挥朱培德和黄琪翔同邀贺龙、叶挺到庐山开会,并传达张发奎的命令:贺龙第二十军到德安集中。这是汪精卫的一个阴谋,他准备于29日召集九江地区各方面军总指挥、各军师长到庐山开会,名义上研究东征讨蒋问题,实际是要在第二方面军"分共"。叶剑英从黄琪翔那里获悉庐山会议是个准备夺贺龙、叶挺的兵权的阴谋,当天就将这一情况告诉了叶挺。25日,叶挺、叶剑英邀约贺龙、高语罕、廖乾五(第四军政治部主任、中共党员),5个人在九江市区甘棠湖中一只小船里,以划船游湖为名召开紧急会议,史称"小划子会议"。会上决定三件事:叶挺、贺龙不上庐山;部队不到德安集中,乘车到南昌;叶挺部明日开,贺龙部后天开,贺龙部车皮先给叶挺部。这次会议虽简短,却是南昌起义的重要一环,粉碎了汪精卫的阴谋。

在1927年7月27日的九江会议上,高语罕与恽代英、贺昌、廖乾五、关向应等都一致反对张国焘的犹豫,表示南昌暴动势在必行,已无讨论的余地。会议之后,高语罕当即将举行武装起义的党内决定告诉朱蕴山。他还奉命起草了《中央委员宣言》,于8月1日在南昌市《民国日报》上发表,揭露了蒋介石、汪精卫等叛变革命、屠杀共产党人和工农分子的反革命行径。

7月29日,汪精卫和张发奎等将领在庐山开会,会议决定:严令贺龙、叶挺限期将军队撤回九江；封闭九江市党部、九江书店、九江《国民新闻报》馆，并逮捕其负责人；第二方面军实行"清共"，通缉恽代英、高语罕、廖乾五等人。傍晚，与会的叶剑英下山，把会议情况告诉了高语罕、廖乾五，并说张发奎靠不住，与会的国民党大员指责高语罕、廖乾五诋毁领袖（指汪精卫），故下令通缉。高语罕、廖乾五与在九江的中国共产党领导人商量后，决定脱离第二方面军，立即赶赴南昌。临行前，叶剑英对高语罕说：我和希夷（指叶挺）约的有密码，你们如何行动，望电告我。1927年7月30日，高语罕、廖乾五、吴玉章（武汉国民党中央常委兼秘书长）和安徽代表朱蕴山、黄梦飞、童汉章等人乘当天最后一班火车，与第十一军十师二十九团一道赶往南昌。

1927年8月1日黎明，南昌起义爆发。在当天的联席会议上，国民党革命委员会宣告成立，高语罕等25人为委员。宋庆龄、邓演达、谭平山、贺龙、郭沫若、恽代英等人为主席团成员，高语罕被任命为革命委员会秘书厅秘书。

8月5日，高语罕随周恩来、张国焘等撤离南昌，向广东方面进发。9月24日，南昌起义部队历经艰难险阻占领潮汕地区，与广东海陆丰农民革命军会合。10月，南昌起义部队在潮汕地区失败。到汕头后，周恩来、恽代英让高语罕、江董琴（曾任北伐军第三军政治部主任）到香港接洽张发奎，但商谈无结果。因起义军南征失败，不能回部队，高语罕于10月间移居澳门，并写了《高语罕给中共中央的报告——个人对于"八一"事件之经历及意见，对中央最近策略的意见》，初步分析了起义军南征失败在政治和军事上的原因。中共临时中央对起义领导人分别给以批评和处罚，并要求陈独秀、谭平山、高语罕等人到苏联向共产国际检讨错误，陈独秀、谭平山、高语罕拒绝到苏联认错。① 后被开除党籍。

(五)参加托派前后

1928年初，高语罕同杨匏安、罗绮园及他们的家人先到香港，然后转海轮到上海，在杨匏安的一个亲戚家里暂住，生活上靠亚东图书馆接济。不久，高语罕被分在"中共春野支部"与昔日学生蒋光慈、钱杏邨等在一起过组织生活，并和瞿秋白、杨匏安、罗绮园等人一起加入太阳社的文学活动。这时，陈独秀已经离开中共中央领导岗位，在上海处于闲居状态。高语罕与陈独秀长期交往，思想认识比较接近，因对共产国际的错误指导不满，逐步发展到思想上倒向托洛茨基主义，最后在组织上参加了托派，走上分裂党的道路。1929年12月，陈独秀、彭述之、高语罕等81人联名发表《我们的政治意见书》，认为中国革命的失败，责任完全由第三国际承担；主张取消一切实际行动，取消红军苏维埃，取消游行、罢工、示威，主张召集国民会议。随后他们被开除党籍。

1931年5月，中国托派的"统一大会"在上海召开，成立了"中国共产主义者联盟"，高语罕仍紧随陈独秀，名列其间。此后，高

---

① 中国社会科学院现代革命史研究室：《南昌起义资料》，北京：人民出版社，1979页。

语罕以托派理论家的身份,著文鼓吹"二次革命",认为资产阶级在中国已经取得胜利,中国共产党需要一个退却阶段,应该组织"国民大会",开展经济斗争,并使自己成为一个合法的政党。1932年10月,陈独秀在上海被捕,加上此前国民党的大搜捕,托派人员几乎全被逮捕。高语罕逃脱了几次大搜捕,先隐居上海,一度化名充任《申报》读者栏和神州国光社编辑,又匿名担任马相伯的私人秘书,后逃亡香港,卖文度日,间或充当教师。

全面抗战爆发后,陈独秀出狱。高语罕也满怀抗日救国之情回到内地,与陈独秀取得联系,之后一直充当陈独秀的代言人。1937年9月,高语罕随陈独秀到武汉,次年5月又随陈独秀去重庆,后又与陈独秀一道定居在四川江津。1942年5月,陈独秀逝世,高语罕参与料理后事,并写成《参与陈独秀先生葬仪感言》发表在6月4日的《大公报》上,追忆了陈独秀的一生,此后他又不断撰文评述陈独秀的生平。

陈独秀去世后,高语罕迁往成都,寄居在《新民报》主持人陈铭德、邓季惺夫妇家,一方面为陈铭德、邓季惺的子女补习国文,一方面受聘为《新民报》的长期特约撰稿人。抗战胜利后,高语罕搭乘《新民报》的专轮回南京,住在南京明瓦廊街一所简陋的房屋中,终日埋头读书、写作,生活十分清苦。《新民报》上海版曾连载高语罕的《九死一生记》,以接济他的生活。原安徽省立五中和安

徽第二甲种农业学校的学生也不时给予接济。①

1947年春,高语罕患胃癌卧床不起,4月23日病逝于中央医院。国民党中央组织部长陈立夫(曾与高语罕是黄埔军校同事)立即赶去吊唁,随后在南京发起组织追悼会。高语罕逝世后葬于南京南门外的花神庙旁,墓碑由上海大学老校长于右任题写。②

高语罕离开政治舞台后虽曾加入托派并被开除出党,但他仍关心政治和国家大事,始终坚持政治信念,抱定为真理牺牲的坚定意志和勇敢精神,继续信仰并宣传马克思主义,编译了《辩证法经典》《理论与实践——从辩证法唯物论的立场出发》以及作为马克思主义来源的《康德的辩证法》、黑格尔《历史哲学纲要》和费希特《知识论》《费希特的辩证法》等著作。全面抗战前,他参与编写《三朝野记》和《崇祯长编》,辑录各种史料16种。他批判胡适的改良主义,宣传唯物主义,著有《中国思想界的奥伏赫变》。他始终关心青年,著有《牺牲者》《死后》《作文与人生》《青年书信》《青年女子书信》《现代情书》《读者顾问集》等。他怀念为革命牺牲的战友,撰写《白花亭畔》《广州纪游》《九死一生记》等著作,留下了大量的珍贵史料。③

---

① 安徽省政协《安徽著名历史人物丛书》编委会:《革命中坚》,北京:中国文史出版社,1991年,第371—373页。
② 王军:《高语罕传》,北京:中共党史出版社,2011年,第166—167页。
③ 王军:《高语罕传》,北京:中共党史出版社,2011年,第3页。

二、黄埔岛上的红色拓荒者——茅延桢

茅延桢(1897—1925),字致祥,号真本,1897年出生于安徽省寿县正阳关的一个中医世家,1905年入正阳关丙等学堂,少年时就有从军报国之志。1911年他小学毕业后与三名同学离家徒步到南京报考陆军学校,到达时因误期而未成。1914年举家迁居颍上县杨湖镇,他考入阜阳安徽省立第三师范学校(五年制,免学、膳、宿费)。时民国初建,列强欺凌,军阀横行,他忧国忧民,痛感读师范难展宏图,认为要救国必先强军,决心投笔从戎。师范只读两年半,他不顾校长和同学劝阻,径自退学,到安庆报考陆军小学,又因报名期已过未能遂愿。1917年他到河北省清河镇,考入第一陆军预备学校。期间,他到北京参加了北京学生发起的五四运动,聆听了北大师生组织的反帝反封建反军阀统治的爱国演说,认识了学生运动的一些领导人,曾随同北大平民教育团、北京学生代表到长辛店等地宣讲革命道理。1920年春他升入保定陆军军官学校,编入第九期工科班。

茅延桢带着强军救国的理想考入军校,学习勤奋,操练认真,又深受五四爱国运动和新文化运动的影响,更如饥似渴地学习各种新思想新知识,努力探索人生的意义和救国救民的真理。他认

识到只有马克思主义才能救中国,遂在看到1921年11月17日《北大日刊》公开登出"北京大学发起马克思学说研究会启事"后,积极申请加入该研究会,多次到北京接洽,受到李大钊、邓中夏、罗章龙等早期共产党员的影响和教育,不久他加入马克思学说研究会。他在清河、保定学习期间,假期从未回家,经常到北京,住北京凤阳会馆,结交一些志同道合的人。因无钱,他把随身衣服当掉,将当票寄给父亲,并写信回家说:他们有几个人住在一起,都是搞革命的,只有一套像样的衣服,谁上街或会客就给谁穿。

1922年春,茅延桢在保定军校加入社会主义青年团,稍后在北京由邓中夏介绍正式转为中共党员。他和张兆丰、张隐韬、李之龙等组成中共北方区委组织部军事运动工作小组并参加一系列活动。他们向北方各军事学校及各省讲武堂的师生宣传革命思想,建立党、团组织,互相交流军事知识,并对北洋军阀内部的情况和兵工厂情况进行了调查研究,支持和声援了北方路矿工人罢工斗争。

1923年初夏,茅延桢从保定军官学校毕业,被分配到驻陕西的安福系军阀吴光新师见习。他因厌恶军阀部队而拒绝赴任,遂根据党组织的安排到上海,在徐梅坤处接上组织关系。7月9日,他参加中共上海地方兼区执行委员会第一次会议,会议选邓中夏为委员长,徐梅坤任秘书兼会计。茅延桢分在第三组(西门组)过组织生活,与林伯渠、邵力子、赵醒侬等一起开展工作,成为当时上海53名党员之一。

当时,安徽旅沪的同乡会组织比较活跃,其中安徽自治协会、皖事改进会、救国代表团、安徽新闻社、皖民公社、学生同志会等团体,对反对三届省议会贿选、驱逐省长李兆珍、反对军阀祸皖等项斗争,一直采取同情与支持态度。茅延桢也积极配合安徽省内的革命斗争。1923年秋冬间,他听到许多旅沪同乡议论皖北种罂粟制造鸦片、官府借机抽税、敲诈勒索的情况,十分气愤。在取得党组织的支持下,他带着照相机回到皖北调查了解涡阳、亳县、颍上、凤台一带种植烟苗、贩卖鸦片的实情。他还带有《共产党宣言》《中国青年》《向导》等书刊向亲友、学校师生散发,并到寿县北部及茅仙洞一带,开展革命宣传和联络活动。回上海后,他写成文章公开揭露和抨击安徽军阀马联甲之流祸国殃民、大发横财的罪行,遭到马联甲的通缉。

1924年春,孙中山在共产党和苏联政府的大力支持下创办一所陆军军官学校,通常称为黄埔军校。上海党组织派茅延桢前往广州参与黄埔军校的筹建工作,他和张申府、金佛庄等人是黄埔军校开办前最早到达黄埔岛的"红色教官",他在广州参加军校招生考试和入学复试工作。5月上旬,4个学生队470人陆续入校训练。经廖仲恺推荐、孙中山批准,茅延桢于6月15日受任第一期学生队第二队队长之职。

为适应迅猛发展的革命形势对军事干部的迫切需要,黄埔军校把传统的三年制教学缩短为半年制,各种科目齐头并进,军政教育训练艰苦而又紧张。茅延桢根据课程设置和教学方案,首先向苏联顾问和教官学习,再带领本队120名学员认真操练,刻苦学习,每天工作十多个小时。在军事教育训练的学科教学中,他删繁就简,因材施教,先教学生步兵操典、射击教范、野外勤务令等基本军事学识,继而教战术、兵器、筑城、地形、交通五大教程以及军制学、军队内务规则、陆军礼节、军语、军队符号、战术作业、实地测图等学科。在术科教育中,从学生入校时他就开始施以制式教练,最初以单人徒手训练,待个人操作娴熟后,再施以班教练及排教练;然后施以持枪教练,凡托枪、下枪、举枪、装退子弹、上下刺刀、各种射击与行进、密集、散开等队形以及各种战斗教练,他都按程序一一施行。除制式教练外,他对于野外演习尤为注重,凡单人战斗各动作,以及行军宿营、战斗方式、联络勤务、土工作业、夜间演习、实弹射击、阅兵分列等项他也逐一教练。由于他基本功强,教学认真,学生第二队的军事教育成绩突出,受到军校党代表廖仲恺和苏联顾问的表扬。李奇中等学员也称茅延桢是几个队长中最能干的。

黄埔军校是按照苏联红军的建军原则和作战经验来训练干部的新型军事学校,政治教育与军事教育并重,共产党员在政治教育中发挥了极大作用。因军事课程多、军训紧张,茅延桢就利用自习和课外时间安排政治教育,如每天早晚点名时,带领学生朗读总理训词,大呼"打倒帝国主义""打倒军阀""不要钱、不怕死、爱国家、爱百姓"等政治口号,学习《三民主义》《社会主义》《中国近代史》等政治课本,阅读进步书刊,参加政治讲座,提高学生的理论水平和政治觉悟。为了壮大革命力量,他曾多次写信回家乡,鼓励进步青年报考黄埔军校,使唐家宝、陈道生、杨家桂、蔡乘波、郑尔厚等安徽颍上籍青年得以参加黄埔军校第三、四期的学习。

周恩来在总结大革命时期军事工作时指出:当时黄埔军校学生大部分是我党从各省秘密活动来的左倾青年,其中党、团员五六十人,占学生的十分之一。军校正式开学不久,中共黄埔军校直属支部(后改为特别支部)成立,蒋先云、王逸常、许继慎、陈赓等五名学生党员为支部成员,茅延桢为第二队党小组长。黄埔军校共产党员一期生李奇中指出第二队共产党员最多,这在《共产党人与黄埔军校》一书中得到印证。为加强政治学习,茅延桢以党小组为基础组织政治学习小组,带动学生的政治学习,布置共产党员向一般学生宣传马克思主义和孙中山的"三大政策",使多数学生乐意听共产党员教官的政治课和讲演,接受共产党的政策主张。每天晚自习后,他又开展党组织的活动,找学生谈心,积极培养发展对象。李奇中、宋希濂等人回忆说:茅延桢白天带领学员紧张训练,认真教学,严格管理,晚上开展党内秘密活动,并布置检查夜间放哨警戒。由于他样样示范,处处带头,言传身教,第二队学生进步很快,半年内又有10多人加入中国共产党,连同入校前已入党的人,第二队到毕业时共有20多名共产党员(目前资料已知的)。茅延桢还在其他单位的进步青年中发展党员,如黄埔一期生第一队的曹渊、孙一中等人就由他和金佛庄介绍入党;

而曹渊、孙一中又介绍一期同学廖运泽、孙天放等人加入中国共产党。由于共产党员在学习、训练及以后的作战中，一直发挥了模范带头作用，所以共产党在黄埔学生中的威信很高，凡是优秀学生，都以加入共产党为荣，并且在训练和战斗中能真正体现和发挥"黄埔精神"。

1924年7月的一个夜晚，茅延桢奉命率学生第二队坐小火轮到虎门要塞秘密卸运苏联援助的第一批军械，拂晓时分上到一艘苏联海轮，在没有起重设备的情况下，硬是以人力抬扛撬拉把成箱成箱的军械搬到小火轮上。他率二队学员先后三次到虎门起卸苏援军械。这些军械中，有教练用的俄式步枪、重机枪、轻机枪、驳壳枪等，不仅使全校师生有了训练和作战武器，也为后来组建校军准备了条件。

1924年"双十节"之前，广州盛传商团要实行武装叛乱，妄图推翻以孙中山为首的广州革命政权，扼杀新兴的黄埔军校。广州商团是受英帝国主义支持的买办资产阶级反动武装，阴谋建立买办商人的政府。孙中山在共产党人的推动和帮助下，做出镇压商团的决定，组织黄埔学生军联合工农武装和其他军队包围了商团老巢——广州西关。10月13日，茅延桢奉命率第二队学生参加战斗。下午7时许，大雨倾盆，黄埔军校的两个学生队顶风冒雨，行进在永汉路上。他们军容整齐，士气高昂，勇往直前，在所有各支部队中纪律最好，深得市民赞扬和支持。天黑后革命军形成对商团的包围，但商团负隅顽抗，因而久攻不下。孙中山下令火攻，茅延桢率先执行命令,在全队抽选几名先锋队员,指挥学生以火力掩护他们抵近放火,烧得商团士兵胆战心惊,斗志顿消。次日,商团土崩瓦解。学生军首次经过实战锻炼树立起了声威。

1924年11月底,黄埔军校第一期学生毕业,随后黄埔军校以师生为骨干组建校军两个教导团,茅延桢任教导一团二营党代表(国民党代表)。教导团仿效苏联建军制度,连以上都设党代表,由上级党代表委任,各级党代表对同级官长有监督权,官长命令须经党代表副署方能生效。但蒋介石当时已露军事独裁的苗头,私自委任一些党代表并干涉各级党代表的行动,引起部分党代表的不满。茅延桢和三营党代表蔡光举率各连党代表登船到广州求见校党代表廖仲恺,要求支持党代表独立行使职权。蒋介石得知消息后,立即严令制止他们的行动,要他们即刻上岸到校长办公室听训。蒋介石脸色铁青,怒不可遏地训斥道:你们不经许可要到广州去,你们不是想造反吗?你们还没出校门就这么大胆,岂有此理!你们要到广州去找廖党代表,为什么不找我呢?我完全可以做主!他从抽屉中拿出两个图章,不无得意地说:廖党代表的图章交给了我,我可以代表廖党代表,你们知道吗?将来你们羽毛丰满了,还能听我的指挥吗?从这次交锋中,茅延桢等共产党人看清了蒋介石不满党代表制度、企图搞个人独裁的面目。后来茅延桢对家人说:我与蒋介石政见不合。[①]

---

① 安徽省中共党史学会等:《红色拓荒者——茅延桢烈士诞辰百十周年纪念文集》,内部资料,2008年,第88页。

1925年2月,经由中共黄埔特别支部与校党代表廖仲恺、政治部主任周恩来会商批准,成立了以黄埔军校教职员和学生中的共产党员、青年团员为核心的中国青年军人联合会,茅延桢和蒋先云等人是负责人。他们对各军官兵进行革命启蒙教育,支援日益高涨的工农运动,揭露国民党右派的阴谋,同右派组织的孙文主义学会进行了针锋相对的斗争,还出版了会刊《中国军人》,这对团结各军开展国民革命、推动革命形势的发展起到了积极作用。

1925年2月,第一次东征开始。军埔军校校军教导团整装出发,征讨陈炯明叛军。此时茅延桢调任校军中校参谋,代理参谋处长之职。2月4日,他陪同蒋介石、周恩来前往东莞县参加商会的欢迎会;2月15日参与指挥校军攻打淡水城的战斗;3月14日参加棉湖战役,打垮陈炯明部主力;6月,随军回师广州,参加平定滇桂军阀叛乱的战斗。由于他在历次战斗中表现得英勇果断,显示出一定的军事才能,在东征凯旋归来时,他被调任四团二营营长,担任四团党代表。

随着南方革命政权的巩固和发展,在中国共产党的推动下,广东革命政府积极准备北伐。1925年9月,茅延桢奉蒋介石密令,到北方各省做策反工作。他首先来到河南郑州,并成为郑州党组织的主要成员。当时驻防郑州的是由国民二军刚收编的陈文钊师(原为吴佩孚部属)。该师扼守要镇,坐观南北形势,表面听从国民二军调遣,实则仍受吴佩孚支配,若能将这支部队争取过来,对南方政府的北伐大为有利。于是茅延桢冒险约见师部参谋孔繁容,利用与其在保定军校同学关系,想说服孔繁容弃暗投明,策动该师投向革命。而阴险狡诈的孔繁容不明大义,佯装答应,暗藏杀机,孔繁容假意邀请茅延桢去郑州市党部协商。茅延桢为了革命利益,置个人安危于不顾,毅然前往,结果被事先埋伏的反动刺客从背后开枪杀害,当时年仅28岁(未婚)。

蒋介石闻讯,电请河南督军岳维峻缉拿凶手,安葬烈士。国民党方面称茅延桢为革命先烈,有多件材料和文章褒扬其事迹,他曾被认为是蒋介石的亲信。茅延桢烈士是中国共产党最早从事革命军事工作的党员之一,被称为黄埔军校的"红色教官",是黄埔岛上的"红色拓荒者"。① 家乡人只知他是国民党的早期军官,直到1984年纪念黄埔军校成立60周年的有关书刊发行后,才知道他还是中国共产党早期军事干部。1989年3月,安徽省民政厅追认他为革命烈士。②

---

① 中共安徽省委党史工作委员会:《安徽中共党史人物传·第一卷》,合肥:安徽人民出版社,1993年,第7—10页。
② 中共安徽省委党史工作委员会.安徽中共党史人物传·第一卷》,合肥:安徽人民出版社,1993:7—10页。

三、安徽多地党、团组织的创建者——薛卓汉

薛卓汉(1898—1931),是安徽省学生运动骨干,安徽地方党组织的创始人之一,也是安徽现代工人运动的最早发起者和芜湖早期团组织的创建者之一。

薛卓汉,字云长,1898年出生于安徽省安庆市,祖籍寿县窑口集。薛卓汉兄弟三人,他排行老二,哥哥叫薛卓清,弟弟叫薛卓江。他父亲薛毅真,在辛亥革命前担任安徽稽勋局粮台工作,二叔薛子祥在省城任武官。虽然父、叔都是清朝官员,但他们都具有反对封建王朝的进步思想,都参加了孙中山先生领导的同盟会,参加了光复安徽的战斗。其二叔担任同盟会安徽支

▲ 薛卓汉烈士

部长,辛亥革命后出任安徽稽勋局局长。薛卓汉自幼天资聪慧,因而深得二叔的喜爱,薛子祥常把薛卓汉带在身边,除教他识字读书外,经常对他进行爱国主义教育。所以薛卓汉从小深受爱国主义思想影响,并逐渐养成刚正不阿、疾恶如仇的性格。

1911年,薛卓汉入怀宁县立小学读书,两年后因父辈反对北

洋军阀遭通缉而举家迁回故乡,入寿县县立小学继续求学。在学校里,薛卓汉乐于同贫穷人家的子弟交往,处处主持公道,不畏强暴,不欺弱小,因此在同学中享有很高的声誉。小学毕业后,他考入旅沪安徽中学就读。他不仅思想纯洁,而且勤奋好学,兴趣广泛,吹拉弹唱,琴棋书画,样样精通。他还勤学武艺,擅长拳术,要把自己锻炼成样样都会、经得起任何考验的坚强战士。①

1919年春,薛卓汉由旅沪安徽中学转入芜湖省立第二甲种农业学校(简称二农)就读。五四运动爆发,他和二农师生积极响应。薛卓汉奔走呼号,勇往直前,多次带领学生游行示威。他被选为芜湖学生联合会委员、安徽省学生联合会委员,并参加全国学联的筹备会议。他带头把自己所用的日货全部烧毁,又率领芜湖各校学生日夜巡逻,严查运输、销售日货者,并在警察局挥掌推开企图动武的日本领事,打击了日商洋行和领事的嚣张气焰。通过这场运动,薛卓汉展示出他的斗争精神和领导才能,在广大学生中树立了很高的威信,成为当时芜湖非常有影响力的人物。五四运动中的亲身经历,使他深切感受到人民群众是改造社会的最大力量,他开始从课堂走向社会的最底层,和工人谈心交友。1921年,他被增补为安徽省学联会领导人之一。1922年3月,薛卓汉和芜湖学生联合会发动了芜湖黄包车工人罢工运动,他和胡金台同学脱去长衫,穿上人力车夫的服装,同人力车工人一道拉

---

① 中共寿县县委党史办公室:《中共寿县党史人物》,合肥:安徽人民出版社,1990年,第23—24页。

车,利用拉车的机会向工人们做宣传鼓动工作,并帮助工人组成十几个小队,确定指挥和联络人员,做好进行罢工的各项准备。他和芜湖学生联合会发动学生和市民,为黄包车工人募捐,以解决罢工的后顾之忧。3月下旬,芜湖数千工人和学生不顾当局的阻挠和恐吓,如期召开劳动大会,同时成立芜湖劳工会。薛卓汉在大会上发表演说,接着指挥游行示威;在法庭上,他身着工人服装,代表工人出庭,怒斥车主流氓罪行,罢工斗争初步胜利,成为安徽现代历史上最早的工人运动。1922年5月,由中国劳动组合书记部在广州召开第一次全国劳动大会,薛卓汉作为安徽工人领袖出席了这次大会。他还深入芜湖劳工会,创办工人夜校,培养了一批有志青年。他与芜湖劳工会相继组织、发动了芜湖纱厂工人、油漆工人、锯木工人、鞋业工人、成衣工人、刷纸工人的罢工运动。①

1922年秋,薛卓汉经安徽公立职业学校教师王坦甫、商业学校教员余天觉两人介绍,加入了中国共产主义青年团。在团组织内,他开始系统学习有关社会主义科学理论的著作,革命目标更加明确。9月,薛卓汉和卢春山等四人在二农创建芜湖第一个团小组,但未得到团中央的正式承认和批准。同年底,他们又在省

---

① 中共芜湖市委党史研究室:《中国共产党芜湖历史·第一卷》,合肥:安徽人民出版社,2008年,第63—65页。

立第二甲种商业学校建立一个团小组。① 1923年5月,根据团组织的指示,他与在芜湖读书的方英、曹蕴真、徐梦秋等和团地委负责人王坦甫、余天觉等共同发起组织马克思主义研究会,并发表了宣言。

1923年秋,薛卓汉离开芜湖赴上海求学,考入上海大学社会系学习,面聆邓中夏、瞿秋白、恽代英等早期共产党人的教诲,政治理论和思想觉悟提高很快,积极主动开展各项革命活动。在校内,他参加了进步学生组织的赶走中学部主任、右派分子陈德征的活动。当时,寿县一位姓孙的商人在上海开办了阜丰面粉厂,厂里工人大多数是寿县籍的,薛卓汉就利用同乡关系,在该厂建立一所工友俱乐部和一所工友子弟文化补习夜校,作为对工人群众进行宣传教育的阵地。在夜校里,他向工友们介绍《中国青年》《向导》,以及介绍苏维埃十月革命胜利的书刊杂志,在工人中传播革命思想,启发工人们团结起来,同官僚资本家、反动派做斗争。1923年11月,在上海大学读书的薛卓汉、徐梦秋和六安的王逸常,被中共上海地方兼区执行委员会批准为中共候补党员。接着薛卓汉、曹蕴真等根据党组织的指示,接受了回家乡寿县发展党组织的任务。他们回到家乡后,首先把进步的青年教师和学生组织起来,利用学生会的组织做宣传发动工作。他们集会讲演革

---

① 中共芜湖市委党史研究室:《中国共产党芜湖历史·第一卷》,合肥:安徽人民出版社,2008年,第77—78页。

命道理，指出劳苦大众受苦受难的根源和奋斗的方向，要大家树立起自主、进步、科学的精神。他们先是发展了上海大学学生方运炽、小甸集小学校长曹练白和在宣城省立第四师范读书的陈允常等人入党。随着党员人数的增多，革命队伍的壮大，在寿县地区建立党组织的条件已经成熟，这时曹蕴真、薛卓汉等人根据党中央的指示，于1923年冬在寿县小甸集小学召开党员会议，成立了寿县第一个党支部——中共寿县小甸集特支，特支书记为曹蕴真，直属党中央领导。这是安徽省第一个党支部，也是鄂豫皖边区第一个党支部。

中共小甸集特支成立后，薛卓汉以在小甸集小学教书为掩护开展革命活动。他经常带着一部留声机和笙、箫、管、笛等乐器，以文娱活动的方式，宣传打倒帝国主义、打倒军阀、打倒封建统治阶级的革命思想，并书写张贴标语，对农民影响很大。在薛卓汉等人的耐心帮助和引导下，农民觉悟不断提高，涌现出一批优秀分子，到1924年，寿县先后建立3个党支部和8个党小组，发展党员20余人，农会、妇女会等群众组织也建立起来了。

薛卓汉在家乡开展革命活动的同时，非常重视社会调查。1924年，他把自己平时调查、收集的资料整理出来，在《中国青年》第53期上发表题为《皖北寿县农民生活》的文章。这篇文章揭露了地主剥削阶级的罪恶，反映了寿县农民的疾苦，分析了农民的成分比例和农民疾苦的原因。可以看出，薛卓汉的革命思想日趋成熟。

1925年春,党中央派薛卓汉、徐梦秋到安庆发展党、团组织。他们到安庆后首先动员安徽省学联会发起孙中山先生追悼大会,散发宣传品,扩大党对于安徽政治主张的宣传。他们同时促请各校组织研究团体,以形成团结和研究的气氛;接着在安徽省立高中组织成立"星社",并刊出周刊;在组织成立"中山学说研究会"和"曦社",并开办校工夜校。这些团体和夜校,成为党、团组织团结和考察进步学生及学校员工的重要阵地,一些学生骨干被介绍加入共青团。5月,共青团安庆特别支部成立,徐梦秋任特支书记。当时,安庆的党员和团员在一起过组织生活,党员在团的组织中担任领导职务。安庆党团组织积极开展革命活动,发动工人罢工,反对北洋军阀王揖唐来任安徽省长兼军务督办,发动各界群众声援五卅惨案。1926年1月,中共安庆特别支部建立,5月改建为中共安庆地方执行委员会(史称安徽地委),寿县人李竹声任书记。①

　　1925年5月,芜湖发生反奴化教育斗争。薛卓汉受中共党组织派遣回芜湖,支持和领导这场斗争,并最终取得胜利。在多次革命实践中,薛卓汉深切地感觉到,要使工人、农民掌握革命斗争的思想武器,必须普及教育,提高工人、农民的文化素质。因此在1925年8月,他在《中国青年》第82期上发表《普及平民教育的意见》一文,大力宣传普及平民教育的意义和方法。同年9月,薛卓

---

① 中共安庆市委党史研究室:《中国共产党安庆地方史·上卷》,北京:中共党史出版社,2001年,第75—78页。

汉受党组织派遣,与同乡裴济华、胡宏让同赴广州参加第五届农民运动讲习所(简称农讲所)学习。在农讲所,他聆听了毛泽东、周恩来、彭湃、萧楚女、阮啸仙等同志讲授的《中国农民问题》《农村教育》《中国民族革命运动史》《海丰及东江农民运动状况》等课程,并经常到海丰进行实地考察和学习,提高了革命理论水平,认识到农民问题的重要性,增强了从事农民运动的信心。12月他从农讲所结业后,多数学员返回原籍从事农民运动。但薛卓汉、裴济华、胡宏让留在广州参加国民党二大的会务工作。1926年春,薛卓汉被派往安庆担任国民党左派安徽临时省党部执行委员兼农民部部长。他一到任,就热情地介绍广州农讲所的学习情况和彭湃领导的海陆丰农民运动的经验,并坚定地说:把全国农民群众唤醒起来,都像海陆丰农民那样组织起来,同工人阶级的领导力量团结在一起,中国革命就有办法了。① 不久,薛卓汉返回寿县,看到教会学校实行奴化教育,非常气愤,当即和曹蕴真、石裕鼎、方运炽、崔筱斋等商量动员96人签名,发起成立寿县中山学校,并发表《寿县中山学校宣言》,宣言表示:本打倒帝国主义之精神,尽改良社会之天职。其宗旨是促进文化事业,革新陈腐教育,并推选11人组成了寿县中山学校筹备委员会。寿县中山学校筹备委员会的建立,对于揭露帝国主义在中国"麻醉青年之脑筋,消磨志士之锐气"的罪行,促进农村教育,起到了积极作用。

---

① 中共安徽省委党史工作委员会:《安徽中共党史人物传·第一卷》,合肥:安徽人民出版社,1993年,第193页。

1926年3月,寿县的共产党员已发展到80余人,成立了7个支部、3个特别小组;共青团员发展到40多人,成立了6个支部。薛卓汉根据革命力量的发展情况,考虑需要扩建组织,于是在3月7日于窑口集召开会议,成立共产主义青年团寿县地方执行委员会(简称寿县团地委),薛卓汉为书记。会上进行了工作方法的讨论,并介绍一些青年入团。最后,薛卓汉作了总结发言,归纳了各人的优缺点,要求每一个同志注意学习别人的长处,克服自己的缺点,大家团结友爱,互帮互学,把自己锻炼成为坚强的革命战士。会后,薛卓汉因革命工作需要,到安庆开展活动,寿县团地委事务由石裕鼎代理。不久薛卓汉又回到寿县,负责领导全县党、团工作,同时参加了组建国民党寿县党部筹备委员会,并在县党部中负责农民运动工作。寿县党部以石家集、瓦埠、小甸集为活动重点区,逐步建立起六个区分部。

　　五卅运动掀起的反帝怒潮虽告一段落,但影响深远,反帝反封建斗争持续发展。1926年春,薛卓汉领导寿县团地委为抗议日本在大沽口事件后纠合英、法等七国联合包围国民军和段祺瑞政府屠杀国民的罪行,主动联合国民党寿县党部筹委会发出通电数则,并于4月4日在寿县城内召开市民大会,进行宣传,游行示威。4月30日,薛卓汉领导寿县团地委在县城西文明坊召开有1000余人参加的纪念大会,会后率领队伍游行,沿途高唱国民革命歌,高呼:打倒媚外军阀张作霖、吴佩孚!废除不平等条约!打倒一切帝国主义!拥护广州革命军北伐,中国革命万岁!1926年夏,北伐战争开始,薛卓汉偕同曹广化、廖运周、吕岳等奉命参加北伐革命战争。到广州后,薛卓汉被分配在农民运动讲习所担任所长毛泽东同志的秘书。由于薛卓汉与毛泽东有这么一段关系,故在以后的革命生涯里,毛泽东曾多次提到薛卓汉烈士。在延安时,毛泽东曾向曹云屏(曹渊烈士之子)询问过薛卓汉的情况。1958年,毛泽东视察安徽时又向陪同人员张治中谈到薛卓汉,可见毛泽东对薛卓汉的印象之深。①

1926年10月,广州第六届农讲所学习结束,薛卓汉随北伐军到达武汉。在武汉,党组织分配他负责安徽共产党员的调查登记工作。同年冬,他被派到由旧军阀部队起义过来的一个团(后被编为第三十三军教导团)做慰问安抚、政治宣传工作,接着在第三十三军做政治工作。1927年春,薛卓汉又与柯庆施、舒传贤等人,由武汉回到安庆,主持安徽省农民协会筹备处工作。3月8日,他以国民党安徽省党部农民部长的身份在安庆召集各县农民运动代表参加安徽省农民协会筹备会成立大会,并被选为农民协会委员长。

安徽省农协筹委会(简称省农协筹委会)的成立,极大地推动了安徽省农民运动的发展。省农协筹委会各个委员均积极努力工作,先后发动大批农民参加3月12日孙中山纪念周、3月18日北京惨案纪念周和3月20日欢迎北伐军大会等活动。薛卓汉日

---

① 中共安徽省委党史工作委员会:《安徽中共党史人物传·第一卷》,合肥:安徽人民出版社,1993年,第194页。

夜辛勤筹划，并派人员到安庆郊区集贤关、广济圩、海口洲等地进行宣传调查活动，成立了农协小组，发动农民开展打击土豪劣绅和减租减息的斗争。对其他各县农民运动，也派数十人前往指导。为了推动农民运动的健康发展，他还搜集整理农民运动中出现的一些问题，委托夏爱生写信给毛泽东请求指示。在薛卓汉为委员长的省农协筹委会的领导下，安徽各地农协组织普遍建立起来。1927年4月9日，陈独秀在党的五大报告中说"安徽有组织的农民计8300人"。这时，国民党右派也到安庆开展活动，反动气焰嚣张，革命与反革命斗争日益激烈化。

1927年3月20日，蒋介石从九江来到安庆，收买一批地痞流氓于3月23日冲进国民党安徽省党部捣乱。这时，薛卓汉与周新民、童汉章等同志正在吃饭，虽然事先国民革命军总政治部副主任郭沫若已派人送过信、提过醒，薛卓汉等人分别带着重要文件，准备离开，但为时已晚，大批流氓地痞冲了进来，将安徽省党部和安徽省总工会筹备处、安徽省农协筹备处、安庆市妇女协会、怀宁县党部等机关、团体的门窗家具、衣服什物捣毁一空，将薛卓汉、严子静等数十人打伤，制造了安庆"三二三"事件。不久，蒋介石在上海制造了"四一二"反革命政变。面对腥风血雨，薛卓汉镇定自若，毫不畏惧，仍然四处奔波，揭露事件真相，鼓励同志们坚持斗争。1927年4月，国民党安徽省临时委员会第一次代表大会在武汉举行，薛卓汉参加了会议。7月15日，汪精卫在武汉公开叛变革命，大肆捕杀共产党人和进步人士，又在安庆捉拿薛卓汉、舒传贤等人。在这种白色恐怖下,为了保存革命力量,薛卓汉和胡济等四人回皖北从事兵运工作。他们从武汉出发,沿途经亳县到阜阳,想通过地方组织了解当地的驻军情况。但由于不知道当时驻军已经叛变革命,四人均被捕。由于他们身份没有暴露,后来通过当地党组织的营救被保释。出狱后,薛卓汉由党组织派人护送回家乡寿县养病,期间他不顾身体虚弱仍积极开展农民运动。

当时,白色恐怖笼罩着整个安徽,安徽人民在中国共产党和国民党左派的领导下,积极行动起来,同国民党右派进行针锋相对的斗争。1928年3月7日,中共中央巡视员尹宽来到寿县,在寿县东大街福音堂召开了反对蒋介石叛变革命的大会。薛卓汉、王影怀等七人组成大会主席团,参加大会的有党、团员和第三十三军学兵团的廖运周、廖运泽、魏化祥等各界人士数百人,共产党代表薛卓汉在会上讲话,揭露蒋介石策划安庆"三二三"事件的真相,痛斥了蒋介石的反革命罪行,号召大家继续革命,打倒蒋介石等新老军阀。反蒋大会结束后,举行了寿县第一次党代会,会上选举产生了寿县第一届县委,书记为王影怀,薛卓汉任组织委员。根据县委的决议,薛卓汉以城乡小学为阵地,发展党、团组织,并协助孙一中在第三十三军学兵团中开展兵运工作。后因工作开展过于激进,引起社会注意,柏文蔚将学兵团解散。薛卓汉从此被迫转入地下活动,在严重白色恐怖中,他奔走在全县各地,建立和发展党、团组织。此时,国民党反动派正在四处悬赏通缉薛卓汉。1930年1月29日(除夕),薛卓汉秘密回家,被敌人发觉。敌人跟踪而至,破门而入,薛卓汉机智地翻墙脱险。敌人没有捉到薛卓汉,恼羞成怒,抄了他的家,把他还在坐月子的爱人拖到雪地上毒打,致使她得病而死。

1930年3月,鄂豫皖地区成立中国工农红军第一军(简称红一军)。为了加强红一军工作,同年党组织派薛卓汉和王子堂、李维瑞等同志进入鄂豫皖地区,薛卓汉任红一军政治部副主任。他谦虚谨慎,平易近人,与红军指战员促膝谈心,问寒问暖,大家都把他当作知心朋友。因此,他在红军中享有较高的威信,指战员们都很敬重他。

1931年4月,张国焘由上海来到鄂豫皖地区,大力推行王明的"左"倾错误主张,排除异己,独揽大权;在红军和地方组织中大搞"肃反",残酷斗争,无情打击所谓"反革命分子";捏造"第三党""改组派""AB团"的罪名,将一大批优秀的共产党员和红军干部杀害。薛卓汉对张国焘这种行径极为愤慨。1931年冬,薛卓汉也被看管起来,进行所谓的"审查"。在审查期间,薛卓汉在精神和肉体上受尽了折磨。同薛卓汉关系要好的同志告诉他案情重大,劝他赶快逃避,但薛卓汉说:逃走就意味着离开革命,就意味着叛党。不久,张国焘等人以莫须有的罪名将薛卓汉杀害于麻埠地区,当时薛卓汉年仅33岁。①

---

① 中共寿县县委党史办公室:《中共寿县党史人物》,合肥:安徽人民出版社,1990年,第33—35页。

薛卓汉是一位忠诚的革命志士,他对安徽早期的学生运动、工人运动、农民运动、军队建设和党的建设都做出了很大的贡献,他用生命在安徽革命斗争史上写下了光辉的一页。

四、安徽最早党组织的创始人——曹蕴真

曹蕴真(1901—1927),原名曹定怀,1901年出生于寿县瓦埠乡。曹蕴真于1922年春在上海由施存统介绍加入中国共产党,是寿县党、团组织的创始人之一,曾任鄂豫皖三省边区最早党支部——中共寿县小甸集特别支部书记。他是广州黄埔军官学校第三期政治部宣传科员,参加过北伐战争。

曹蕴真出生在一个贫寒的家庭,靠几亩薄田和父母日夜辛勤劳动才能维

▲ 曹蕴真烈士

持生活。曹蕴真幼年在邻村民主进步人士张树候先生的私塾就读,他天资聪慧,勤奋读书,肯思考,深得老师和同学们的赞赏。

辛亥革命推翻了清王朝封建统治,民主思潮在全国城乡迅速传播。具有民主革命思想的张树候老先生,课余常向学生讲述徐

锡麟、秋瑾等反清事迹,这在曹蕴真心中播下了改革社会的种子。他曾写了这样一首诗：

> 祖辈辛勤夜不眠,严君整日重担肩。
> 频遭欠岁难温饱,那堪兵燹苦连年。
> 国事纷纭病夫态,山河破碎不忍看。
> 寻求真理狂澜挽,展望神州换新颜。

十月革命一声炮响,给中国送来了马克思主义。五四运动又推动了新文化运动的发展,同时也促进了马克思现论在中国的传播。这时已在芜湖读书的曹蕴真受到了五四运动和进步教师的影响,积极参加学生运动。此时他开始接受了马克思主义的启蒙教育,如饥似渴地阅读进步书刊和理论书籍,汲取新鲜营养。特别是听了恽代英同志的"反对帝国主义""废除二十一条""青年运动道路"等演讲,受到很大的鼓舞和启发,思想觉悟发生了变化,更加倾向革命。他在自己家门口竖了一块石碑,自刻了碑文："我是泰山石,顺我者昌,碰我者亡。"表达了他坚强的革命信念和不怕死的硬骨头精神。

1921年,曹蕴真在芜湖公立职业学校教书期间,该校发生时疫,校长李子寿、学监董质坚任意延长学生的劳动时间,对学生的生活和健康漠不关心,导致一名学生因病而死。当时任该校学生会主席的曹渊不顾校方反对,极力主张为死者开追悼会,得到了曹蕴真和王坦甫等教职员工的支持。开追悼会时,曹渊等人把李子寿、董质坚拖上台,在死者灵前致哀。事后该校董事会决定以"过激分子"的罪名开除曹渊、李坦和其他几位学生,决定尚未宣布,就遭到曹蕴真和全体师生的强烈反对,曹蕴真率领师生闯进校董事会,严厉指责他们。迫于多方压力,校董事会经过复议,决定只开除曹渊、李坦。对于这种不合理的决议,曹蕴真和全体师生还要同他们斗争。曹渊认为,这次行动已获得胜利,不愿因个人问题妨碍同学们的学习,表示愿意离校。曹渊和李坦离校时,曹蕴真率领师生挥舞旗帜,高呼口号,前往送行。这期间,曹蕴真还同家乡寿县的进步青年联系,经常寄回马克思主义革命理论书籍和一些进步刊物,并利用寒假返回家乡寿县,以串亲、访友的形式,宣传马克思主义和反帝反封建的道理。

1922年春,曹蕴真在上海经施存统介绍加入了中国共产党。从此他更加严格要求自己,决心把自己的一切献给党的事业,入党不久,曹蕴真受党组织的派遣回到了家乡。他以寿县在外入团的青年学生为骨干,成立了小甸集CY(英语"中国社会主义青年团"的缩写)特别支部,曹蕴真被选为书记。团员有徐梦周、鲁平阶、胡宏让等,特支属于上海社会主义青年团领导(共青团中央的前身)。同年春,刚入党不久回乡的曹蕴真、徐梦周、鲁平阶三人组成中共寿县小甸集小组,直属中共中央领导。① 1929 年 5 月 9 日,寿县县委在给中央的报告中说:寿县在民国十一年就有二三同志的组织,当时是党的婴儿的时候。这个组织就是曹蕴真根据党中央指示精神组织起来的,为建立党组织作了准备。

1923 年 5 月,曹蕴真和方运炽、薛卓汉等寿县乡友,"鉴于社会日趋险恶,改造事业刻不容缓",在芜湖第二甲种农业学校秘密发起并组织了"马克思主义学术研究会",创办了"爱社",他们利用星期日,聚集在一块,学习和研究马克思主义,结合当时的社会实际,主张将来从事农村运动。这期间曹蕴真还兼任芜湖地方团农民宣传委员。②

1923 年秋,曹蕴真从上海回到寿县,与在小甸集小学当校长的曹练白联系,不久在该校担任教员。曹蕴真经常在课堂上讲授《社会进化史》《唯物史观浅说》等,介绍国内外形势,引导学生阅读《悯农》《蚕妇》等反映社会阶级矛盾的诗词,分析中国贫困落后的原因,讲述如何救国的道理。同时他还利用课余时间向曹练白等教职员工介绍苏联十月革命胜利成功的经过,并把上海党组织寄来的革命刊物和进步书籍如《向导》《新青年》《每周评论》《共产党宣言》借给曹练白等进步教师看。这期间,他还和回乡度假的

---

① 中共六安地委组织部,中共六安地委党史工委办公室,六安地区档案馆:《中国共产党安徽省六安地区组织史料·(1992 年春～1987.11)》,合肥:安徽人民出版社,1995 年,第 24 页。

② 中共安徽省委党史工作委员会:《安徽现代革命史资料长编·第一卷》,合肥:安徽人民出版社,1986 年,第 307 页。

共产党员薛卓汉、徐梦秋等一起把进步的学生和农民组织起来,宣传革命道理,号召贫苦百姓树立起自主、进步、科学的精神。这样,全县就形成了以教育界为主的宣传马克思主义的热潮。

1923年冬,曹蕴真和薛卓汉、徐梦秋先后介绍上海大学的学生方运炽、小甸集小学校长曹练白和在宣城安徽省立第四师范学校读书的陈允常入党。随着党员人数的增多,革命队伍的壮大,在寿县地区建立党组织的条件逐步成熟,根据党中央指示,安徽省第一个党支部——中共寿县小甸集特别支部成立了,特支书记为曹蕴真,直属党中央领导。

中共小甸集特支成立后,党中央经常给予指示,并寄来《新青年》《向导》以及其他马克思主义书刊。特支还按党员家庭住址为党员进行分工,曹蕴真负责瓦埠一带,以在瓦埠小学教书为掩护,深入群众,调查农村实际情况,宣传革命理论,培养积极分子,发展党、团员,筹建农会、妇女会等群众组织。经过曹蕴真和小甸集特支成员的努力,于1924年建立了宋竹滩和瓦埠两个支部,发展党员20余人。

为了培养各方面的人才,以适应新形势需要,1924年4月,根据党中央指示,经上海党组织介绍,曹蕴真与徐梦秋等结伴离开寿县,经上海到广州报考黄埔军校。曹蕴真后因病回家乡。第二年,曹蕴真再到广州担任陆军军官学校第三期政治部宣传科员。1925年曹蕴真从广州黄埔军校回到寿县,当时孙中山先生逝世不久,于是他组织召开了追悼大会,参加追悼大会的有小甸集、瓦埠、上奠寺、李山、杜岗、大井等小学校师生以及群众 2000 余人集中在上奠寺的大广场。会上曹蕴真发表了讲话，他首先对中山先生的逝世表示沉痛的哀悼，然后他又阐述了孙中山先生的新三民主义和"联俄、联共、扶助农工"的三大政策，并号召工农群众联合起来打倒帝国主义，打倒军阀。接着共产党员农民代表也登台演讲。会议结束后，曹蕴真率领大家高呼口号，举行了游行示威。这次纪念大会后，曹蕴真又组织成立了寿县第一个农民协会——寿县五区农民协会，参加农协会的达 200 余人，同时还建立了妇女组织。①

为了改革封建奴化教育制度，曹蕴真与方运炽、薛卓汉等发动组织了寿县本地和在外地的共产党员、共青团员、国民党左派以及民主人士，于 1926 年 2 月联合发表了《寿县中山学校发起宣言》。《宣言》指出：国际帝国主义和中国封建主义势力相勾结，严重地摧残了中国的教育，造成了中国教育的落后腐败。帝国主义为达到逐渐灭亡中国的目的，在中国实行奴化教育，培养御用人才。《宣言》痛陈寿县青年有"尽入迷途之绝大危机"，强调为了拯救青年革新教育，特发起组建中山学校。《宣言》号召：邦人君子，名流硕彦与以实力襄助，俾得届时实现，不唯同仁及青年学生之幸，实教育前途之大幸也？于是曹蕴真、薛卓汉、方运炽和共青团寿县地方组织一面积极筹办中山学校，一面成立乡村小学教员联

---

① 中共寿县党史工委办公室：《寿县革命史》，合肥：安徽人民出版社，1992 年，第 29 页。

合会,组织新剧团寒假到各处演出,募捐资助平民教育。①

寿县人民在党的领导下,积极支援北伐战争。1926年春,在纪念五卅惨案周年大会上,县城1000余人游行示威,高呼"打倒媚外军阀张作霖、吴佩孚""打倒一切帝国主义""拥护广州革命政府北伐"等口号。根据党的指示,曹蕴真、薛卓汉、曹广化、曹练白等奔赴武汉,参加北伐战争。

正当北伐战争节节胜利,工农运动蓬勃开展之际,蒋介石、汪精卫相继叛变革命,轰轰烈烈的大革命失败了,广大人民处于国民党反动派的屠刀之下,白色恐怖笼罩着全国。为了保存革命的有生力量,党组织决定派一批优秀的共产党员出国学习,一方面能使他们学到更多的革命本领,另一方面让他们免遭国民党反动派的杀害。1927年秋,党组织决定派曹蕴真赴苏联莫斯科学习。但由于劳累过度,曹蕴真的肺病急剧恶化,未能前往,党组织派人护送他从武汉回到了寿县。在养病期间,他始终充满着革命的乐观主义精神,同病魔作顽强的斗争。他非常渴望病情好转,能继续为党工作。当家人为他的病情伤心时,他却说:没有艰苦奋斗,流血牺牲,就不能换取革命的胜利。我把青春献给党,革命的鲜花会开得更红。1927年10月,曹蕴真因病逝世,年仅26岁。

曹蕴真的一生虽然是短暂的,但他为革命所做的贡献是巨大

---

① 中共寿县党史工委办公室:《寿县革命史》,合肥:安徽人民出版社,1992年,第36页。

的。他和老一代革命者在寿县的大地上播下了革命的种子,为后来波澜壮阔的革命斗争打下了基础。①

五、追寻真理的先驱——方运炽

方运炽(1906—1932),中国共产党早期党员,皖西、皖北农民暴动的指导者。他是追寻真理的先驱,坚持真理的模范,不幸牺牲于红军西征川陕途中。

方运炽,后改名方英,化名高中林、高钟灵,1906年生于安徽省寿县瓦埠乡竹园村。童年在家乡跟随曾参加过辛亥革命、具有民主主义思想的张树侯先生读书,稍长,即入瓦埠小学就读。他学习勤奋,品学兼优,又乐于助人,深受老师和同学喜爱。

1919年初,方运炽考入芜湖安徽公立职业学校。由于他性格开朗,广交朋友,同学们都乐于和他接近。

五四运动期间,方运炽积极联络各校学生举行集会、游行示威,进而抵制、焚烧日货,以实际行动声援北京学生的爱国运动。他在参加社会活动的同时,广泛结交进步师生,如饥似渴地阅读进步书刊,不断接受新文化、新思想。1921年3月,他听了恽代英

---

① 中共寿县县委党史办公室:《中共寿县党史人物》,合肥:安徽人民出版社,1990年,第7—12页。

的演讲,更加激起了进行社会变革的革命热情。

1923年5月,方运炽与在芜湖读书的曹蕴真、薛卓汉等寿县青年,发起成立了"爱社",秘密学习革命理论,主张将来从事农村革命运动。他们经常邮寄《新青年》《向导》《唯物史观》《社会进化史》等书刊给家乡青年阅读。同年夏,他转入上海大学学习,受到邓中夏、瞿秋白、恽代英等早期共产党人的教诲。1923年冬,方运炽跟随共产党员曹蕴真、薛卓汉等回到家乡寿县,以教书作掩护进行革命活动。不久,他经曹蕴真和薛卓汉介绍加入中国共产党。同年冬,中共寿县小甸集特支成立,方运炽任小甸集特支组织委员。方运炽以教书为掩护,深入农村调查,培养积极分子,开展革命活动。1924年9月,中共瓦埠小学支部建立,方运炽任书记,直属中共中央领导,下辖李山庙、小甸集、吴山庙、窑口集、上奠寺六个党小组,至1924年底有党员20人,1925年6月发展到40多人。①

1924年冬,方运炽在寿县中学组织学生联合会,并以学生会的名义编印刊物,宣传革命。因遭到校方阻挠,他便以学生会负责人身份发动全校学生大闹饭场,举行罢课斗争和请愿斗争,直到赶走反动校长和教务主任,大长了学生会和进步师生的志气。

面对基督教在寿县的盛行,方运炽联络各界人士,于1925年

---

① 中共六安地委组织部,中共六安地委党史工委办公室,六安地区档案馆:《中国共产党安徽省六安地区组织史资料(1922.春~1987.11)》,合肥:安徽人民出版社,1995年,第27页。

初组织成立寿县"非基督教大同盟",揭露教会的虚伪和欺骗,发动教会学校的学生反对读经礼拜。五卅惨案后,他遵照党组织的指示,组织了"寿县学生沪案后援会",在城乡各地宣传募捐,举行游行示威,声讨英、日帝国主义罪行,并在寿县各商店搜查、焚烧日货,声援上海工人运动。这一行动,遭到了寿县商会会长刘作臣的反对,他煽动全城商人起来罢市,与沪案后援会对抗。方运炽带领后援会人员和群众押着刘作臣游街示众,揭露刘作臣勾结寿县北大街的英商"花旗公司"损害民族利益的可耻行为。事后,他与后援会人员还募捐银币100余元,汇往上海援助五卅惨案中被害的工人家属。

1926年冬,党中央选派方运炽到莫斯科中山大学学习。学习期间,他与莫斯科纱厂女工、共产党员柯劳娃相爱结婚,次年生一子。1929年,由于革命工作需要,他将妻儿留在苏联,以"第三国际"东方特派员身份回国,改名为方英。同年9月,党中央第三期高级训练班开学,方英任教务主任,并由党中央指定担任该训练班的党支部书记。同时期,他还担任中央巡视员到安徽视察和指导工作。这时党的主要任务是组织农民武装暴动,开展土地革命,推翻国民党反动政权。方英肩负重担,奔走于江淮之间。

1929年8月5日,方英以中央巡视员的身份在六安、霍山两县交界的豪猪岭主持召开了六安、霍山、霍邱、寿县、英山、合肥六县党的联席会议。会议集中讨论了武装起义问题,决定采取以农民暴动为主体与民团起义相结合、以武装起义为主体与群众运动

相结合的方针,积极开展全面发动武装起义的准备工作。同时报请党中央批准成立中共六安中心县委,以加强对六县的统一领导。

1929年11月,方英亲自参加并领导了六安独山农民起义。起义胜利后,成立了三区(独山)工农革命委员会总指挥部,方英任党代表,鲍益三任总指挥。起义队伍编为一支72人的游击队,又从农协会员中挑选出一批骨干组成赤卫队。为了反击敌人的围攻,方英和鲍益三率领游击队和赤卫队,用仅有的长矛、土炮据险固守,使敌人数次强攻都未能奏效。11月17日,六安三区游击队分三路围攻麻埠,因敌强我弱,虽经激战,未能取胜。为保存实力,避免伤亡,方英将队伍撤至龙门冲,攻打土豪张汉卿的圩子。张闻讯携家眷、财物逃走。游击队攻进圩子后,打开张家粮仓,开仓放粮,赈济群众。同时方英派人去诸佛庵、流波䃥与霍山西镇游击队联系,准备再度进攻麻埠。11月22日,方英等率队回到朱家湾,途中被敌人陈濯汉旅包围。游击队边战边退,奋勇冲杀,突围后退至河口,围攻麻埠的计划遂告结束。

独山起义后,国民党反动派加紧向独山苏区进攻,疯狂摧残革命力量,不少党组织被破坏,有的人变节投敌。在这紧急关头,方英召集中共六安中心县委及暴动总指挥部召开联席会议,总结独山起义经验教训,重点研究了整顿组织、扩大武装、训练干部、清洗内部等问题。会后,方英等分头深入各地开展工作。

1929年底,方英回到党中央,被分配到中央秘书处外交科工作。他负责交通员的思想教育以及研究指导和检查交通员秘密技术等工作,从而保证了中央同地方的密切联系。不久,方英接任外交科主任职务。

在重大原则问题上,方英表现出高度的党性原则和组织纪律性。1931年1月,中共六届四中全会召开,王明被选进了政治局。方英留苏时,对王明极为了解,认为王明是一个没有任何实际革命经验并且喜欢夸夸其谈的人,不适合担任中央领导的重任。他把自己的看法通过组织反映给党中央。但由于共产国际代表米夫操纵会议,他所反映的情况未能阻止王明进入党的最高领导层。

1931年2月15日,中共安徽省委成立,此时化名为高中林的方英已由上海归来,被推选担任省委书记。在方英未到任之前,书记由宣传部部长王华代理,组织部长贺昆荣兼任工运部长,郭春华任军委书记。方英参加组建安徽省委工作不久即到皖西北巡视。3月27日,他根据当时的革命形势和斗争需要,在寿凤阜县委联席会议上决定建立皖北(寿县)中心县委,管辖寿县、凤台、阜阳、颍上、太和、霍邱、固始、新蔡、息县九县工作,同时决定发动瓦埠农民暴动。

3月29日,参加暴动的队伍有千余人,暗携武器,装作赶集,从四面八方云集瓦埠泰山庙。起义队伍逮捕了豪绅地主10多人,缴获长短枪100多支,发动3000多农民分掉地主粮食200多石。这次起义打击了封建豪绅势力,支援了红军粉碎蒋介石对鄂豫皖苏区的第二次"围剿",揭开了寿县人民武装斗争的序幕。①

1931年4月17日、18日两天,中共皖西临时分特委根据党中央指示,在金家寨召开第三次扩大会议,将中共皖西临时分特委改组为中共皖西北特区委员会,方英任书记,杨季昌任组织部长,薛英任宣传部长。特区领导六安、霍山、霍邱、商城、英山、合肥等19个县党组织。

为了搞好皖西北根据地的宣传工作,中共皖西北特区委员会(简称特委)组成编辑委员会,方英任编辑委员,创办《火花》与《红旗》两种报刊。另外特委还编印了《告国民党士兵书》《告红枪会群众书》《反包围会剿告群众书》等十多种宣传品。特委为了加强对白区的宣传,在敌人严密封锁下,利用皖西北地区河流较多这一地理条件,发动群众制作许多小木牌,在木牌上写各种标语、歌谣或画漫画,放到河里,让这些木牌随着水流方向,漂到白区去。此外,特委在政权建设、土地革命、群众组织和地方武装等方面也取得了一定成绩。特委党员由原来的2400多人增加到5000多人,党在群众中的政治影响迅速扩大。

正当鄂豫皖红军和皖西北根据地进一步发展的时候,张国焘到了鄂豫皖根据地。1931年5月12日,张国焘在河南光山县新集召开会议,撤销中共鄂豫皖特区委员会,成立中共鄂豫皖中央分局和鄂豫皖革命军事委员会。张国焘任分局书记兼军委主席,

---

① 马实:《回忆瓦埠暴动》,见中共寿县县委党史办公室:《寿县革命回忆录》,合肥:安徽人民出版社,1989年,第40—42页。

方英被选为分局候补委员。张国焘到鄂豫皖根据地后,全面推行王明"左"倾机会主义的各项政策,进行错误的军事指挥。方英率领皖西代表团参加鄂豫皖省委在新集召开的第一次代表大会时,无意中触犯了张国焘。会上,方英报告了皖西北地区的军事形势和斗争策略,高度赞扬了根据地的历史作用,赢得了热烈的掌声。张国焘是抱着"改造"鄂豫皖根据地和红军的目的而来的,只有否定根据地的成绩,才能投合他的心意。因此,方英的讲话引起张国焘的嫉恨。张国焘遂于12月以所谓"皖西肃反"不力,撤销方英的皖西北特委书记职务,后来又强加给他"改组派"的罪名,使他蒙受不白之冤。

1932年6月,蒋介石对鄂豫皖根据地发动第四次反革命"围剿",张国焘拒绝正确的作战方针,擅自撤离根据地,率红四方面军主力西进川陕。方英被迫随军撤离。

在进川途中,张国焘一伙无情地折磨方英,要他背着沉重的粮袋,翻山越岭。由于长期操劳,方英身体瘦弱,又患上疟疾,不幸于1932年11月病逝于途中,时年26岁。①

新中国成立后,党组织为方英同志进行了平反,追认他为革命烈士,为其亲属颁发烈属证。

---

① 中共安徽省委党史工作委员会:《安徽中共党史人物传·第一卷》,合肥:安徽人民出版社,1993年,第203—210页。

六、"胸中自有主义真"的早期党员——徐梦周

徐梦周(1904—1944),中国共产党早期党员,安徽最早的党支部的创建者之一。他在极其艰难的环境下,坚持白区工作,历经虎穴之险、牢狱之苦,始终坚定革命信仰,为党的事业做出了贡献。

徐梦周又名徐德辅,1904年出生于安徽省寿县李山庙。父亲名徐士端,字筱亭,毕生从事教育,以微薄收入抚养四个儿子。徐梦周在家中排行老四,自幼聪颖,十岁左右入堂叔徐子香办的私塾读经史。五四运动后,受到民主革命思潮的影响,徐梦周立志报效国家。1920年春,徐梦周得到姐姐资助,先入寿县芍西小学,次年转入芜湖省立第二甲种农业学校(简称二农)学习。

二农的革命氛围非常浓厚,又值革命活动家恽代英来芜湖讲学,徐梦周受到恽代英等革命者的教诲,进步很快,不久就加入社会主义青年团组织。1922年春,徐梦周经施存统介绍加入中国共产党,接着回家乡与共产党员曹蕴真、鲁平阶组成"二三同志的组织"和青年团小甸集特别支部。1923年春,徐梦周因参与领导二农团组织驱逐蚕科主任的学潮,被迫退学。回乡后他与曹蕴真一起在小甸集小学教书,经常向进步师生宣传马克思主义,介绍苏

联革命情况。1923年冬,薛卓汉、徐梦秋从上海大学奉命回乡发展党组织,与曹蕴真等建立了安徽最早的党组织——中共寿县小甸集特别支部。特支直属党中央领导,徐梦周任宣传委员,并在首次支部会上介绍方运炽、陈允常、曹练白三人入党。徐梦周不久又转入上海大学社会科学系学习,毕业后受党中央派遣,于1926年3月偕同陶新畲到北京在李大钊领导下工作。

1926年9月,冯玉祥在苏联顾问乌斯马诺夫、赛夫林和中共党员刘伯坚、邓小平陪同下回国督师,邀请中国共产党人帮助他在部队中做政治宣传工作。徐梦周和宣侠父、陶新畲等100多人奉中共北方区委和李大钊之命到冯玉祥部工作。徐梦周被分配到宋哲元部工作。9月,五原誓师后,徐梦周随军攻打北洋军阀刘镇华,解西安之围。当时大革命形势发展很快,中国共产党和冯玉祥以及陕西省主席于右任都深感军政干部紧缺,必须抓紧办校培养干部,以应急需,为此,决定把西北大学改为中山学院。中山学院名义上是国民党主办,实际上组织领导全部由共产党人担任。徐梦周于1927年2月任西安中山学院教育长。当时中山学院妇女班有位共产党员崔文玉,是陕西省三原人,不仅人长得端庄秀丽,革命工作做得也非常出色。徐梦周在教学和工作中结识了她,两人确立了恋爱关系,后来经组织批准,结为伉俪。她是徐梦周革命生涯中的得力助手。

1927年6月,冯玉祥在徐州会议后追随蒋介石,将在中山学院工作和学习的共产党员和共青团员"礼送出境"。1927年7月,徐梦周脱离西安中山学院转做地下活动。中共陕西省委任命他为延安县委书记。11月,徐梦周在中共陕西省委第一次全体会议上当选为省委常委,分管组织工作,并兼任常委技术书记,不久任组织科主任兼省委秘书长。

1928年春,中共陕西省委遭破坏,徐梦周和潘自力、刘继曾等被捕入狱。敌人深知撬开徐梦周嘴的价值,于是对他软硬兼施,诱供逼供。徐梦周虽平时恂恂如书生,但在敌人面前表现了共产党员的凛然正气。他在一篇长诗《狱中吟》中写道:兀兀高墙一线天,眼前景色可人怜。一腔热血满腹恨,胸中自有主义真。此情欲诉凭谁说,强拈秃笔赋长歌。

1930年11月,杨虎城将军任陕西省主席,南汉宸担任省政府秘书长。南汉宸以秘书长身份主持陕政,首先处理的一件大事,就是释放西安监狱的政治犯,徐梦周等共产党员得以释放。

徐梦周出狱后,经张汉民(时任第十七路军警卫团长,后该团扩编为警备第三旅,张汉民为旅长,中共地下党员)保荐到孙蔚如的师部任秘书主任。兰州收复后,孙蔚如调徐梦周任高兰县县长。1931年孙蔚如师扩编为第三十八军,孙蔚如调回徐梦周任军部秘书处处长。不久徐梦周与地下党员、军部参谋武志平取得联系,共同开展党的军运工作。他俩又配合杜斌丞力促孙蔚如联共反蒋。1932年底,红四方面军进入川陕地区。胡宗南的追剿大军接踵而至,蒋介石还急令西北军杨虎城部和川军田颂尧部合围红四方面军于巴山地区。这时陕西东起巴镇,西至宁强,沿大巴山一线均为杨虎城第十七路军防线。如果能促使杨虎城部与红四方面军达成互不侵犯条约，对于红军集中兵力对付主要敌人有着重要的战略意义。于是，徐梦周等人向孙蔚如进言。由于他们巧妙地利用了杨虎城、孙蔚如和蒋介石以及四川军阀刘湘的矛盾，加之徐梦周平时言谨、办事干练，深得孙蔚如的信任，孙蔚如终于被说服了。1935年4月，孙蔚如派武志平作为第三十八军军代表去川陕苏区同红四方面军的领导人商谈互不侵犯、共同反蒋事宜。武志平出发前，同徐梦周、张汉民经多次研究，制订川陕交通线计划。

川陕红色交通线的成功建立，沟通了白区的党组织与川陕苏区的联系，给川北红军提供了许多军事情报，输送了大批急需的军用物资，为红军集中力量粉碎敌人的进攻、保卫根据地的斗争创造了良好的条件。1935年年底，徐梦周告假脱离孙蔚如部。

1936年12月，震惊中外的西安事变发生，后获得和平解决，国共两党初步实现第二次合作，孙蔚如出任陕西省政府主席，杜斌丞任政府秘书长，他俩联名电召徐梦周速返西安。徐梦周回到西安后，通过西安党组织，向中共中央请求奔赴延安。中共中央认为，徐梦周在白区创造的环境和社会关系对党的工作十分有利，因而未批准。徐梦周随后就任陕西省政府秘书处第一科科长职，在党内属中央特科系统，从事情报工作。罗青长当时化名文志军，是党内情报系统的党支部书记，徐梦周就是他负责联系的一个地下党员。罗青长以考学校请徐老师补课的名义和徐梦周取得联系,将党的文件送给他看,徐梦周向罗青长交纳党费,提供情报。徐梦周曾将陕西省政府人员的政治态度作了系统的调查,得出了反共的是少数,坚决抗日的也是少数,大部分是中间状态的结论。这对党中央制定对中间派的政策,起了积极作用。他又根据这一分析,提出了"两头小,中间大"的论断,并提出"三三制"的建政方案。

这期间,徐梦周在西安白王兵庙街的家成了革命同志聚会、避难的场所。邓颖超、张琴秋、宣侠父经常到徐梦周家叙谈。柯庆施、靖任秋等曾在徐梦周家住过一段时间。丁玲(徐梦周在上海大学的同学)率西北战地服务团到西安,徐梦周为其找住地,联系演出场地。为了壮大革命队伍,徐梦周还通过多种渠道输送大批革命青年到延安,仅本家亲属就有徐枫(徐梦秋之子)、徐霁远等10多名知识青年,后来有的为革命献出了生命,有的成了党和国家的中高级干部。

1941年,徐梦周转入西北农学院,任教授、院长秘书。他在校内发展数名青年党员,带领进步学生同混入学生队伍中的国民党特务和反动训导员班志洲、院长周伯敏等人做斗争。

1944年,徐梦周和杜斌丞等前往陕南、汉中、城固等地发展民盟组织。为掩护工作,徐梦周携幼子维武同往。在城固落脚在地下党员申俊卿寓所(杨明轩介绍的联络处)。正当他怀着"会当痛扫腥膻,还我旧河山。凿取昆仑石,名勒燕然"的宏伟抱负由城固回汉中的途中,不幸因车祸而殉难,其子亦伤。徐梦周牺牲后,西安八路军办事处电告党中央。周恩来副主席将徐梦周侄儿徐枫(当时在陕甘宁边区保卫处工作)召到杨家岭面告噩耗。组织上拟将徐梦周妻、子接到延安,后因国民党顽固派封锁严密而未果。徐梦周牺牲后,崔文玉因过度悲伤,又与组织上失去联系,贫病交加,不久去世。遗孤维武由徐梦周同狱友景瑞卿夫妇抚养长大,直到新中国成立后,陕西省党组织才找到维武,将其保送入东北工学院学习。

徐梦周由进步学生到加入中国共产党,义无反顾地走上革命道路,在极其艰难的环境下,坚持白区工作,历经虎穴之险,牢狱之苦,为党的事业做出了贡献。国家安全部在关于徐梦周生平事迹的公函中写道:"西安地下工作负责人对徐梦周的评语是忠贞可嘉","他的牺牲,使我党失去了一位精明强干而富有工作经验的忠实同志。"[①]

七、北伐武昌第一人——曹渊

曹渊(1902—1926),大革命时期北伐军攻打武昌战斗中牺牲的革命烈士,年仅24岁。周恩来赞扬他"为谋国家之独立,人民之解放而英勇牺牲了,这是非常光荣的"。叶挺称他是"模范的革

[①] 中共寿县县委党史办公室:《中共寿县党史人物》,合肥:安徽人民出版社,1990年,第13—17页。

命军人,且是我最好的同志"。曹渊一生虽然短暂,却为革命事业建立了不朽的功勋。

曹渊,原名曹郡宽,字渊,1902年2月出生于寿县小甸集曹家岗。曹渊家境贫寒,父亲曹守身和大哥曹兴宽都是勤劳笃实的农民,二哥曹少修念过几年私塾。曹渊童年时随二哥读书,由于他勤奋好学,深受父母和兄长喜爱。

曹渊的二哥曹少修早年参加同盟会。1913年7月,为响应孙中山二次革命的号召,曹少修在家乡起兵讨伐袁世凯。12岁的曹渊就随二哥为讨袁军传送情报,传递信件。后来,曹少修遭到安徽督军倪嗣冲的通缉,被迫逃离家乡,家中房屋被焚烧,财物被劫,全家人流离失所。曹渊在父兄师长的影响下,幼年就憧憬革命。

1918年,刘希平、朱蕴山等人在芜湖创办工读学校,因不收学费,曹渊得以报考,并于1919年春被录取就读。曹渊不仅学习刻苦,还能认真参加劳动。不久,五四运动爆发,芜湖各校成立了教职员联合会和学生联合会,曹渊被工读学校推选为学生代表,参加芜湖学生联合会,他由于精明干练,成为学生会主要领导人之一。

1921年秋,曹渊考入芜湖安徽公立职业学校,不久被选为校学生会主席。关于在芜湖读书期间的曹渊,1923年在上海大学入党的寿县人徐梦秋写道:君虽不喜多言,然遇大事,人人不能言不敢言者,君则毫无所惮,必侃侃尽所怀,无能挠之者。

1921年秋,公立职业学校流行时疫,有学生染疫,高烧不退,曹渊率学生会成员多次与校方交涉为同学治病,校方却不予医治,导致这名学生因病而死。加之平时校方延长劳动时间,对学生健康漠不关心,激怒了学生。于是校学生会决定罢课一天,为死者举行追悼会,曹渊还撰写了挽联。开会时,学生们把校长李子寿、学监董质坚拖上台,在死者灵前致哀。事后该校董事会决定以"过激分子"的罪名开除曹渊、李坦和其他几位学生,遭到全体师生的强烈反对,学生会决定继续斗争。曹渊认为此次行动已获胜,不能因个人问题妨碍大家学习,表示自己愿意离校。离校前,他发表宣言,说明惩罚李子寿、董质坚的原因和经过。离校时,公立职业学校和安徽省立第二甲种农业学校、第五中学等校学生四五百人,挥舞旗帜,高呼口号,依依送别曹渊。

曹渊离开芜湖回到家乡,不久,他怀着寻求学习机会和追求革命真理的欲望,偕同李坦到上海同乡好友胡萍舟处,胡萍舟在的阜丰面粉厂的厂主家做家庭教师。他们试图在上海入学或找工作,未果,只得租一个灶披间住下,一同借阅《向导》《新青年》《阶级争斗》《共产党宣言》等书刊,不断讨论社会问题。1923年,胡萍舟考入上海大学,曹渊随他住进上海大学学生宿舍,经常在上海大学旁听,因而有机会学习瞿秋白、蔡和森、张太雷编著的《社会科学概论》《社会进化史》《哲学概论》和《世界工人运动史》等讲义。在这里,他阅读了大量进步书刊,接触了一大批共产党人和进步青年。面对军阀割据、民不聊生、贫穷落后的旧中国,年轻的曹渊苦苦思索、探寻着救国救民的道路。

1924年春,黄埔军校在上海秘密招生,中国共产党党组织选派党内外优秀青年报考。在邓演达等主考的上海大学招生处的初试中,寿县人曹渊、胡萍舟、孙一中、廖运泽等顺利通过。由于瞿秋白的坚持,胡萍舟留在上海大学继续做学生工作。5月初,曹渊和许继慎、廖运泽同行去广州参加复试,均被录取为黄埔军校第一期学生,曹渊被编在第一队。在校期间,曹渊刻苦学习,认真操练,意志坚定,思想和军事技能进步很快,先后加入社会主义青年团和共产党。黄埔军校政治部主任周恩来在他入党的小组会上,勉励曹渊"要做党的忠诚战士,做革命军队的优秀指挥员"。毕业后,曹渊被派到校本部直属教导团学兵连任党代表,同时加入周恩来领导的青年军人联合会。

1925年初,盘踞在广东东江地区的军阀陈炯明在帝国主义和北洋军阀的支持下,趁孙中山先生北上之机,准备进攻广州。在中国共产党的倡议和推动下,1925年2月,广东革命政府以黄埔校军和粤军为主力,分三路开始了讨伐陈炯明的第一次东征。粤军总司令许崇智任东征军总司令,蒋介石兼任东征军参谋长,周恩来兼任东征军的政治部主任。黄埔教导团作为右路军,先后攻占东莞、石龙、樟木头、平湖、深圳,激战之后,攻克淡水。当敌军林虎部在棉湖猛烈反扑时,教导一团伤亡600多人。许继慎连坚守团部门户,自拂晓打到黄昏,阵地上一片火海仍屹然不动。危急之际,学兵连在连长曹石泉、党代表曹渊、副连长唐同德(三人皆已加入中国共产党)率领下猛烈出击,像一把锋利的匕首插入敌人纵深,打乱敌人的阵脚,使团部转危为安,继而得到教导二团和粤军的增援而大破敌人。

1925年6月,在平定滇、桂军阀杨希闵、刘震寰叛乱中,曹渊调任三营八连连长,率全连投入平叛战斗,再立战功。1925年10月初,广东革命政府举行第二次东征,讨伐陈炯明。曹渊率八连顽强克敌,在收复潮汕、梅县后升任第一军三师九团一营营长。

1926年3月,曹渊收到家信,得知父亲病重,于是请假回家探视。没过几天,蒋介石策划"中山舰事件",强迫共产党员退出国民革命军第一军。曹渊远在寿县,只得留在家乡待命。

1926年5月,以共产党员、共青团员为骨干的国民革命军第四军独立团出师北伐,经军委负责人周恩来批准,指派曹渊任独立团第一营营长。曹渊到任后,受到叶挺团长和周士第参谋长的欢迎和信任,也受到一营官兵的拥戴,被推选为一营党小组长。

第一营首先承担运送枪炮弹数十万发给友军的任务。从广东韶关到湖南郴州约300里的山路,沿线有敌军驻守,任务异常艰巨。曹渊集合全营官兵和参加运输的工人,强调运输枪炮弹的重要性。行军途中,曹渊和连排长注意关心和帮助工人。由于军民团结,昼夜兼程,终将枪炮弹按期如数交给友军,受到友军的称赞。完成任务后,一营官兵未及休息又冒雨赶回团部。此时,正遇二、三营与敌激战,形势严峻,叶挺令一营火速驰援。这天,夜黑如墨,道路泥泞,曹渊号召大家坚决服从命令,冒雨奋勇前进,半夜抵达前线阵地。经过短暂观察,曹渊准确地判断出敌我阵地,果断指挥战斗,将敌军击溃。为此,曹渊受到参谋长周士第的表扬:在这次战斗中,曹渊同志吃大苦,耐大劳,指挥作战很英勇。

7月10日,独立团攻打泗汾,曹渊率一营奋勇进击,强行渡河追击溃逃之敌。不料途中遇敌两个团增援,敌众我寡,一营陷敌包围之中。曹渊镇定自若,大胆判断出这是敌我偶遇,敌人对我方虚实不明,我方若退却则暴露弱点,不如攻其不备,必可争取主动。于是他当机立断,要求党、团员以大无畏的革命精神,向敌人勇猛冲击,不能有丝毫犹豫。经过两个多小时的激战,加上农民协会的支援,一营终于夺取制高点,使部队化险为夷,并俘敌数百人,缴获大批武器弹药。聂荣臻、叶挺赞扬说:这一战,曹营长判断敌情正确,机动敏捷,指挥有方,又能认真贯彻党的指示,是致胜的主要原因;全营官兵奋不顾身和农民协会给予莫大的援助,也是致胜的重大原因。①

1926年8月,平江战役中由于敌人兵力雄厚,装备精良,城防坚固,北伐军与敌人相持难进。20日晨,曹渊率一营官兵配以团部机枪连为前卫,由汨罗江南岸隐蔽处偷渡至北岸,从小路急行军进至平江城北,捣毁城郊敌人的碉堡。敌人此时正在南门与北伐军激战,后面突遭袭击便惊慌失措,溃逃时又遭独立团追击,被迫纷纷缴械投降。25日,曹渊率部与驻中伙铺的敌军激战一天,

---

① 中共安徽省委党史工作委员会:《安徽中共党史人物传·第一卷》,合肥:安徽人民出版社,1993年,第11—15页。

后叶挺率独立团赶到,全歼守敌。接着攻打汀泗桥,敌军组成1000余人的奋勇队,在吴佩孚派来的大刀队的逼迫下冲过桥来,直逼北伐军第四军指挥部。一营奉命救援,全营官兵在曹渊率领下,冒着敌人的枪林弹雨,不怕牺牲奋勇冲锋,终将敌奋勇队击溃,使指挥部转危为安。曹渊和一营官兵受到军部传令嘉奖。8月29日,北伐军攻打军事要隘贺胜桥,二营营长许继慎率部首先突破敌人第一道防线,不料陷入敌第八师的包围之中,许继慎率部突围,身负重伤倒地。曹渊迅速率第一营官兵强攻进入包围圈,救出许继慎,指挥一、二营拼死搏斗,稳住阵地。经过一夜激战,北伐军终于攻克贺胜桥。

9月5日,北伐军开始进攻武昌城,独立团担负宾阳门与通湘门之间的爬城任务,曹渊率领第一营担任攻城前锋队,冒着敌人猛烈炮火迫近城边,竖起云梯爬上城墙,与守敌展开殊死搏斗。由于蒋介石嫡系第一师畏缩不前,一营得不到配合,敌预备队不断增援,一营官兵与十倍于己之敌搏斗,部队伤亡很大。眼看登城失败,曹渊在城下一个土包后面给叶挺团长起草报告。

团长:

　　天色拂晓,登城无望,职营伤亡将尽,现存十余人,但革命军人有进无退,如何处理,请指示。

曹渊

　　就在他刚写完"渊"字时,不幸中弹牺牲,"渊"字最后一笔拖了几寸长。消息传到广州后,周恩来、王逸常、徐梦秋等人皆为痛惜,深为怀念,分别撰文纪念。

　　战后,独立团在武昌洪山脚下,为曹渊等烈士建造了一座大墓,墓前竖立牌坊,上刻"浩气长存"四个大字。墓碑上方刻着"精神不死"中刻"国民革命军第四军独立团北伐攻城阵亡官兵诸烈士墓",左刻"先烈之血!主义之花!无产阶级的牺牲者!诸烈士的血铸成了铁军的荣誉!"右刻曹渊等191位烈士英名。

　　周恩来、叶挺等人深切怀念为革命英勇牺牲的曹渊烈士,关心烈士遗孤的成长。1938年2月23日,叶挺在组建新四军的繁忙时期,给曹渊的儿子曹云屏(曹渊牺牲时,曹云屏才3岁)写信说:尔先父是模范的革命军人,且是我最好的同志,不幸殉职于武昌围城之役。清夜追怀,常为雪涕。3月19日,周恩来在给曹云屏的信中高度赞扬曹渊:曹渊同志为谋国家之独立,人民之解放而英勇牺牲了,这是非常光荣的。我全党同志对曹渊同志这种英勇牺牲精神,表示无限的敬意。周恩来还在信中邀请曹云屏到延安学习。4月,寿县党组织根据周恩来的指示,征得曹渊家人的同意,送曹云屏和曹渊侄儿曹云青到武汉,找到周恩来。周恩来亲切地接待了他们,接着又把他俩送到延安进入陕北公学学习。

　　曹渊烈士的一生虽然短暂,但他是五四时期芜湖学生运动骨干,中国共产党早期军事骨干。在周恩来等人培养教育下成长为共产主义战士,终以舍生取义实践了他"誓以我热血灌溉革命之花"的誓愿。①

---

① 中共寿县县委党史办公室:《中共寿县党史人物》,合肥:安徽人民出版社,1990年,第64—70页。

第四章

寿县学兵团

寿县人民自古以来就有崇文尚武的传统,鸦片战争以后,一批批热血男儿投身军队,参加保卫边疆海防的战斗;辛亥革命以后,更多的有志青年加入革命军,参加了推翻清王朝统治、反帝制复辟、反北洋军阀的斗争,不少人在军队中成长起来,掌握了一定的军事权力,为寿县革命者开展士兵运动打下了基础。中国共产党成立后,有计划有目的地选派一些党员干部到各类军队中开展士兵运动,以图教育争取士兵进而掌握部分武装。南昌起义失利后,寿县一批党员借用同乡或亲友关系进入柏文蔚、方振武等部队开展活动,得到中共安徽省临委和中央军委的重视与关注,主持中央机关日常工作和军委工作的周恩来高度重视这个问题,亲自起草给中共安徽省临委的指示信,对帮助柏文蔚创办寿县学兵团提出具体方法和要求。在中央军委和中共安徽省临委的领导下,寿县学兵团迅速创办起来,并成立了党组织,配合中共寿县县委开展了一系列活动,但由于中共安徽省临委"左"倾盲动主义的错误指导,学兵团没有达到预期目的。但在寿县、在柏文蔚旧部中扩大了中国共产党的影响,播下了革命的种子,为后来在寿县开展军事斗争打下一定基础,积累了经验。

一、中共寿县临时委员会的活动

中共寿县临时委员会(以下简称县临委)成立后,由于武汉、上海、安徽都陷入一片白色恐怖之中,不少年轻的共产党员、青年团员都感到前途迷茫,人心惶惶。在武汉的县临委成员和党员如曹广化等人经团凤、英山、霍山回到寿县,也有一些人经上海回到寿县。但多数没有立即返回寿县,他们"有的畏缩于上海,有的消极怠工",造成工作停滞局面。为此,中共安徽省临委于1927年10月25日在芜湖召开第二次执委会,指定已返回寿县的曹广化、仇西华、张化石、石德伦、方贯之、洪克杰等组成新的县临委。11月,新的中共寿县

▲ 中共寿县临委书记曹广化

临时委员会在瓦埠成立,曹广化任书记,指导寿县、合肥、凤台、霍邱党的工作。① 因为寿县、六安一带党的骨干多,群众基础较好,中共安徽省临委于1927年10月底决定将六安、霍山、霍邱、寿县划为安徽第一暴动区,并成立中共皖中特别委员会,以指导第一暴动区实行武装斗争。

为什么要在寿县、凤阳两县成立一个临时县委,主要原因有两点:一是寿、凤两县地处毗邻,只有一座八公山之隔,从地理上、历史上看是一个地区;二是寿县党员人数比较多,当时在武汉的党员就有30多人,而凤台县党员人数较少,力量相对弱一些,两县合在一起,便于统一领导和开展这一地区党的工作。

寿县、凤台地区,特别是寿县,党的活动开展得比较早,党在群众中的影响也比较大,党员的数量在周围各县中是比较多的。但是,寿县又是反动统治十分严密的地区,各种反动势力在寿县也很集中,特别是封建势力,在寿县盘根错节,形成一个个顽固的、封闭式的封建堡垒。而寿县早期的党员又多是分散的,时断时续地活动,没有真正把群众发动起来。"四一二"事变后,国民党反动派又不断加强在寿县的反革命力量。据寿县志书载,由于寿县党组织壮大,反封建斗争高涨,引起国民党安徽省当局以至国民党中央的注意,于1927年10月派反共最著名的夏斗寅部队

---

① 中共安徽省委组织部,中共安徽省委党史工作委员会,安徽省档案馆:《中国共产党安徽省组织史资料》,合肥:安徽人民出版社,1996年,第44页。

开驻寿县,以进一步排挤安徽地方实力派柏文蔚部。1928年11月,蒋介石本人亲赴寿县检阅夏斗寅部,并撤换了原县长曹运鹏,由其忠实门徒黄埔一期学生傅肇仁当县长,加强寿县反革命势力。在这样的形势下,建立党组织,开展群众斗争,是相当艰巨的任务。

县临委成员回到寿县、凤台地区后,主要活动地区是瓦埠、小甸集、上奠寺一带,以后也一直是寿县党组织开展活动的根据地。这个地区党的影响力很大,党员人数多,群众基础也好。党员之中不少人家就在这个地区,当时浓厚的封建家族意识也有利于掩护他们。但是,他们仍不能公开住在家里,而是选择其他地点安身。有的同志在蒋介石还没有完全控制寿县之前,继续维持统一战线,争取合法身份,进入国民党内部,秘密发展革命力量。当时,共产党员王影怀、史迎宾进入县教育局内部,曹广化等人以小学校长、教员身份作掩护,采取分散活动方式开展工作。有的同志利用原第三十三军的影响力及其与蒋介石的矛盾开展统战工作,进而运用统战关系掩护党的工作。根据这一条件,他们最初的活动主要是以小学校为依托,在学校的教员、学生中开展工作。寿县教育普及较早,大革命时期,在当地进步知识分子努力下,打破了地方封建势力的阻挠,在全县主要乡镇建立了学校。同时,寿县外出读书的青年学生多,参加革命后,对当地知识分子影响也很大,几乎每一个小学校都有几个党员,一些保守的教师对革命也持同情态度,因此,寿县早期的党员几乎都是知识分子,这种状况,一直到贯彻党的"八七会议"精神后,才有所改变。

县临委成员和党员比较顺利地在家乡站稳脚,立即着手建立党的组织,发展党员。他们先从几个基础好的地区开始,如在瓦埠湖以东的大井寺、枣林铺、杨家庙、古楼岗、张家嘴、傅家楼、吴山庙、汤王、姚皋店和瓦埠湖西的窑口、堰口、保义、开荒、史大郢等地组织发动群众,恢复和建立党组织。

经过短期艰苦努力,曹鼎、曹练白等分别恢复小甸、瓦埠党支部;薛卓汉、石德晏、王墨林、王济川等分别恢复建立窑口党特支,石集、堰口、保义、城关四个党特组;王影怀、王进之、吴则鸣在汤王建立汤王、姚皋两个党支部,曹广化等人恢复、建立了上奠、大井、张嘴、董庄、吴山庙等党支部。随着党员人数的发展,1927年底在小甸集成立寿县第一个区委——中共瓦埠区委会,书记是曹鼎。当时,党员发展的速度比较快,到1927年底,寿县党员人数就达到100多人。同时,各种群众组织也秘密建立起来,1928年2月又建立了中共凤台特别支部。①

寿县党的工作在白色恐怖的环境中开展起来了,但是,下一步怎样进行,县临委的成员心中都没有底。1928年10月间,曹广化就去芜湖向中国安徽省临委汇报工作。当时,中国安徽省临委的一个秘密联络站就设在芜湖的十里长街上。这条街是芜湖市的一个商业中心,一条街上遍布大小店铺。中国安徽省临委联络

---

① 六安市政协文史资料委员会:《黄埔军校六安人》,合肥:安徽人民出版社,2015年,第179—183页。

站是一家钟表修理铺。曹广化到联络站后,向中国安徽省临委常委王贯之汇报了工作情况。王贯之听完曹广化的汇报,对寿县工作的情况尚为满意,并向曹广化传达了党中央召开"八七会议"的情况和会议精神。王贯之接着对下一步工作怎样开展做了指示,并交给曹广化一些文件,文件仅几张纸,主要是"八七会议"精神。(据现有资料,中国安徽省临委贯彻"八七会议"的决定主要内容有三:第一,立即传达"八七会议"精神,向基层党员、干部进行阶级教育,肃清右倾机会主义思想的残余;第二,恢复整顿党的组织,洗刷阶级异己分子,大量吸收工农分子到党内来;第三,发动群众,组织农民协会,进行减租减息和抗租抗捐的斗争,并积极准备武装暴动。)

这时正是白色恐怖十分严重的时期,一路上敌人盘查都很严格。这些文件怎样安全带回去呢?曹广化灵机一动,用文件包着几块点心,外面用手帕一兜,提在手里大摇大摆地通过了敌人的检查。在回来的路上,文件没被发现,但他误上了一条国民党的运兵船,差点出了问题。

曹广化汇报回来后,在寿县、凤台临时县委贯彻了"八七会议"精神。县临委在这一时期的工作,基本上遵循"八七会议"精神进行的。如在发展党员问题上,提出要改变党员的成分,有目的地着手在工农群众中发展党员。上奠寺的杨守先就是他们发展的第一批农民党员之一,这位同志在斗争中表现很好,是后来的寿县县委委员。

当时,县临委也很重视工人运动。那时寿县、凤阳地区工人最集中的要数上、下窑,即淮南煤矿的前身,曹广化几次去那里进行工作,建立了党支部,还组织工人进行过罢工斗争。

在寿县、凤台地区,工会、农会和妇女、青年团组织都在这一时期建立和恢复起来,并且进行了宣传活动,发动群众起来开展反封建、抗捐抗税斗争,在这些斗争中,形成了一批骨干分子。

由于党组织的发展壮大,临时县委已不再适合斗争的要求,中共安徽省临委于1928年3月初决定,正式建立寿县县委,寿县、凤台临时县委遂完成了其历史使命。在半年多的时间里,寿县、凤台临时县委在这个皖西北枢纽地区站稳了脚跟,建立、发展了党的组织,在国民党实行白色恐怖的环境下,发动群众起来进行多种形式的斗争,创造了有利的局面,主要原因有三点:第一,寿县这些党员在当时条件下,尽管还很幼稚,缺少经验,但是革命的信念是很坚定的,有同国民党反动派斗争到底的决心,而没有被一时的挫折所吓倒。第二,寿县、凤台地区群众基础比较好,党的影响是很大的,县临委的同志回来后得到群众真心的支持和拥护,很快在群众中扎了根。第三,县临委开展的宣传、斗争,符合当地群众的要求,而没有超出群众的理解范围,因此斗争也容易获得成果,为后来的发展打下了好的基础。这一时期县临委的主要缺点是对武装斗争的重要性缺乏认识,没有坚决地去掌握枪杆子,特别是没有积极地打入地方民团去开展工作,这对后来的斗争发展也有一定影响。①

寿县党组织还利用原第三十三军对蒋介石不满及其曾受中国共产党的影响,处在观望、中立状态的时机,于1928年3月7日在中共皖北特委的指导下,根据寿县各界人士反帝反封建斗争的情绪,在城关东大街福音堂召开了反对蒋介石叛变革命的大会。参加大会的共产党员和各界人士达数百人,国民党县长魏谦光也参加了大会。这次会议由共产党员王影怀、薛卓汉、陈允常、方贯之、孙健、石裕鼎、曹练白等七人组成主席团主持。薛卓汉、王影怀、曹练白、陈允常先后在会上讲了话。他们揭露了蒋介石、汪精卫策划"三二三""四一二""七一五"反革命事件的真相;陈述五四运动对中国革命的影响;以及寿县人民参加反帝反封建的大革命和北伐战争的情况;号召人民继续奋斗,打倒蒋介石等新老军阀,夺取国民革命的最后胜利。接着,各界代表也在会上发言。大会结束时还举行了娱乐活动,并高呼"团结起来,打倒蒋介石、汪精卫!

▲ 中共寿县第一次代表大会旧址(寿县城关东大街福音堂)

---

① 曹广化:《我在家乡开展革命活动的经历》,见六安市政协文史资料委员会:《黄埔军校六安人》,合肥:安徽人民出版社,2015年,第179—183页。

拥护孙中山三大政策!"等口号。

鉴于这次反蒋大会扩大了革命的宣传和影响,中共寿县、凤阳临时县委根据省临委指示继续利用会场,紧接着举行全县第一次党员代表大会。会议传达了党的"八七会议"精神,讨论发展组织、开展武装斗争等问题,并批评纠正邵杰、王济川、洪克杰不同意武装斗争的右倾思想,统一了大家的思想认识。代表们选举产生第一届中共寿县县委:书记王影怀,委员薛卓汉(负责组织)、方贯之(负责宣传)、孙一中(负责军事)、曹广化、石裕鼎、洪克杰。会议做出当前工作任务的决议:(一)开展反对封建势力的宣传和斗争;(二)从斗争中吸收党员,优先发展工农积极分子入党;(三)夺取全县教育机关作为发展党员基地;(四)发展共青团、工会、妇女会、儿童团等群众组织;(五)立即组织暴动。

会后,党员分赴各自所在地,在全县开展揭露土豪劣绅之罪恶的宣传活动,发动组织农民起来开展斗争。由于共产党在人民群众中的影响日益扩大,党的主张逐渐为广大群众所接受。到1928年7月,薛卓汉、史迎宾在史大郢建立中共史大郢特支,辖三个小组,周庆宣任书记。袁育华在正阳发展四人入党,并成立中共正阳独立支部,袁育华任书记。廖家湾、汤王地区由于组织发展较快,分别成立区委,廖运周、王进之分任书记。县委又在凤台高皇寺建立了中共高皇寺特别支部。这一时期,寿县党组织已发展有三个区委、三个特支,党员300余人。

二、中国共产党开展士兵运动和周恩来的指示信

俄国十月革命是以工人和士兵的武装起义为主要形式来实现的。因此,早期受俄国共产党指导的中国共产党也非常重视士兵运动,以图教育改造旧军队进而掌握武装。黄埔军校创办后,寿县党组织积极响应中共中央的号召,选派进步青年报考。在黄埔军校一至七期学员中,有寿县籍学员38人。中共小甸集特支成员和中共淮上中学支部的成员后来大多进入黄埔军校。寿县籍黄埔学生大多参加了北伐战争和南昌起义,有的曾在北洋军阀部队开展士兵运动。南昌起义和广州起义部队失败后,有数十名一至五期的安徽籍黄埔生到达上海找到党组织。他们经过短期培训学习后,大多数回到本省工作,而且主要在国民党柏文蔚、方振武、杨虎城、高桂滋等部从事兵运工作。

据1927年9月27日中共《安徽省临委给中央的报告》称:石寅生(系新编第六军军长,驻颍上,有枪三千)近派代表(系同志)来,表示愿接受我们的宣传,要我们派宣传人员去(我们明知道他是想利用我们,但他真是无路可走),这些事情,我们应当怎样去

做,希示知,并盼兄处能派一懂军事工作的同志来此,以便指挥一切。① 爱国民主人士石寅生一直与共产党人保持联系和友谊,后来为推动抗日民族统一战线做出了贡献。

寿县人柏文蔚是辛亥革命元老,与孙中山、黄兴、李烈钧并称为"孙黄李柏"。柏文蔚在军界资格老,影响大,第三十三军在他领导下发展很快。在蒋介石发动"四一二"反革命政变时,柏文蔚率全军连以上军官联名通电讨伐蒋介石,遭蒋介石疑忌和排斥。1927年秋蒋介石第一次下野后,柏文蔚为发展军事实力,打算仿照黄埔军校的做法,培养军事干部。1928年1月,蒋介石复任国民革命军总司令,柏文蔚被迫辞去第三十三军军长职务,只担任北路宣慰使的空衔,住在上海做寓公。但他仍欲创办学兵团,培养中下级军官,以备东山再起,并到处物色黄埔军校毕业生。恰在这时,寿县籍黄埔一期生孙一中、廖运泽等人在参加南昌起义随军南下失败后来到上海,奉中央军委指示:"军队的干部要去搞兵运。"②廖运泽的父亲廖子宾、叔父廖梓英等人从1905年参加"岳王会"起就一直跟随柏文蔚、常恒芳开展革命活动,并由柏文蔚介绍加入同盟会。因此,廖运泽利用这种世交关系,一到上海就直奔霞飞路柏文蔚的寓所拜见柏文蔚。柏文蔚见到廖运泽很

---

① 中共安徽省委党史工作委员会,安徽省档案馆:《安徽早期党团组织史料选》,内部资料,1987年,第165页。
② 安徽省政协文史资料委员会:《淮上廖氏三兄弟》,北京:中国文史出版社,1990年,第16—17页。

高兴,两人相谈甚欢。谈话间,柏文蔚要廖运泽帮助他创办学兵团,并替他物色军事教育人才。廖运泽考虑这件事正是执行中央军委要求开展兵运指示的好机会,于是当即答应柏文蔚的要求,并向他推荐了孙一中、廖运周、许光达等人(均为共产党员黄埔生)。从柏文蔚家出来后,廖运泽立即与上级党组织取得联系,汇报请示帮助柏文蔚创办学兵团的问题,很快得到中央军委的同意。同时,中共寿县临时县委也向中共安徽省临委报告了这一情况,中共安徽省临委也向中共中央做了汇报请示。

当时,主持中央机关日常工作和军委工作的周恩来高度重视这个问题。1928年12月20日,周恩来化名沈保和,为中央起草致中共安徽省临委的指示信,内容如下:

中央致安徽信①
——关于与柏文蔚谈判办学兵团的问题

硕夫兄并转各同志:

接到安徽临委十一来信,洗不好文终于没有洗清楚,不过大意我们是懂得了。

在军运新的政策指导下,你们来信所提各点,原没有什么大错,但我们有几个不明白的问题须你们切实答复。

1、柏文蔚要我们的同志去办学兵团,是明知这几个同志CP,

---

① 原件存中共档案馆.笔者根据安徽省档案馆复印件辩认并参照《周恩来传》《周恩来年谱》进行核对页。

还是只知他们为得力的左派?

2、假使柏已知他们为CP,他之用他们是否仅因安徽CP无力量不足惧,还是因为这几个CP是他的亲信同乡而可靠?

3、柏办此学兵团,是否以用人招兵全权付给我们同志?

4、学兵团一开办,是否即刻发枪?

5、学兵团开办地址在寿县,寿县的驻防军有几何? 其思想派别及下级兵士成分又如何?

6、广州暴动的教训是不是会给柏以反悔? 假使柏不知我们几个同志是CP,一旦发现了他必立即解决他们。反之,柏知道他们是CP,而又信任他们,但经过广州暴动的教训,恐要立即反悔,万一不驱逐他们,恐也要防备他们,如果这些都不成问题,自然我们要接办起来,但中央仍有以下的话要说:

1、我们同志既公开的为柏所知,则学兵团的团长必须为我们同志,否则难以相处。

2、学兵团一开办即须发枪。

3、学兵团的用人权须要在团长手中。

4、学兵团的成份,须由我们秘密负责介绍,最好多介绍些失学的工农分子及贫苦的知识分子。

5、学兵团的训练计划,团长须有全权规定。

6、卅三军的军官对学兵团之设也须要谅解。

为要实现上述的条件,我们同志对外态度开始工作可慎重点,以求握得实权而不致立即为人所忌遭人排挤。学兵团果真能办成了，中央可派遣一些军事人才给你们。党与团的组织在学兵团中须绝对秘密，并须严分组织以连（区队）为各个单位，彼此间须严禁来往。分至连支部之下各小组亦无须彼此知道。仅小组长与支部书记来往。小组多时，支部书记宜分成几个小组长会议以直接联络之。团以下有两个同营之连支部，便应须一名特派员以指导之。团以下有两个不同营之连支部，便应设团委员会直接指导之。团委员会与特派员连支部之彼此关联均须绝对秘密，并均须以一人为限。连支部设书记一人副书记一人，书记因故不能执行职务时，副书记即应立起代理之。小组长外亦应有一副小组长备充其它。团委员会不得超过三人，直接受省委指挥，其组织系统须经过军事科转到组织科，但政策之决定和指示，必须由省委组织破坏反革命军队委员会计划执行。在现在省委未成立前，此工作如一开始，应由中央巡视员直接予以指导。

且此工作如一开始，即以认清这一暴动是破坏反革命军队的线索，实现土地革命的行为。故这一工作的政策决定和方向指导，必须依照安徽工农发动方针定夺。尤其是寿县区域的农运兵运与此工作有密切关联，以便农暴与军运到相当成熟时可一举而汇合成广大的农暴，广州海陆丰近事便是明证。但这仅是说指导机关在事未暴发前的密切关联。至下层群众在目前须断绝党的系统形迹上的联络，而改为群众公开的联络以影响。又柏部士兵多寿州合肥籍贯，更可图此学兵团而影响军队。

万一学兵团计划不成，而柏仍须要我们同志作军官时，只要能秘密达到以上的目的,我们亦可进去工作。

为洽商这件工作,中央特派史书元兄前来,望宽兄与之接洽为要。

又高桂滋、杨虎臣(城)部有胡伦之行,亦可安插些同志进去做下级军官,进行上述工作,详情可见伦兄的报告。中央派去的人经过芜湖所示者与兄等接洽以受兄等指导。

沈保和(周恩来起草)十二月廿日

为加强对学兵团的联系与指导,周恩来和中央军委不仅先后派特派员史书元、胡萍舟来安徽工作,还陆续派来数十名军事干部(内有10人未能安插进学兵团而回上海)。中共安徽省临委也派人前来联系指导工作。

三、创办北路宣慰使署学兵团

廖运泽在得到中央军委同意后,很快就与孙一中一同到南京太平路第三十三军办事处商洽具体筹办事宜。半个月后,上级党组织又派许光达、孙天放、廖运周、吴勤吾、张威武、叶守成、李坦等黄埔生到南京协助工作,柏文蔚也亲自从上海到南京和他们商量创办学兵团的目的、方法、课程设置等问题。开始,柏文蔚要廖运泽任学兵团团长,柏文蔚接受了廖运泽的建议。对于校址,原先选定在合肥,规划好之后,柏文蔚就带着孙一中、孙天放、廖运泽前往合肥实地勘察。他们经过三天的考察,感觉在合肥建校困难很多,不如在家乡寿县人熟、地熟、条件好,于是他们又决定把校址改到寿县。这样,孙一中、廖运泽、孙天放又立即赶到寿县去选校址、筹办学兵团。①

学兵团以知识青年和学生为主要招收对象,招收办法采取公开招考和地方推荐相结合的方式。廖运周和许光达、李坦、陶秉哲到阜阳招收了100多人,带到寿县。霍邱、合肥等地的中共地下党组织也选派了部分党、团员和进步青年到学兵团学习。柏文蔚经常派人到寿县了解情况,送给经费和训练用的枪支。中央军委还派了特派员胡萍舟到寿县指导和帮助工作。招生文告就是胡萍舟帮助起草的。②

在周恩来的直接指导下,北路宣慰使署学兵团(又称寿县学兵团)于1928年2月6日在寿县城关原寿州公学正式成立,当天召开的成立大会很隆重,第三十三军及寿县各界都派了代表前来祝贺。柏文蔚发枪500多支,拨款三万元,并将寿县烟酒税划归学兵团做教育经费。学兵团由孙一中任团长,孙天放(怀远籍黄

---

① 安徽省政协文史资料委员会:《淮上廖氏三兄弟》,北京:中国文史出版社,1990年,第132页。
② 安徽省政协文史资料委员会:《淮上廖氏三兄弟》,北京:中国文史出版社,1990年,第18页。

埔一期生)任副团长,廖运泽任教育长,廖运周、许光达任教育副官,王积瑄任总队长,薛骞任副总队长。全团有学生504人,设四个中队,中队长分别是吴勤吾、张威武、叶守成、张有余。各中队下设四个区队(相当于排),区队长有李坦、王世华、陶秉哲等等,这些人大多是黄埔军校和农民运动讲习所毕业的共产党员。学兵团从思想教育到军事训练,从课程设置和编组管理,从课堂学习到野外训练都仿照黄埔军校的做法。①

四、学兵团教学和革命活动

学兵团内设立了党、团组织,先是成立中共特支,由薛卓汉、孙一中、曹广化、许光达和廖运周五人组成。特支由中共安徽省临委领导,工作和行动上也受中央军委指挥。经过一个时期的教育培养,又发展了一批党、团员,全团党员发展到120多人。于是成立中共北路宣慰使署学兵团委员会,由孙一中任学兵团党委书记,薛卓汉任副书记,许光达、廖运周等7人为委员。② 为了开展

---

① 安徽省政协文史资料委员会:《淮上廖氏三兄弟》,北京:中国文史出版社,1990年,第18页。

② 中共安徽省委组织部,中共安徽省委党史工作委员会,安徽省档案馆:《中国共产党安徽省组织史资料》,合肥:安徽人民出版社,1996年,第45页。

党的工作,学兵团内的党员配合寿县地下党组织在城内组织了临时工会、学生会,领导了工人、茶房为提高工资而进行的罢工斗争。学兵团的干部大多数是中共党员,所以能完全按照中共宗旨行事,政治教材用肖楚女、恽代英在广州农民运动讲习所的讲稿。学员们军训出操时脚穿草鞋,头戴草帽,整齐的队伍,嘹亮的歌声,昂扬的气势,常常引起城内外百姓争相围观,啧啧称赞。学兵团还组织学员深入农村进行革命宣传,刷写、领呼的口号有"打倒帝国主义!打倒贪官污吏!打倒土豪劣绅!打倒家族观念!"还公开骂军阀张克瑶(原为柏文蔚部下师长,后投靠蒋介石当了第三十三军军长)。因而当时在寿县城乡形成十分浓厚的反蒋、反封建的革命气氛。学兵团白天训练、上课,晚上三五成群外出散发传单,警察看到也不敢过问。在寿县城内的大街小巷、饭馆、茶社,都可以谈论国事,唱革命歌曲。

　　这种革命气势,虽然在万马齐喑、白色恐怖的黑暗时期,起到了一些鼓舞人心的作用,但也带有一定的幼稚和"左"倾情绪。例如,学兵团入学考试题就明显带有偏激倾向。有一道题目是这样的:你的家庭或你的父亲不革命你怎么办?考生如回答"不革命就杀"就给满分,答"断绝关系"的给及格分,而对于答"说服教育"的就不给分。学兵团内经常宣传的是"以赤色恐怖压倒白色恐怖"之类的口号。团部办公室正门两侧的墙壁上有这样一副对联:"革命的请进来,不革命的滚出去!"门楣横批是"破釜沉舟"。当时全国正处于革命低潮时期,这种做法必然引起土豪、军阀们的注意,过早地暴露了自己。

还有一次,寿县各界举行追悼马祥斌大会,第三十三军军长张克瑶主持会议,廖运周代表学兵团发言。廖运周在发言中,用一连串的反问句,赞扬了马祥斌的军队不拉夫、不派款、不住民房的好作风,间接指出了张克瑶部的腐败。廖运周每问一句,台下群众就热烈鼓掌一阵,张克瑶被大大激怒了。他向南京当局告发学兵团里有"赤色分子",说学兵团已被共产党所掌握等等。蒋介石得知后进行干预,向柏文蔚施加压力。[①]

中共安徽省临委还指示孙一中等党员在学兵团结束后,要组织一次武装暴动,把队伍拉到寿县城北四顶山,然后转往大别山打游击。但因为配发的枪支都是只供训练用的破旧枪支,每支枪只发两粒子弹,为了准备暴动,他们就派人到处买枪买子弹,并不断要求上级发枪发子弹。不料有人向南京当局告发学兵团"赤化",已被共产党掌握。柏文蔚在蒋介石的逼迫下,不得不撤去孙一中职务,由国民党员孙伯超接任,并于5月初亲自到寿县对学兵团进行"整顿"。当时学兵团内共产党员对柏文蔚撤掉孙一中的做法不够理解,因此当柏文蔚乘坐小火轮到寿县时,有些人在码头上贴出了"打倒新军阀"的标语;在柏文蔚下榻的原振华女中的大门口,也刷上了"打倒"的字样。廖运泽、廖运周正担心柏文蔚要责罚他们时,柏文蔚却没有发怒,只是询问:你们买子弹干什

---

① 安徽省政协文史资料委员会:《淮上廖氏三兄弟》,北京:中国文史出版社,1990年,第19页。

么？廖运泽回答：为了实弹演习。柏文蔚说：演习也不准多买子弹，一支枪两颗子弹是上级的规定，否则惹起祸来，我麻烦，你们也麻烦。当有坏人煽动柏文蔚抓捕学兵团内的共产党员时，柏文蔚也不为所动，始终未抓一人，还给少数离开的人发了路费。[①] 孙一中离开学兵团后，学兵团党委与中共寿县县委部分成员薛卓汉、孙一中、许光达、廖运周等人在团城子一个党员（一说是孙一中叔父）家里召开联席会议，决定中共党员撤出学兵团，转移到农村，开展农运工作。会后廖运周、许光达、廖运泽等人到廖家湾村，薛卓汉、孙一中到正阳关、黄城一带，王影怀到寿南义成集一带，分别开展党的工作。由于共产党员都离开了学兵团，学员也陆续离开，学兵团已办不下去了，只好解散。寿县学兵团时间办学不长，也没实现中央军委关于分化第三十三军，使学兵团成为中共的武装，配合农民暴动的目标计划，但学兵团扩大了革命影响，推动了当地工运、农运、学运的发展，还发动了第三十三军第一师学兵连在正阳关举行起义，引导了一大批青年走上革命道路。

孙一中、廖运周离开学兵团后，曾受上级党组织的派遣到阜阳一带去处理阜阳"四九"暴动的善后工作，收容失散、负伤的同志，把在中共皖北特委机关工作的周志姬（女，化名胡之光）化装接到寿县，以后转移到外地。

[①] 安徽省政协文史资料委员会：《淮上廖氏三兄弟》，北京：中国文史出版社，1990年，第18—19页，第133页。

五、廖家湾的斗争

不久,廖运泽、廖运周和许光达回到淮河边的廖家湾村。当时正赶上收麦和抢种黄豆的农忙季节,他们打算乘此机会发动村里雇农搞暴动,并得到中共寿县县委的同意。于是他们首先把当地的党员组织起来,成立了中共淮上支部,党员有廖多丰、廖庆寿、钟多友等,加上从学兵团回来的党员共有30人左右。淮上党支部积极开展农民运动,在周围20多个村庄成立了农民协会。为了加强对贫雇农的教育,他们编写了一个宣传提纲,请小学校的教师帮助手抄或油印出来,分发到各农协小组,还请了谢大辫子和秦大辫子两个老雇农现身说法,算账对比,说明长工雇农受剥削的苦处与原因,指明翻身解放的道路。通过宣传教育,许多贫雇农的阶级觉悟有所提高,纷纷与地主展开要求增加工钱的斗争。农民协会公推廖文友等三人为代表,与地主豪绅代表廖运修进行谈判。农民协会提出每个雇农增加三分之一的工钱,但被地主豪绅们拒绝。在淮上党支部和农民协会的领导下,廖家湾以及杨庄、肖郢、大东岗等大小几十个村庄,500多名雇农开始了罢工斗争,声势浩大。淮上党支部还派人到山南、吴山庙等地联系,请他们那里的农民协会给予声援、支持。由于雇农罢工,地主的耕牛无人放牧,家里吃的水也无人给挑,地里的黄豆种不下去,到罢工第十天,地主豪绅不得不答应增加工钱。原学兵团学员刘士华的父亲刘朗清是大地主,刘士华带领雇工与其父讲理,这件事在周围农村影响很大,鼓舞了贫苦农民斗争的勇气。在雇农罢工期间,孙一中曾以中共寿县县委委员的身份到廖家湾住了几天,指导罢工斗争。吴山庙的陶秉哲和山南、凤台的党组织也都派人到廖家湾进行声援和支持,给地主豪绅以很大震慑。但地主豪绅怀恨在心,背地里勾结官府、民团马队来报复镇压,到处抓人。中共寿县县委了解到这个情况,就经常派通讯员余亚南到廖家湾通风报信,传达指示;廖多沂也利用其舅父是寿县政府秘书的关系,一旦探听到民团出动的消息就到廖家湾送信。淮上党支部的党员和农协负责人一知道民团马队要来,立即通知参加罢工的人四散隐蔽,结果民团一个人也没有抓到。地主豪绅们看到民团马队不起作用,害怕罢工继续下去自己的损失更大,只好按照农会的条件给雇农们增加工钱,罢工斗争取得完全胜利。[①]

被斗争的豪绅地主也有廖姓本家,有些长辈议论指责廖运泽、廖运周等人说:"你们革命都革到自己家里来了!"使他们不好意思待在家乡了。而且他们的身份已暴露,廖姓本家长辈互通声气,声称不再掩护、支持他们的活动了,他们只好离开廖家湾。当时,孙一中、孙天放等人已先行去北平投奔第六路军总指挥方振

---

① 安徽省政协文史资料委员会:《淮上廖氏三兄弟》,北京:中国文史出版社,1990年,第20—21页。

武,根据组织上的安排,廖运泽和廖运周、许光达等人也相继离开廖家湾前往北平,到方振武部队继续从事兵运工作。①

学兵团内的共产党员撤离后,多数人继续开展兵运工作,如孙天放任方振武部某师参谋长(后遭国民党通缉而离职回乡、脱党);廖运泽、廖运周在方的总部任参谋,廖运泽不久又回到柏文蔚旧部由原第三十三军第一师改编的新五旅中任营长,后历任团长、旅长、师长、军长等职,解放战争时期曾几番策动国民党部队起义或投诚;而廖运周则长期潜伏在国民党军队,后在淮海战役的关键阶段率一一〇师阵前起义,1955 年被授予少将军衔;孙一中在方振武部待了一段时间后,回上海向中央军委汇报工作,并参加军委参谋工作;许光达随孙一中南下到上海,参加军委训练班,后随孙一中到洪湖地区组建红军,于 1955 年被授予大将军衔。

六、正阳学兵连起义

柏文蔚在寿县筹办学兵团的同时,第三十三军第一师师长袁家声(又名袁子金),在正阳关创办学兵连,连长为袁传壁(又名袁

---

① 安徽省政协文史资料委员会:《淮上廖氏三兄弟》,北京:中国文史出版社,1990 年,第 21 页,第 134 页。

慕如,袁家声之子)。中共党员程锡简(黄埔三期生,凤台人,1924年在上海大学加入中共)、麦连登(军委特派员)等五人分别任学兵连副连长、排长及通讯员,并在学兵连内建立中共学兵连支部,程锡简任书记。

中共安徽省临委指示寿县学兵团配合寿县县委发动农民秋收起义的计划落空后,又指示正阳关学兵连党支部发动全连起义。1928年5月间,省临委看到学兵团情况已发生变化,便通知孙一中传达省临委指示,要程锡简、麦连登秘密与地方党组织取得联系,配合行动,立即组织正阳学兵连起义。当时,程锡简、麦连登等人认为,立即举行起义一没有友军配合,二没有群众响应,仅一连人举行起义,起义目的不明确,条件不具备,所以没有行动。6月,省临委又下令:不管情况如何都要举行起义,以达到对国民党军队瓦解作用,"以赤色恐怖压倒白色恐怖"的目的,并派廖运周到正阳关学兵连传达省临委的指示,帮助学兵连地下党支部指挥学兵连暴动。程锡简、麦连登等党员接到省临委指示后立即行动,恰巧连长袁传壁不在正阳关,程锡简、麦连登和廖运周号召党员在全连开展活动,左右串联,于第六天带着全连打出起义的旗帜,拉出正阳关,向霍邱、叶集方向进军,准备进入大别山。可是起义队伍第三天到达三河尖附近时,遭到敌人包围。由于他们孤军奋战,没有群众支援,给养困难,起义队伍被打散,起义失败。当时国民党政府曾通报正阳学兵连暴动的消息。中共安徽省临委对此很满意,以后程锡简、麦连登到上海汇报工作时,中共

中央给予了口头表扬。

正阳学兵连仓促起义,虽对白色恐怖是一个打击,造成一定的政治影响,但这种毫无胜利希望的起义,使党失去了一支武装力量和隐蔽的革命阵地,确是一个损失。①

中央军委和地方党组织争取或改造第三十三军的工作,虽因安徽省临委"左"倾盲动主义的错误指导而未达到预期目的,但在国民党部队中、在当地群众中扩大了中国共产党的影响,播下了革命的种子。参加学兵团的一些教职员工和学员后来成为革命的骨干,为以后的武装起义和武装斗争打下了基础。

---

① 中共寿县县委党史工委办公室:《寿县革命史》,合肥:安徽人民出版社,1992年,第48—49页。

第五章

寿县瓦埠暴动

一、中共寿县县委改组并发动群众斗争

1928年7月,安徽省临时委员会任命中共寿县县委书记王影怀为安徽省临委秘书(相当于秘书长)。9月23日,王影怀在芜湖被国民党当局逮捕,后被解往安庆,于12月6日在安庆英勇就义。

王影怀离开寿县后,安徽省临委指定王进之、王墨林、陈允常三人负责县委工作。因王进之不接受分工,导致县委

▲ 1928年中共寿县县委书记王影怀

工作流于形式。1928年9月,安徽省临委派巡视员到寿县,在瓦埠小学召开寿县第二次党员代表大会,推选刘启元为县委书记,王进之、王墨林、陈允常等为县委委员,同时决定各区代表回去后,召开会议,整顿组织,吸取教训,纠正过去盲动主义的错误做法。

经过党员同志们的努力,寿县党组织有了进一步发展,薛卓汉、曹练白等在史大郢、团城、保义、堰口一带开展农运工作,并在农协积极分子中发展党员。1928年,中共寿县团城区委、保义区委成立,薛卓汉、曹练白分别任区委书记。这时,寿县全县有5个区委,三个特支,至1928年年底党员人数达400人,接近全省党员总数的三分之一,是全省党员人数最多的一个县[1]。同时建立了保义、团城、汤王三个区农协组织,会员有500多人,还建立了城关、团城、三十铺和瓦埠4个共青团支部。[2]

1929年5月,安徽省临委解散,6月初,中共中央即派巡视员到寿县指导工作。巡视员深入到各区委和基层支部,以召开会议、组织讨论及个别谈话等方式了解情况,指导工作。经过充分准备,寿县党的第四次代表大会于6月28日晚召开。因遇下雨及土匪扰乱,到会代表仅8人,加上县委4人,巡视员一人,旁听

---

[1] 中共安徽省委党史工作委员会,安徽省档案馆.安徽早期党团组织史料选》,1987年,第242页。

[2] 中共寿县县委党史工委办公室:《寿县革命史》,合肥:安徽人民出版社,1992年,第52—53页。

一人,共计 14 人,会议持续进行了两个晚上加一个白天,中间只休息了几小时,至 6 月 30 日凌晨结束。会议由中央巡视员做政治报告,寿县县委做工作报告,会上讨论了政治问题、组织问题和工作问题。大会经过讨论分析,批判了不根据实际条件就准备武装暴动、打入圩户(即大地主村庄)、在圩户建立据点的"左"倾盲动主义,同时整顿了组织,严明了纪律,开除了游移动摇、思想不坚定的阶级异己分子王济川、邵杰等人的党籍。大会改选了县委,选出正式委员 7 人,候补委员两人,曹鼎任书记,方贯之任宣传部部长,张家学任组织部部长,委员有魏发祥、薛卓江、鲁平阶等。寿县县委改选后,县委成员深入到工农群众中,艰苦细致地发动和领导群众进行日常的经济斗争、政治斗争,并逐步走向武装斗争。①

(一)城区学生的组织活动

1928 年,中共寿县县委分别在城关、三十铺、团城、瓦埠建立共青团支部。1929 年下半年中共寿县县委以县初中团小组为主,创建了一个半公开的群众组织——读书会。读书会发展会员,组织学生阅读课外读物,以研究学术为名,宣传马克思主义,灌输革命思想,并散发《中国青年》《白话书信》《呐喊》等进步书刊和文章,引导青年学生投身到革命洪流中来。与此同时,安徽省立第

---

① 中共寿县县委党史工委办公室:《寿县革命史》,合肥:安徽人民出版社,1992 年,第 54 页。

六职业学校的女同学还组织了一个"十姊妹"组织。这个组织是由石秀贤、毕汝训、方怡等人反对封建包办婚姻制度而自发组织起来的。寿县县委为扩大革命力量,争取十姊妹组织的支持,使这个组织的任务转变为一方面宣传封建婚姻制度是束缚女青年的枷锁,启发青年学生为争取婚姻自由而斗争;另一方面引导多数同学阅读左翼作家的书籍杂志,宣传马克思主义,启发阶级觉悟。至1929年底,十姊妹组织发展到20多人。

(二)正阳青年读书会

1930年秋,正阳人李逸生在上海美术专科学校学习,从上海来信说上海左翼作家联盟组织了上海鸣社,鸣社的宗旨是研究普罗文学(即无产阶级文学),并且寄来一份组织简章。于是李孔琴、吴蕴经和易飞虹三人与上海鸣社取得联系,于1930年秋冬之际正式成立上海鸣社正阳分社,有成员10人,负责人是李孔琴。上海鸣社经常寄来进步书刊和材料,正阳分社每次收到材料,都组织传阅。因为上海鸣社正阳分社成员徐绵生的哥哥在邮局工作,上海鸣社寄来的邮件每次都能安全收到,从未发生任何差错。

1930年冬,正阳职业学校教师易飞虹和吴蕴经在上海鸣社正阳分社的基础上,又组织了一个正阳学术研究社,对外称"读书会"。该会吸收了进步的中小学教师和学生十多人,他们学习研究马列主义书籍和刊物。社员平时分散学习,每星期集中一次,联系当时社会现实,讨论交流读书心得,启发觉悟,激发青年反帝

反封建的热情。

1932年5月,红军第二十五军攻占正阳,上海鸣社正阳分社及读书会成员因积极帮助红军收集和提供情报而暴露身份。红军撤离正阳后,上海鸣社正阳分社及读书会成员离开正阳,两个组织停止活动。①

(三)三觉农民揭竿而起

1929年,寿县春荒严重,加上军阀连年混战,捐税苛重,民不聊生。农民权广义因不满豪绅地主的剥削压迫,在家乡寿县三觉寺组织起队伍,劫富济贫。后来他们逐渐沦为土匪,活动于寿县三觉寺到六安东南乡一带。权广义曾受共产党人的影响,历来与共产党人表示友好,1930年4月中旬,中共六安中心县委派人前往权广义部,商谈收编事宜。权广义表示非常欢喜,并向白军采取攻势,在孙家岗同国民党军激战。中共六安中心县委以中国工农红军第一军东路指挥部的名义,收编他们为工农革命军第三十五师,共一千多人和枪,委任权广义为师长。不久,权广义率部第一次攻打有国民党重兵驻守的六安城,守城的敌军迎击于城北十五里墩到二十里铺地带,权广义指挥全师与他们激战一天,伤亡

---

① 中共寿县县委党史工委办公室:《寿县革命史》,合肥:安徽人民出版社,1992年,第57—58页。

较重,于是率余部撤出战斗。① 权广义部虽然失败,但在短期内配合了皖西红军的战斗,打击了国民党反动派。权广义部众后来进一步分化,大部分转而参加了革命。

(四)史大郢党组织领导群众斗争

1929年3月,中共寿县县委书记刘启元等人在团城小学召开会议,传达安徽省临委工作指示,即迅速发展组织、扩大力量,加强对薄弱地区的指导,利用各种形式开展对敌斗争。会议最后决定,利用五一国际劳动节公开集会,进行抗捐抗税,揭发国民党反动政府及地主豪绅剥削压迫劳动群众的罪恶,启发劳动群众团结起来与地主豪绅做斗争。

1929年5月1日,中共寿县县委成员在苏王坝、汪家茶庵等地分别召开群众大会。会上宣讲了五一劳动节的来历,介绍了苏联劳动人民当家做主的幸福生活,剖析了中国人民受剥削受压迫的根源。大会号召劳动人民团结起来,勇敢斗争,推翻地主豪绅的统治。

1929年秋天,中共史大郢党组织在团城小学召开会议,研究发动佃农、雇农开展减租减息,提高工资、改善生活的斗争。会后,史大郢党支部书记周庆宣、委员史开顺召开佃农积极分子会

---

① 中共六安地委党史工作委员会:《皖西革命史》,合肥:安徽人民出版社,1987年,第101—102页。

议,统一思想和斗争策略,想出各种办法同地主做斗争。经过半个月的斗争,地主史玉生便找到当时很有威望的史大郢小学校长、联庄会会长史载选(中共党员)出面调解。最终地主做出了让步:对佃农实行二八减租,雇农工资增加三成,伙食由每天二稀一干改为二干一稀,农忙时外加傍晚一餐,佃雇农斗争取得初步胜利。①

(五)茶庵农民抢平粜粮斗争

平粜粮本是救济饥民之用,但1930年春荒之时,国民党平粜局伙同地方豪绅共同将平粜粮转为贩卖粮,中饱私囊,因而激起广大农民的愤恨。

中共寿县县委为了扩大党的影响,决定乘机发动农民夺取国民党县政府平粜局存放在茶庵集古庙中的粮食,并事先对这次夺粮斗争作了周密布置:首先,号召附近农民向平粜局借粮,如不借,即实行抢粮。其次,在抢粮时将平粜局职员全体拘留,派人监视,不许走漏消息。最后,动员全体群众速将所抢之粮运走,并以赤卫队掩护。② 中共寿县县委预计这次斗争完全可以取得胜利,不料茶庵党支部未能按照上级指示执行,在发动抢粮斗争时没有

---

① 中共寿县县委党史工委办公室:《寿县革命史》,合肥:安徽人民出版社,1992年,第59—60页。
② 中央档案馆,安徽省档案馆:《安徽革命历史文件汇集·第四册(上)》,合肥:安徽省出版总社,1988年,第275页。

及时报告区委和县委,致使一名平巢局职员逃走,并报告国民党县常备队。当茶庵集附近几百农民从四面八方涌向古庙抢粮时,国民党县常备队突然赶到,结果农民粮食未抢到,反被逮捕三人。后经寿县党组织多方营救,三人最后才被放出。这次抢粮失败后,党组织认识到自身的弱点,决定在以后的斗争中吸取教训。

(六)正阳关木工罢工斗争

1928年春,中共党员袁育华来到正阳两等学校(即完全小学)教书。他到校后,经过考察、教育和培养,秘密发展了几名党员,于同年夏建立正阳独立党支部。党组织成立后,就在学校公开办了一个工人夜校,有50多人参加学习(主要是木工)。夜校表面上教工人识字学文化,实际上对工人进行阶级教育,灌输革命思想,使他们认识到工人是受资本家剥削的,要同剥削者做斗争。经过一段时间的教育,工人的政治觉悟有了提高,正阳支部党组织于是在1928年冬季发动了一次木业工人的罢工斗争。党组织帮助工人研究制订了斗争计划。一、决定把资本家谢维成作为重点斗争对象,因为谢家资本最大,外地订货最多,他在同行中是说一不二的人物。二、斗争分三步:第一步首先向资方提出增加工资、改善生活、补助衣物等条件;第二步实行罢工,停止生产;第三步对谢维成进行威吓,向他施加压力。

在发动罢工时,选定阶级觉悟比较高的李玉和为工人代表,与资方谈判。工人的条件提出后,谢维成便鼓动所有店主都不得答应工人提出的要求,于是工人一致罢工。罢工持续了半个月,资方觉得损失很大,尤其谢家损失更大,顾客纷纷前来催促交货。从而迫使谢维成等资方不得不答应工人提出的要求。木业工人取得斗争胜利后,帮工的工资增加二成,学徒工每月发给剃头、洗澡费,伙食也得到了改善。

因正阳是皖北重镇,水陆交通要道,正阳木工罢工斗争的胜利,对周围地区影响较大。1929 年 5 月,上、下窑煤矿的机器工人自动发起要求以加工资、减工时为目标的罢工斗争,并取得胜利。中共小甸集支部经过充分酝酿,于 1931 年春,组织了二十多名店员工人,向曹子须等店主提出增加工资的要求,罢工罢市两天后,斗争也获胜利。[①]

二、县委对武装斗争的准备

轰轰烈烈的大革命失败后,寿县在外地从事革命活动的中共党员陆续回到家乡,他们深入到学校、农村,组织发展学生会、农民协会等群众组织,恢复发展党的基层组织。经过几年艰苦细致的工作,1930 年,中共寿县县委遵照中共六安中心县委的指示,决

[①] 中共寿县县委党史工委办公室:《寿县革命史》,合肥:安徽人民出版社,1992 年,第 60—61 页。

定在寿县积极开展游击战争,扩大苏区外围斗争,在大别山外围牵制敌人,支援皖西苏区,把保卫苏区作为党的中心工作。

(一)县委两次扩大会议

1929年10月,中共中央巡视员方英(原名方运炽)在皖西指导完工作回到家乡寿县巡视工作,对中共寿县县委进行部分改组。为配合六安、霍山等武装起义,方英对中共寿县县委做出两点指示:一、做宣传鼓动工作,开展日常斗争,发动群众运动;二、筹集枪支和选派干部支援六安、霍山等地区武装斗争。中共寿县党组织遵照指示,先后派出军事干部20余人到皖西地区开展军事工作,为鄂豫皖苏区的创建做出了贡献。

1930年3月,中共寿县县委为解决过去工作中的问题和确定今后工作方针,召开了各级负责同志和活动分子扩大会议。会议分析了形势,讨论了工作任务,做出了政治、经济、宣传、组织、军事等问题决议案,对过去工作中的缺点,进行了深刻批评。大会撤销了方绵良的县委委员职务,增选薛卓汉为县委委员并负责青运工作。

同年5月,中共六安中心县委派原第三十三师第一〇六团党代表杨盟山和红军中央独立第一师副师长薛骞(薛骞自述曾任六安中心县委兵委委员)回寿县扩大武装,开展游击战争,计划组建第一〇八团。他们到小甸集与中共寿县县委书记曹鼎接洽,并说明任务。不久,中共寿县县委在上奠寺小学召开县委扩大会议,到会代表有 30 多人。曹鼎作中共寿县党组织情况的报告,杨盟山做政治报告,传达中共六安中心县委关于保卫苏区、巩固苏区、扩大苏区、发动外围武装斗争,随时准备武装暴动的指示精神。大会做出三项决议:一、发动群众进行经济斗争和政治斗争;二、对意志不坚的青年提出批评,同时鼓励先进。三、每个区委都要准备好一切工作,以便伺机暴动;会议对中共寿县县委进行改组,曹鼎仍任书记,杨盟山任组织部部长,方贯之任宣传部部长,委员有杨玉掌、魏发祥、薛卓汉、史开顺等。

这两次扩大会议都对中央军委巡视员朱瑞和中共六安中心县委的指示进行了认真充分的讨论,决定在寿县开展武装斗争,并分准备阶段和发动阶段两步进行,做了如下工作:1. 健全军委组织。2. 加紧军事训练。3. 组织军事训练委员会。4. 对全县军事干部同志的统计。5. 全县武装数量的调查和统计。6. 派同志到常备队和警备营当兵做军运工作。7. 成立特务委员会。8. 派同志到土匪中工作,分化土匪的群众到党的方面来。9. 调查同志的家庭武装。10. 夺取红枪会的领导权。11. 加紧特务工作扩大武装,组织成为游击队。12. 让有经济能力的同志捐款买枪。①

接着,在中共寿县县委常委会上,指定五位忠实勇敢的同志组成特务委员会,同时成立特务队。特务委员会对上直接受军委

---

① 1930 年 8 月 10 日《寿县县委给六安中心县委的报告》,见中央档案馆,安徽省档案馆:《安徽革命历史文件汇集·第四册(上)》,合肥:安徽省出版总社,1987 年,第 259 页。

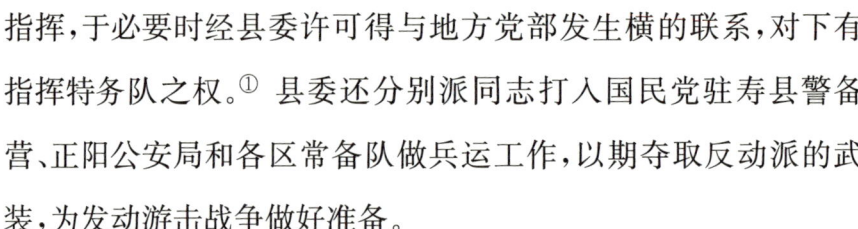

指挥，于必要时经县委许可得与地方党部发生横的联系，对下有指挥特务队之权。① 县委还分别派同志打入国民党驻寿县警备营、正阳公安局和各区常备队做兵运工作，以期夺取反动派的武装，为发动游击战争做好准备。

1929年11月，中央巡视员方英指导发动六安、霍山起义，中共寿县党组织积极响应，选派一些军事干部到皖西工作，还发动一批武装人员到皖西支援起义。这批武装人员在小甸集会合后，编成一个排，由曹济堂任排长。武装排随即向皖西山区出发，南下途经肥西赵老庙时，遭遇国民党军队的堵截，曹济堂在战斗中牺牲，其余人员分散回家，他们后来又分别参加了寿县游击小组和游击队的活动。

当时，在国民党反动派对大别山苏区实行严密的经济、军事封锁情况下，寿县是大别山苏区通向白区和上海的重要通道。1929年冬，中共中央在安徽设立一个交通中站，在寿县正阳关设立一个交通分站，李乐天任分站长。李乐天在正阳关南大街马家行租用一间房子，开了一个香烟铺，作为分站的联络处。正阳关交通分站的主要任务：一是为中央和大别山苏区搜集皖北地区的军事、政治、经济情报；二是为中央和大别山苏区之间传递文件、转运物资，接应和护送来往人员。

---

① 1930年8月10日《寿县县委给六安中心县委的报告》，见中央档案馆，安徽省档案馆：《安徽革命历史文件汇集·第四册(上)》，合肥：安徽省出版总社，1988年，第263页。

皖西和大别山革命根据地建立后,国民党在苏区和白区的交界线驻防大批军队,并设置密如蛛网的盘查哨。党组织派往苏区的交通员进不去,出不来。在这种情形下,正阳关交通分站的同志们想方设法打开通道,打破封锁。恰巧,1928年跟随孙一中、廖运泽打入国民党第三十三军学兵团的一部分同志,这时又打入国民党独立第四十旅宋世科部任职,大多集中在廖运泽的团部,驻扎在霍邱县南部,与苏区隔河相峙。正阳关交通分站通过党组织系统,与打入宋世科部的同志进行联系和配合,取得合法出入证件,每次派交通员到苏区,中途都在他们那里歇脚,取得通行证件,顺利通过国民党军的封锁线进入苏区。通过正阳关交通分站,党中央和大别山苏区之间的大量文件、情报和人员、物资得以传递和输送。1931年春,鄂豫皖苏区领导人沈泽民、张琴秋夫妇和电台人员宋侃夫等分别从上海转浦口,先乘坐津浦铁路火车到蚌埠,再乘轮船沿淮河到正阳关,再由正阳关交通分站接应,并被护送到大别山根据地。

1932年5月,中共皖北中心县委宣传部部长斐济华向正阳关交通分站透露了国民党第十一军即将到正阳关驻防,目的是控制正阳关的大批食盐、布匹和药品等物资的消息。站长李乐天当即向中共中央和红四方面军传递了这个情报。红四方面军接到这一情报后,决定抢在国民党军队到达之前,攻取正阳关。5月11日,红二十五军军长旷继勋率七十三师从六安晁大巷出发,冒着大雨急行军,先头部队赶到马头集后连夜乘船,顺淠河而下,于第二天早晨到达正阳关。红军尖兵连一百多人有的化装成挑柴的、卖菜的、卖鸡蛋的，有的装成逃难的，混在群众中进入正阳关镇内，出其不意地夺取敌人的三挺重机枪，与镇外的红军大部队里应外合，迅速攻占正阳关。当时红军刚取得苏家埠大捷，士气高涨；而正阳关的守敌闻风而逃，连夜逃往蚌埠等地，只留下一个营封锁河面，虚张声势。战斗只进行了几分钟就结束了，红军未伤一兵一卒，就占领了正阳关①。红二十五军顺利入镇，军部暂驻正阳关福音堂。

红军进驻正阳后，首先贴出《鄂豫皖苏维埃政府、中国工农红军第四方面军二十五军七十三师联合布告》：此次本军北上，所到之处，望风披靡，人民拥护，秋毫无犯，鸡犬不惊。公买公卖，分富济贫。有顽抗者，以军法从治……正阳关解放的消息迅速传到寿县各地，周围几十里的劳苦大众奔走相告，闻讯赶来。红军政治工作人员召集当时上海鸣社正阳分社的李孔琴等人，要求他们把地主豪绅、资本家名单造一名册。这天，镇上的居民，四乡的农民，水上的船民，以及淮北的灾民纷纷拥来，红军在火神庙召开了民众大会，宣传红军的政策和纪律，号召民众拥苏拥红，揭露帝国主义侵略和国民党政府屈辱妥协的罪行，控诉土豪劣绅剥削人民的罪恶，动员群众参加红军。会后，在红军的组织和支持下，一支支打土豪的群众队伍拥向街头，他们首先拥向荣升、裕丰等十余

---

① 皖西革命斗争史编写组：《皖西革命回忆录·第二次国内革命战争时期（上卷）》，合肥：安徽人民出版社，1980年，第258—262页。

家粮行,把上百万石粮食分给了缺衣少食的群众。接着打土豪队伍又到周围农村斗地主,打恶霸,开仓分粮。在红军的宣传发动下,正阳关以东农村组织游击队人数达数百人。经中共皖北中心县委批准,由中共寿县中心县委组织部部长曹广化率领,数百名青年参加了红军,随红军第二十五军到了苏区。1932年5月13日下午,红军第二十五军撤离正阳关时,当地党组织和人民群众为了支援苏区的革命斗争,把没收的食盐、药品、布匹、粮食等物资装了30多船,沿淮而上,开往苏区。人们敲锣打鼓欢送红军。①

红军第二十五军攻占正阳关意义重大,不仅缴获了敌人大批物资,增强了红军战斗力,而且皖西革命根据地因此向东北得到发展,成为鄂豫皖苏区进入鼎盛时期的一个标志。它的政治影响,越过淮河,扩展到颖上、凤台、阜阳等地,促进了寿县和皖北地区的革命斗争,动摇了国民党的反动统治。

(二)群众组织迅速发展

在中共寿县县委两次扩大会议决议的指引下,在大别山红军不断胜利的鼓舞下,县委扩大会议结束后,与会人员分头深入城乡群众,把县委决议迅速传达到全县党员和农民协会中,启发和领导工农群众,把减租减息、提高工资、反对苛捐杂税的日常经济斗争与反帝国主义、反封建主义、反军阀战争的政治斗争结合起

---

① 中共寿县县委党史办公室:《寿县革命史话》,合肥:黄山书社,1995年,第15—16页。

来，使广大劳苦大众紧密地团结在共产党的周围。

中共寿县县委利用三一八惨案、五一国际劳动节、五三惨案、五卅惨案、八一南昌起义、十月革命节、广州暴动等纪念日先后在小甸集、杨庙等地公开组织千人以上的群众大会和示威游行。中共寿县县委经常发表宣言、文告，张贴标语，散发传单，号召工农起来打倒帝国主义、打倒土豪劣绅、打倒军阀，推翻国民党反动政府，从而使寿县群众性的革命活动轰轰烈烈地开展起来，群众组织也不断壮大。全县农民协会分会由9个发展到100个，人数由100余人发展到四五千人；全县有两个学生联合会，会员有300余人；有两个区教师联合会，会员有四五十人；有三个妇女分协会，会员有三四十人；还成立了店员工会、码头工会、寿凤怀互济会、寿凤怀小学教师联合会；另外，受党影响的农民武装有步枪六七十支、红缨枪三四百支。①

随着寿县群众斗争热情的日益高涨和党组织公开活动的频繁，统治阶级也加紧了对人民的防范和压迫，阶级矛盾达到白热化程度，最终导致了农民武装暴动。

---

① 中共寿县县委党史工委办公室：《寿县革命史》，合肥：安徽人民出版社，1992年，第64页。

三、瓦埠暴动

瓦埠，位于安徽省寿县东南乡瓦埠湖畔。这里的人民有着反帝反封建斗争的优良革命传统，早在1922年就是有二三名党员的组织。1923年，安徽省最早的党组织——中共寿县小甸集特支，就在这里建立，到1931年，瓦埠地区的党组织已经发展为13个党支部，并有农协会、妇女会、儿童团等群众组织。由于受尽统治者的压迫和剥削，寿县人民不断向反动当局和地主豪绅进行抗捐、抗税、反饥饿、反压迫、田野抢粮等一系列的斗争。同时瓦埠又是多灾地区，素有"三年干，三年淹，三年蝗虫遮满天"之说，自然灾害连年不断，人民极端贫困。封建统治阶级不但不体恤人民疾苦，反而加剧对人民的掠夺，千方百计地鱼肉人民，人民对他们恨之入骨。同时，瓦埠是大别山苏区的外围，苏区红军捷报频传，极大地鼓舞了瓦埠湖畔人民的革命热情。因此，这里的革命运动处于一触即发之势。

（一）中共皖北中心县委成立

中共中央为了加强对毗邻鄂豫皖苏区周围工作的领导，广泛发动游击战争，决定分别在寿县和合肥成立皖北、皖西两个中心

县委。

1931年3月,中共中央巡视员方英在寿县上奠寺组织召开中共寿县、凤台、阜阳三县党的联席会议,传达中共六届四中全会精神;根据党的中心任务,利用寿县控扼长淮、接近津浦、毗邻苏区、夺取寿县就能控制皖北的特殊地理位置,决定适时在寿县发动武装斗争,扩大苏区外围斗争。会上成立了中共皖北中心县委(也称寿县中心县委),选举李乐天为书记,姚万彬为组织部部长,曹鼎为宣传部部长,方贯之为秘书。寿县中心县委机关设在寿县正阳关,指导寿县、凤台、霍邱(非苏区部分)等9县工作,后又增加指导涡阳、蒙城两县工作。4月,中共皖西北特区委员会成立,中心县委隶属皖西北特区委员会领导。

皖北中心县委成立后,撤销寿县县委,寿县党组织直属中心县委领导,辖瓦埠、保义、堰口、史大郢、城关5个区委,有党员300余人,农协会员3400余人,武装有100余枪,成分多半是农民,游疑分子不多,战斗时很勇敢。①

(二)瓦埠暴动的起因和准备

1931年3月28日,在中共皖北中心县委成立会议即将结束之际,中共瓦埠支部书记王汉平报告说国民党寿县县长将于29

---

① 方英:《巡视员中林关于皖北工作给中央的报告》,见中央档案馆:《安徽省档案馆.安徽革命历史文件汇集·第二册》,合肥:安徽省出版总社,1987年,第460页。

日带领七八十军警到瓦埠,准备在瓦埠镇设立地主武装的指挥据点——联防局,扶植邵杰任联防局局长。得到消息后,方英连夜召开县区干部联席会议,经过反复研究、分析形势,大家一致认为这是夺取武装、发动游击斗争的好机会。方英根据当时客观形势后,认为:首先,在寿县及正阳关一带都没有正规的国民党军队;其次,统治阶级——地主豪绅没有团结而甚有矛盾;再次,我们有广大群众支持;最后,邻县定远也要发动武装斗争。但有的代表持反对意见,理由是:首先,党在群众中的工作没有真正的力量和基础;其次,没有很好的准备,突然决定发动武装斗争夺取敌人武装是困难的。方英立即指出,发动武装斗争是国际路线所指示的中心任务,我们要坚决执行。又有代表提出:要估计阶级力量对比,如果不按照客观实际办事,是否重复立三路线错误?方英回答,他是在中央反对立三路线最坚决的一个,这不成问题。当时也有代表认为缴国民党县政府的枪是可能的,理由是国民党县政府的军警人地生疏,我们则对人地熟悉。经过激烈争论,会议最后做出以下四项决议:一、凡家中有枪的同志,把枪带来,没有枪的要利用一切社会关系借枪;二、在国民党县长到来之前,所有参加武装行动的人员必须秘密携带武器在瓦埠街泰山庙附近集中,国民党县政府武装到达时,立即解除其武装,随即夺取瓦埠镇附近地主豪绅的武装;三、成立行动委员会,任命曹鼎为书记,杨盟山、魏发祥、薛骞为委员,因薛骞是黄埔三期学生,曾在六安、霍山苏区担任过红军中央独立第一师副师长,故被任命为这次军事行

动的指挥;四、动员戚连雨参加暴动,因戚连雨家虽较富,有一二十支枪自卫,但受到当地的大地主豪绅的欺压。

(三)瓦埠暴动经过

1931年3月29日上午,前来参加武装行动的人员均按约定秘密携带枪支陆续到达指定地点——泰山庙。然而,这时情况发生意外变化,国民党县长张相昆没有来,来的是国民党双庙区区长路奎汉带领的地方常备队30多人枪,由叛变分子邵杰作向导,住在瓦埠东街黄子元饭店里,士兵们都将枪支挂在墙壁上,肆意到街上和瓦埠湖边游逛。因这批人大都是本地人,同样熟悉本地情况,武装行动领导成员中有的主张以后再发动群众夺取枪支。方英坚决反对这种主张,认为等待以后再去干的想法是消极等待主义。既然已经决定发动武装斗争,就不管如何都要去干。方英决定先擒国民党双庙区区长路奎汉,缴他的枪,再缴附近地主豪绅的枪。

3月29日深夜,武装队伍从四面八方云集泰山庙,他们将短枪藏在怀里,长枪藏在秫秸捆里。但由于负责军事指挥的薛骞贪生怕死,临阵惧怯,迟迟不行动,给叛徒方策(原是共青团员)可乘之机,方策把机密泄露给他父亲方振九(当时为地主),方振九又传给土豪李迪甫,李迪甫又报告给路奎汉、邵杰等人。路奎汉等人接到报告后,立即从黄子元饭店后门溜走,沿着干涸的瓦埠湖逃往县城。游击队追之不及,于是行动委员会又在泰山庙重新开会研究,产生了两种意见。一种意见是既然路奎汉等已跑掉,我方力量不足,应该解散回家;另一种意见认为,敌人已经知道我们的行动,我们不打他们,他们也要打我们。后一种意见较为强烈。最后方英认为,现在已有较好的群众基础,而且也集中了一部分人、枪,群众要求迫切,因此决定以瓦埠为根据地举行农民暴动。同时,对军事机构进行调整,撤销游移动摇分子薛骞的军事指挥职务,将参加暴动的群众骨干组建成皖北红军游击大队,由方和平任大队长,宋天觉任副大队长,曹鼎任政委,魏发祥任参谋长。游击大队下设三个中队,戚连雨、曹广海、杨守先、马实等为中队干部,中共寿县中心县委领导李乐天、方贯之等到保义、堰口、史大郢等地发动群众,准备策应暴动。

由于瓦埠暴动发生在寿县东南乡的重镇和商业、盐业集散地,同时这里又是地主豪绅集中的地方,他们都拥有较好的枪支和充足的弹药,在此举行暴动,是符合当时党中央"夺取敌人武装,武装自己"的指示精神的。①

1931年3月30日凌晨,参加暴动的农民1000多人,拥向瓦埠街,在望春园饭店门前竖起绣有镰刀斧头的红旗,宣布暴动开始。上午,游击大队三个中队分头逮捕地主豪绅黄洁成、黄四先等10多人。接着,游击大队又分头到附近农村,逮捕了地主豪绅方振九、方子敬、方其三等人。周围乡村的地主豪绅闻风丧胆,方

---

① 马实:《回忆瓦埠暴动》,见中共寿县县委党史办公室:《寿县革命回忆录》,合肥:安徽人民出版社,1989年,第40页。

家老圩、张家祠堂的地主豪绅都纷纷主动前来缴械。31日,地主杨甫成见游击队进村,不敢开门,从窗口把枪支丢了出来。在这次行动中,游击队共缴长枪100多支,短枪30多支。后来由于敌人反扑,将游击队包围,为了缓和矛盾,游击队把逮捕的地主豪绅全部释放。

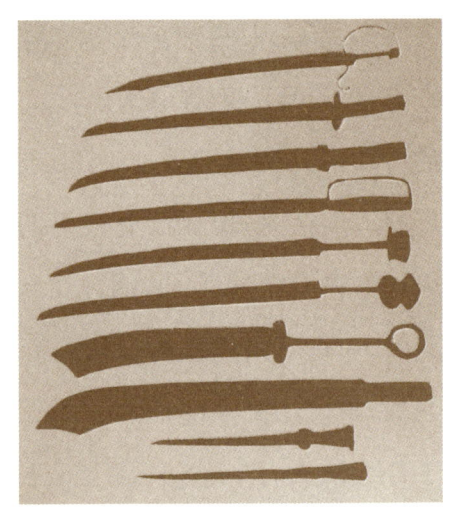

▲ 瓦埠暴动时农民使用的部分大刀

1931年3月31日早晨,党组织和游击队发动瓦埠周围方圆20余里的3000多群众,扒掉方小楼地主粮食200余石(4万余斤)。由于方小楼是大地主集中居住的场所,当地农民怕扒粮后遭到报复,因而附近的农民几乎都没有参加,扒粮的群众都是远道而来的贫苦百姓。方英看到群众的经济斗争情绪高涨,扒粮斗争取得初步胜利,群众很高兴,决定继续扒粮。他还号召群众扒自己家的粮食,他自家的粮食也全部充作游击队的军粮。当天,方和平带领游击队百余名队员(此时扒粮群众都已散去)前往北瓦房缴枪时,恰有杨家庙联庄会副会长郑孟杰的弟弟——人称"二会长"在北瓦房亲戚家里。"二会长"怀疑游击队是去逮捕他的,他一面鼓动该村地主聚众反抗,一面派人送信给杨家庙联庄会会长张焕亭和他哥哥郑孟杰,要他们集结武装前来救援。

1931年4月,杨家庙、双庙集、邵店等地的联庄会纠集地主武装1000多人,气势汹汹地来到瓦埠街攻打游击队,瓦埠街附近的地主豪绅也纠集了500多人参加联庄会,联合攻打游击队。在紧要关头,方和平命令戚连雨和马实率第一中队前往张嘴孜阻击双庙集王辅臣的联庄会。戚连雨是个沉着、勇敢、机智而又有实战经验的人,他和马实率队迅速到达指定地点,指挥战士占领有利地形,抢做几个临时隐蔽的工事以便防御,多次打退优势敌人的进攻。这时,固守在瓦埠方小楼、小王郢等地的起义人员和第二、三中队遭到张焕庭、郑孟杰联庄会和瓦埠一带地主武装的联合围攻,形势更加严峻。因敌我力量悬殊太大,中共皖北中心寿县中心县委决定让游击队连夜撤离瓦埠街,向张嘴孜转移,要第一中队配合。游击大队占领了张嘴孜一带塘圈、古堆丘和新圩三个大圩子,地主武装又跟踪包围了这三个圩子。此时,国民党县长张相昆和县自卫大队长袁少义带领县大队也赶到张嘴孜,他们和地主武装联庄会将游击队严密包围起来,双方进行了激烈的战斗。敌人依仗人多枪多,轮番进攻。游击大队虽力量单薄,但顽强抵抗,昼夜坚守在三面环水的张嘴孜,顽强奋战,打退敌人的多次进攻。终因敌众我寡,游击大队虽多次突围,但未能成功。①

　　此时,中央巡视员方英已离开瓦埠,到皖西苏区去了。在游击大队处于生死存亡的紧要关头,中共瓦埠区委在鲁城召开紧急

---

① 马实:《回忆瓦埠暴动》,见中共寿县县委党史办公室:《寿县革命回忆录》,合肥:安徽人民出版社,1989年,第40—42页。

会议,决定利用私人关系向开明地主曹云峰等人借枪,以配合游击大队突围。经过多方努力,中共瓦埠区委借来20余支枪、2000余发子弹,由曹仙度、宋德渊等率领几十人,打着"小甸集联庄会"的旗号,前往张嘴孜佯装攻打游击大队,占领张嘴孜以东有利地形,以掩护游击大队夜间从此处突围。计划由宋德渊送信通知游击大队负责人,约定在傍晚时分从东方突围,突围口有一根最高旗杆,旗帜上写有"小甸集联庄会"字样。游击队员突围后化整为零,各回原地。不料宋德渊在送信的途中被敌人发现捉住,虽遭严刑拷打,但他始终没有暴露秘密,并妥善处理了秘密信件。敌人查不出证据,便放了他。接着,中共瓦埠区委又派曹云峙化装成货郎与游击队取得了联系。按照计划,在中共瓦埠区委周密配合下,游击大队乘黑夜顺利突围出来,但是第一中队队长戚连雨带领的17名游击队员为掩护游击大队转移而英勇牺牲。游击大队突围后,敌人恼羞成怒,放火烧毁了张嘴孜一带几个村庄的数百间民房,并将中队长戚连雨的头颅割下示众。寿县历史上著名的瓦埠暴动就这样结束了。

(四)暴动的教训和意义

瓦埠暴动后,中共寿县中心县委于1931年4月12日召开了寿县各区委、特支书记联合会议,分析了瓦埠暴动失败的原因,总结了经验教训。中共中央先后派巡视员柯庆施、吴伯孚、陈文及皖西北特委巡视员刘东生来寿县检查工作,并召开会议,对瓦埠暴动失败的经验教训及意义进行了全面分析与总结,会议达成共识:根据当时党的中心任务,发动非苏区的游击战争,实行拥护苏维埃和红军,支援鄂豫皖苏区红军第二次反"围剿"斗争,发动瓦埠暴动在原则上是对的。至于后来失败的原因主要有五点:第一,没有从地理环境和基本条件出发,一味强调贯彻"国际路线",犯了教条主义的错误。再者,在扒粮分粮斗争取得胜利之后,本应乘胜前进,向其他地方转移,却一直击而不游,结果形成被包围的局面。第二,准备工作不够充分。比如没有做好宣传鼓动和组织工作,仅仅号召群众扒粮分粮,没有强调政治斗争的重要性。扒粮群众缺乏秩序,听说扒粮,一哄而来,见到敌人,一哄而散。造成游击队没有群众掩护,单独抵抗敌人。在游击队内部,也未充分做好思想教育工作,未经严格训练,游击大队临时组成,拉起来就干,意志不统一,行动不一致,因而战斗力不强。第三,对敌过右,把逮捕的地主豪绅全部释放,幻想以此来缓和敌人的进攻,结果反使他们回去集结武装向游击队进攻;第四,对参加暴动人员审查不严,导致少数不良分子向敌人通风报信,泄露了机密,而使敌人潜逃,导致暴动计划落空。第五,战斗形势紧张之时,最高指导者方英却离开瓦埠,影响了暴动队伍的战斗信心,挫伤了锐气,使暴动队伍作战茫无头绪。

轰轰烈烈的瓦埠暴动虽然在敌人优势力量进攻下失败了,但它在政治上、军事上和寿县历史上具有深远的影响和重要意义,为皖北革命史谱写了光辉的一页。这次暴动吸引了敌人的一部分兵力,有力地配合了鄂豫皖苏区红军第二次反"围剿"斗争,打击了封建地主武装势力,同时也锻炼和考验了人民群众,消除了他们原来对所谓"开明士绅"的幻想。这次暴动是寿县革命由经济斗争发展为政治武装斗争的转折点,揭开了寿县武装斗争的序幕,使劳动人民认识到以革命武装打倒反革命武装的重要性,培养了一批土生土长的军事骨干,寿县革命武装屡伏屡起,革命力量不断发展壮大。从此,寿县这支游击武装在共产党人的领导下,转战皖中和皖西北,成为一支使敌人闻风丧胆的有生力量。

四、寿县红军游击队的诞生与初期活动

国民党南京政府建立后,不断加强对寿县的统治和控制,加重对广大劳动人民的剥削和压迫,在各区乡建立由地主豪绅把持的政权和武装组织。寿县乡间地主阶级势力非常雄厚,不少大地主有枪械数百支,并且雇用打手,编练圩勇、联庄会来保护地主阶级的利益。与此同时,当时匪患问题严重。据 1929 年中共中央巡视员报告称:寿县土匪之多,几乎遍地都是,大股土匪有枪四五百,人数千,小股土匪也有枪二三百,人数百。此外,零散的土匪各处皆是,他们集股横行,拥戴一个大股土匪为领袖,到各集、村、庄、圩子里劫掠。股多的土匪领袖,很多是地主豪绅。所以,有时

军队来了,匪首避居地主豪绅家里,就可万无一失。在官府和地主豪绅的压迫、剥削下,在土匪的掠夺下,寿县广大劳动人民陷入极端困境,终年挣扎在死亡线上。当时有一首歌谣:饿死不如拼掉吧,团结起来力量大,打倒地主和恶霸,穷人好把粮食扒。割掉头,碗大疤,吃了羊肉随它发。中共寿县县委看到群众的斗争情绪高涨,就积极引导群众建立自己的武装同国民党反动派进行斗争。

寿县党组织很早就重视武装斗争,大革命时期就选派党员开展士兵运动,联络、争取各种武装力量,从中进行教育、改造工作。大革命失败后,寿县党组织在瓦埠湖以东地区一直掌握着少数秘密武装,中共寿县县委决定先成立几个游击小组开展秘密活动。1931年3月27日,中央巡视员方英在寿县、凤阳、阜阳三县联席会议上,决定发动游击战争,以寿县为中心进行游击。3月29日,县委将几个游击小组联合起来,成立皖北红军游击大队,方和平任大队长,宋天觉任副队长,曹鼎任政委,魏发祥任参谋长。大队下设三个中队,戚连雨、曹广海、杨守先分任中队长,共有武装120多人枪。1931年4月,游击大队参加瓦埠暴动失败后,为了保存革命力量,游击大队又分为若干游击小组,进行分散隐蔽活动。

1931年7月,中共皖西中心县委书记吴伯孚受中共中央委托,到寿县巡视工作并召开扩大会议,吴伯孚作了政治形势和目前紧急任务、发动游击战争问题的报告。为了统一皖西北游击区的领导,中共中央于1931年8月决定取消皖西(合肥)、皖北(寿县)两个中心县委,合并成立中共皖西北中心县委,机关设在合肥,书记为吴伯孚,李德广任组织部部长,吴岱新任宣传部部长,秦全任职工部部长,李星三任军委书记,委员有王平、余光、曹广化。

随着皖北中心县委撤销,中共寿县县委于1931年8月重新建立,曹鼎任书记,宋天觉任组织部部长,曹练白任宣传部部长,方和平任兵委委员,委员李家桂。曹鼎在黄家坝战斗中牺牲后,由宋天觉代理县委书记。

中共寿县县委自1931年8月重建后,一手抓群众运动,开展经济斗争;一手发动武装斗争,革命形势蓬勃发展。

1931年12月16日,中共中央给寿县发来指示信,信中指出:寿县是环绕鄂豫皖苏区的区域之一,发动游击战争是当前的中心任务,领导群众斗争和支持苏区有着重大意义。来信还批判了右倾机会主义观念。与此同时,中共中央又派巡视员陈文来寿县指导工作。陈文到寿县深入基层,了解情况后,召开县委扩大会议,指出寿县目前的中心任务是广泛发动群众,建立群众组织,组建游击队,发动游击战争,直接帮助红军和苏区的发展。陈文还帮助改组了中共寿县县委,由曹广化任书记,杨守先任组织部部长,吕岳任宣传部部长,魏发祥、李家桂任兵委委员。

(一)吴山庙武装抗捐抗税

1931年,寿县春荒严重,夏季又发大水,许多地方农作物被淹绝收,房屋倒塌,人民流离失所。夏天,国民党寿县政府税征委员邱友福带着 60 多人，全副武装到全县各集镇征税，他们到吴山庙时，一些小商贩、市民因缴不起捐税而纷纷反抗。中共吴山庙支部抓住这个时机，发动群众开展抗捐抗税斗争，把全镇 500 多名小商贩、市民动员起来，集中民枪 100 余支，对抗邱友福武装。邱友福将他的人马集中在镇北头高台子，他本人先带 7 人，身挎盒子枪，向群众示威。这时，事先组织好的群众武装把高台子团团围起来，使里面的敌人不敢出来。另有一部分群众武装秘密跟踪邱友福走到庙圩下面，利用有利地形，站在高处向敌人开枪，打死三名敌人，活捉邱友福。吴山庙群众武装抗捐税斗争取得胜利。

(二)寿县游击队的组建

1931 年 5 月，驻南京的国民党陆军第四师工兵营第三连在连长杜一民（共产党员）率领下，发动起义。他们以演习为名离开南京，途中第三排离队，第一排、第二排士兵经过地下党员的教育争取，得知安徽寿县有共产党组织，并且领导了农民暴动，组织了游击队，于是打算到寿县与游击队会合。经过几个月的奔波周折，这支队伍于 1931 年 8 月到达寿县，并与寿县党组织接上关系。中共寿县县委将这支队伍与瓦埠暴动后分散隐蔽的武装人员结合起来，组成寿县游击队。游击队的领导由杜一民、县委书记曹鼎和中央派来指导游击队工作的李英三人组成。

寿县游击队组建后，东进李山庙，在黄大郢与殷家冲之间同团防局打了一仗，缴获 20 多支枪，活捉国民党李山庙团防局局长

王辅臣和区长卢天民。战斗结束后,李英回中央汇报工作。

1931年9月,中共中央在《关于工农红军冲破第三次"围剿"及革命危机逐渐成熟而产生的党的紧急任务》一文中指出,苏区和非苏区要立刻扩大与巩固红军,立刻订出具体计划,征调干部和工农积极分子到灾区工作,在某些武装斗争已经成熟的灾区,集中力量发动那边的灾民斗争,直到发动游击战争。

根据中共中央指示精神,中共寿县县委决定在灾区发动群众斗争。菱角嘴坐落在寿西湖中段,十年九淹。当时农民在恶霸地主李惠涛的压榨下,生活极度困苦。1931年江淮流域的大水,造成寿西湖一带田园淹没,粮食颗粒无收。灾民们卖儿鬻女,离乡背井。而大地主李惠涛却过着骄奢淫逸的生活,家有粮食万担,宁肯霉烂,也不愿借给灾民度荒,有的灾民因在水里捞到李惠涛家一点柴草,竟遭他家"狗腿子"毒打。李惠涛还扬言:打死附近一人给200元,打死外地的人给400元。因此,当地老百姓给李惠涛起了个绰号——"山猫子(老虎)",以此来形容他对劳动人民的凶残、毒辣。

中共寿县县委书记兼游击队领导人曹鼎多次到菱角嘴,召开群众会议,教育群众如何组织起来同恶霸地主和统治势力做斗争,说明只有打倒统治阶级,穷人才有饭吃,才有衣穿的道理,启发劳动人民的阶级觉悟。曹鼎在做好群众工作的基础上,令县委兵委委员方和平和杜一民率领游击队来菱角嘴武装保护农民开展扒粮斗争,为民除霸。

游击队挑选60多人,在方和平、杜一民率领下于1931年9月

29日从瓦埠湖东出发,经过几天夜行晓宿,于10月3日夜间到达菱角嘴。在当地党组织和农民协会的紧密配合下,游击队包围了李惠涛的地主庄园,至天明时分一举打开李惠涛的圩子。李惠涛兄弟俩举枪顽抗企图逃跑,被游击队员当场击毙,李家的一个保镖也被打死。游击队缴获长短枪7支,接着曹鼎召开群众大会,在大会上讲述革命形势和打倒地主豪绅、开仓济贫的道理。贫苦农民纷纷控诉李惠涛的罪恶。会后,500多名群众在游击队带领下,打开李惠涛家粮仓,将粮食分给贫苦农民。通过这场斗争,党和游击队的影响迅速扩大,贫苦青年纷纷要求参加游击队。经中共寿县县委批准,游击队吸收了50多名新战士。

游击队原计划是在分粮后,由菱角嘴向鲁口孜、黄家坝至颖上县上党乡,在沿淮一带水荒区域打游击,发动灾民斗争①。由于攻打李山庙团防局和菱角嘴扒粮斗争,震惊了统治阶级,国民党寿县县政府为了消灭游击队,立即组织县常备队、各地联庄会等反动武装一齐向游击队扑来。1931年10月6日,游击队决定向瓦埠区转移。游击队路经史区、堰区时就受到敌人三面包围,经过奋战,于10日冲出包围,到达瓦埠湖东。这时,恰遇瓦埠一带正纠合联庄会到炎刘庙一带剿匪,当游击队到达时,反动联庄会立即调转目标向游击队进攻。游击队因连日奔波战斗,此时已非

---

① 1931年11月30日《皖西北中心县委关于寿县游击队等情况给中央的报告》,见中央档案馆,湖北省档案馆,河南省档案馆,安徽省档案馆:《鄂豫皖苏区革命历史文件汇集·第四册》,合肥:1985年,第517页。

常疲劳难以继续战斗,为保存力量,县委和游击队领导决定暂时分散隐蔽,待机再起。①

(三)血染黄家坝

1931年10月,李英由中央返回寿县,为执行中共中央关于发动灾区灾民斗争、开展游击战争的指示,在瓦埠王竹滩召开寿县、凤阳两县县委联席会议。会议决定寿县游击队人员重新集中,由曹鼎任队长(杜一民因病在接受治疗),李英任政委,凤台县委书记唐志远任副队长,计划将武装扩大到300人,组建寿凤游击大队,开辟新的游击区。游击队离开寿县到颖上、阜阳一带打游击,理由是:一、颖上、阜阳是广大灾民区域;二、当地敌人力量较弱;三、当地还有一些群众组织;四、党还有相当组织可以领导,不过路线上改由凤台县到颖上县去,在必要时向苏区转移。会议对转移苏区的行动路线也作了计划安排:游击队从寿县瓦埠湖东到北乡的黑泥洼,转凤台与颖上,然后再经霍邱到大别山与红军会合。

10月27日晚,分散隐蔽活动的游击队员100余人携枪在瓦埠祭奠岗集中,在李英、曹鼎、唐志远率领下,游击队从寿县东乡出发,经北乡的黑泥洼,于10月29日到达凤台县白塘庙,发动群众分掉地主岳子彬家粮食38000多斤,同时吸收30多名青年参加游击队。

---

① 中共寿县县委党史工委办公室:《寿县革命史》,合肥:安徽人民出版社,1992年,第72—76页。

这时，凤台县委书记唐志远到黄家坝召开了党的支部会议，会议讨论如何领导群众度荒，打倒土豪劣绅，建立革命根据地等问题，决定寿县游击队于11月5日前往黄家坝，支援黄家坝农民武装暴动，同时要求江口集、鲁口孜两地党组织配合这次行动。

由于游击队在白塘庙的活动被国民党凤台县县长夏福堂发觉，游击队便于11月3日凌晨提前来到黄家坝，决定提前举行农民暴动。游击队在黄家坝周围设岗警戒，支援农民暴动，当即逮捕4个地主，召开群众大会，张贴标语，进行宣传鼓动，开仓分粮18000多斤。地主吕华三闻风而逃，跑到国民党颖上县政府报信。

颖上县地方团练，红枪会头子杨诚轩等接到地主吕华三的报信，立即纠集了2000多反动武装于当日到达黄家坝，围攻游击队。游击队英勇反击，激战三个多小时，子弹打完，又转为肉搏战，终因敌众我寡，外无援兵（因江口集、鲁口孜不知提前行动，未及响应、支援），从外地来的游击队无法突围，也难以隐蔽，以致伤亡惨重，游击队领导人李英、曹鼎、唐志远及凤台县委委员程东方、黄家坝党支部书记黄子贞等70多人当场壮烈牺牲，20多人被俘。第二天上午，国民党凤台县县长夏福堂带领县大队来搜捕游击队员，并将被俘的20多名战士枪杀10多人。这次黄家坝战斗共牺牲80多人，脱险者仅20余人，致使历经千辛万苦组织起来的寿县游击队几乎全军覆没。

这场悲壮惨烈的黄家坝农民暴动失败后，曹鼎的战友、后曾任中共寿县中心县委书记的仇西华为悼念死难烈士写下一首挽诗：

血染黄家坝草红,
追念先烈恨无穷。
漫云赤化千家悦,
哪料昙花一现空?
家室天涯哭望苦,
流民满野号哀中。
何日红旗飘皖北?
喧天鼓乐吊诸公。

第六章

皖西北游击区的开辟和坚持

"九一八"事变后,民族危机空前严重。但国民党政府顽固地执行"攘外必先安内"的卖国政策,加强法西斯独裁统治,加重对人民的剥削压迫,皖西北的劳苦大众生活在水深火热之中。为了生存,他们纷纷起来开展抗租、抗债、扒粮的经济斗争和小型武装斗争。寿县党组织在上海临时中央局的指导下,加强自身建设,宣传和扩大党的政策和影响,整顿、发展党和群众组织,领导广大群众和游击队开展英勇不屈的反帝、反压迫剥削的革命运动和武装斗争,沉重地打击了反动势力。

由于白色恐怖严重,中共寿县县委和游击队屡遭敌人包围和打击。为了保存革命力量,摆脱困难处境,中共寿县县委决定游击队向合肥方向转移,到合肥、舒城、庐江一带开展游击战争,后组建皖西北游击大队、皖西北独立游击师,开辟了皖西北游击区的革命斗争,有力地支援和配合了鄂豫皖革命根据地的反"围剿"

斗争,打击了国民党驻军和地方反动武装,扩大了党和苏维埃的影响。

一、中共寿县中心县委的重建、调整及其领导的群众斗争

(一)中共寿县中心县委的重建调整

1932年夏,中共临时中央局为加强对皖北各县党组织的领导,推动皖北革命斗争,配合鄂豫皖根据地的革命斗争,决定把中共皖西北中心县委分开,在合肥、寿县分别成立中共皖西、皖北中心县委,领导合肥、舒城等14个县工作。两个中心县委均由中共皖西北特委指导,并直属中共临时中央局领导。① 1932年7月10日,中共中央巡视员文元到寿县主持召开中共寿县县委扩大会议,原中共寿县县委常委三人和城关、堰口区委书记参加会议。会议传达、讨论了中央决议,并根据中央的指示,拟定了下一个月工作计划,成立了中共寿县(皖北)中心县委(以下简称中心县委),书记为杨守先,组织兼军事委员文元,宣传委员为宋天觉,上述三人组成常委会。另有执委三人,分别是城关区书记朱士祥、

---

① 中共安徽省委组织部,中共安徽省委党史工作委员会,安徽省档案馆:《中国共产党安徽省组织史资料》,合肥:安徽人民出版社,1996年,第70—89页。

瓦埠区委书记杨光典和堰口区委书记(名不详),仇西华担任秘书。中心县委直属中共临时中央局领导,负责指导寿县、颍上、凤台、霍邱等9县党的工作,有党员约700人。因机关驻寿县,故中共皖北中心县委又称中共寿县中心县委,寿县没有单独成立县委,各区党的工作由中共中心县委直接领导。① 中共寿县中心县委大力进行宣传教育工作,成立以文元为首的五人党报编辑委员会,出版发行《皖北布尔什维克》(对内)和《皖北真理报》(对外)两个刊物,传达中央指示精神,及时报道苏区和红军胜利的情况,以鼓舞皖北地区的群众斗争。

中共寿县中心县委成立不久,在整顿群众组织工作中发现堰口互济会被地主豪绅操纵,红军进驻正阳关期间,他们曾集中枪支和会员去攻打红军。中共寿县中心县委遂做出撤销堰口互济会的决定,并对过去县委,特别是仇西华允许这种组织存在的错误给予严肃批评,撤销了仇西华的秘书职务,由方贯之接任秘书。又因瓦埠区、城关区工作任务较重,免去朱士祥、杨光典的执委职务,增选贫农出身的党员韩孟平和卢秀英为委员,健全了县委所辖的组织、宣传、妇女三部,各配干事二人,军委配干事四人。②

1932年11月,中共寿县中心县委召开一次党员代表会,会上

---

① 中央档案馆,安徽省档案馆:《安徽革命历史文件汇集·第四册(上)》,内部资料,1988年,第310页。

② 中央档案馆,安徽省档案馆:《安徽革命历史文件汇集·第四册(上)》,内部资料,1988年,第320—321页。

讨论了中央给皖北的指示信,改组了中心县委。中心县委管辖范围先后增加了河南省的新蔡、息县、沈丘、潢川4县。因地理环境的限制,沈丘县党组织实际上未能与中共寿县(皖北)中心县委发生关系。为适应斗争形势的需要,中共寿县中心县委改组为常委五人:宋德渊任书记兼杨庙区委书记(1933年5月后由张国诚、杨守先代理书记),仇西华任组织部部长,田道生为宣传部部长兼瓦埠区委书记,杨守先任军委书记,张国诚到外县帮助工作。执委卢秀英任妇女部部长,韩孟平参加军委工作,候补执委陈多璜、周庆宣分别担任堰口区、史大圩区书记并参加组织部工作。①

凤台县的党组织因叛徒陈铁春的出卖而遭破坏。1933年2月,中共寿县中心县委组织部部长仇西华奉命到凤台帮助整顿党组织,组织部部长由文元代理。4月,中心县委宣传部部长田道生和组织部部长仇西华因工作中犯错误被撤销职务。宣传部部长由张国诚担任,组织部部长由陈多璜担任。5月,中心县委书记宋德渊奉调到中央受训,书记由张国诚代理。9月初,因韩孟平调中央担任交通员,张国诚被调回中央。中共寿县中心县委改组为:杨守先代理书记兼任军委书记,陈多璜任组织部部长,张家学任宣传部部长。马家礼任执委,起用仇西华担任秘书并到外县帮助

---

① 中共安徽省委组织部,中共安徽省委党史工作委员会,安徽省档案馆:《中国共产党安徽省组织史资料》,合肥:安徽人民出版社,1996年,第88页。

工作。①

1933年10月,中央巡视员张国诚再次来寿县,主持召开中共寿县中心县委扩大会议,县委原成员及瓦埠区委书记田道生和区委委员、支部书记各一人参加会议。大会针对陈多璜所犯错误提出批评,做出撤销他组织部部长职务的决定,增选刘士鹏为县委委员。

1934年初,中心县委常委陈多璜被捕。中央巡视员来到寿县深入调查后,指出中共寿县中心县委、军委领导不力,工作没计划,缺乏警惕等问题,再次改组了中心县委。改组后的中共寿县中心县委常委由5人担任,常委会下设秘书处、组织部、宣传部、军委会。杨守先任书记兼军委书记,张家学任宣传部部长,刘士鹏任组织部部长,仇西华负责秘书处工作,方敦金担任团县委书记,马家礼、张如屏任执委。游击队政治指导员曹广海和队长孙瑞训为军委委员。② 5月底,中央派巡视员来寿县检查指导工作,肯定了中心县委近几个月来在扩大党的影响、发展游击战争及领导群众扒粮等方面的工作成绩,并指出中心县委对外县领导不力,工作缺乏系统和计划性等缺陷,同时对开创新游击区充满信

---

① 《国诚关于寿县中心县委的工作报告》,见中央档案馆,安徽省档案馆:《安徽革命历史文件汇集·第四册(上)》,1988年,第423页。

② 《巡视员关于皖北工作的报告》,见中央档案馆,安徽省档案馆:《安徽革命历史文件汇集·第二册》,合肥:安徽省出版总社,1988年,第534—540页。

心。1934年6月,中央交通员韩孟平在寿县执行任务时被敌人逮捕;中心县委委员、杨庙区委书记马家礼被敌人杀害。

因为党组织和游击队都遭受损失,中央巡视员于8月间主持召开中共寿县中心县委会议,又对中心县委进行改组。撤销了杨守先的书记职务,由刘士鹏接任,提拔一名区委书记(姓名不详)接任组织部部长,张家学调往新蔡、息县工作,仇西华接任宣传部部长。会议还讨论决定将中共寿县中心县委划分为皖北和皖豫边区两个中心县委。皖北中心县委领导寿县、颍上等6个县的党的工作,县委领导仍为县委原成员。皖豫边区中心县委管辖阜阳、太和等6个县。同时,将此决定上报中共临时中央局。①

不久,中共寿县中心县委又重组,由仇西华、曹广海等人组成,仇西华任书记。以后又增选王道舟、韩敏志为执委。至1934年10月,接到中共临时中央局来信指示取消寿县中心县委。②

(二)中共寿县中心县委领导群众斗争

1932年7月,中共寿县中心县委一成立就确定其基本任务:一、动员广大群众反对帝国主义瓜分中国,反对进攻苏联和红军;

---

① 《巡视员关于皖西北工作给中央的报告》,见中央档案馆,安徽省档案馆:《安徽革命历史文件汇集·第二册》,合肥:安徽省出版总社,1988年,第559—577页。

② 中共安徽省委组织部,中共安徽省委党史工作委员会,安徽省档案馆:《中国共产党安徽省组织史资料》,合肥:安徽人民出版社,1996年,第88—90页。

广泛进行对国民党士兵的工作,以瓦解敌人力量;进行武装群众的工作,以准备发动游击战争。二、有计划有组织地发动和领导农民群众开展反豪绅地主的日常经济政治斗争,在斗争中扩大党的影响,团结广大劳苦群众进行斗争,在斗争中扩大健全并改造农民群众的组织。三、扩大党的组织,改造党的成分,提高党的政治认识和工作能力,培养大批革命干部,加强对共青团工作的领导,积极地开展工会的工作。

为完成发展、改造群众组织,团结广大群众的政治任务,中共寿县中心县委成立了群众工作委员会,指定韩孟平、赵策等五人分别担任农协、互济会、工会、反帝大同盟、妇女会等群众组织的领导工作。中共寿县中心县委还帮助组建了共青团寿县临时中心县委,书记由刘培兰担任,寿县的共青团员很快就由30多人发展到150多人,农协会员由560多人发展到3000多人,同时颍上有农协会员300多人,阜阳、太和有农协会员900多人,豫南4县有2000多人。中共寿县中心县委还在淮南组建了由5名矿工参加的工会小组;寿县正阳关的4名木匠、5名挑水工人组织了工会小组,杨家庙雇农工会发展到30多人;凤台县成立了一个工会小组,有会员13人;涡蒙20多名码头工人和担水工人组成三个工会小组;颍上县委领导城关手工业工人发起反对黄色工会的斗争,有80多名工人退出黄色工会,另组工会,接受共产党的领导。寿县妇女组织新发展40多人参加,抗日救国会有200多人参加。中共寿县中心县委还整顿了互济会,组织和发起群众性的互助竞赛和向红军募捐活动。①

中共寿县中心县委积极发动群众同豪绅地主进行斗争，在各地成立了人民自卫会。1932年7月，寿县瓦埠区掀起了扒粮斗争。8月，保义集区展开了争水斗争，王竹滩区爆发了清算乡、保长一切捐款账目的斗争。在党的正确领导下，贫苦农民打破了封建宗族观念，得到周围广大群众的支援，不仅取得了斗争的胜利，党组织和群众组织也得到锻炼壮大。同期，寿县城区开展抗债斗争，区委因事先对群众斗争情绪估计不足，又采取了"拖期不交""请第三者调解""请愿起诉"等和平方式，导致斗争失败。

中共寿县中心县委及时总结领导群众斗争的经验教训，采取措施，严肃党的纪律，调整领导干部，使皖北斗争形势逐步好转。

正当皖北局势好转之时，鄂豫皖苏区第四次反"围剿"节节失利，红四方面军由皖西北苏区向鄂东北转移。这时，敌人乘机加紧反革命宣传，一些政治上不坚定的党员对革命前途发生了怀疑，有的甚至脱离组织和叛变。中共寿县中心县委一方面广泛地向党内外进行宣传教育，解释苏区红军退却的原因及革命必胜的道理，同时严格执行党的纪律；一方面用最大的力量领导群众斗争，使日常斗争与拥护红军、支援苏区的工作密切联系起来，并全面开展援助鄂豫皖红军的募捐运动，号召"大批工农群众加入皖

---

① 中共寿县县委党史工委办公室：《寿县革命史》，合肥：安徽人民出版社，1992年，第91—92页。

西北各县红军游击队"。①

中共寿县中心县委于9月11日召开寿县、阜阳、太和、蒙城四县党的联席会议,研究开展纪念九一八一周年活动问题,制订了反帝反蒋纲领,部署了党的工作。中共寿县中心县委从9月到11月中旬,领导群众开展了一系列的斗争,诸如:

1.反对贪官污吏的斗争。1931年,沿淮地区遭受重大水灾之后,"华洋义赈会"拨来大批救济粮款,寿县国民党政府却于1932年对灾民实行"以工代赈",从寿西湖筑坝等工程中贪污。中共寿县中心县委领导寿县城区和正阳关两区委,发动五六千名筑坝民工持续开展反对贪官污吏、反对逮捕民工和要求增加伙食费的斗争。在斗争中,组织了坝工委员会,控诉县政府侵吞几万元赈款的罪行,揭露其让农民筑坝,地主得田的实质,使斗争获得了胜利。

2.夺取寿西湖的斗争。寿西湖筑坝工程完成以后,地主豪绅霸占湖地,抢种了绿豆,农民愤起斗争。中心县委因势利导,作出决定:(1)均分湖里绿豆;(2)湖里的土地,由寿县八方农民平均分配(地主富农除外);(3)接收堤坝委员会,组织农民合作社来管理。9月20日,城区和正阳关两区以纪念九一八一周年的名义,召开群众大会,一致拥护这个决定。由于当时寿县尚不完全具备

---

① 中共六安地委党史工作委员会:《皖西革命史》,合肥:安徽人民出版社,1987年,第293页。

实行土地革命的条件,这一斗争被国民党县政府镇压下去。

3. 抗租抗债和扒粮斗争。1932年大旱,秋收大减,而地主如数收租,逼交欠债,交不起就夺佃转庄,农民走投无路。中共寿县中心县委发动农民掀起了抗租抗债和扒粮斗争热潮,不少地方的群众扒分了地主的粮食。为了保护群众的斗争,寿县瓦区的大井寺、上奠寺、张家嘴三个党支部共组建了20多人的游击队。中共寿县中心县委积极帮助和训练这支队伍,指定曹广海负责指挥。各地党组织领导群众在游击小组的支持、配合下开展了多次扒粮斗争。至1933年9月,瓦区、杨庙爆发20多次扒粮斗争,保区10余次,堰区、王区各2次,迎区4次。10月,中共寿县中心县委组织蒙城、涡阳、阜阳灾民"吃大户",向地主借粮、抢粮。每次扒粮斗争少则几十人,多则几百人参加。扒粮斗争由开始时的夜间进行,发展到白天公开进行。当支持扒粮的游击小组与地主武装发生冲突时,群众也毫不畏惧,勇敢地与地主武装对抗。党组织注意在扒粮斗争中培养积极分子,让他们尽快加入党、团组织,并动员他们参加游击队或赤卫队。杨庙、保义区委还成立了分粮委员会,并组建武装赤卫队,加上游击队的配合,每次扒粮都能取得胜利。①

4. 要求增加工资的斗争。中共寿县中心县委指定寿县的姚皋店和凤台的王家岗两个党支部专门负责在淮南煤矿组建工会,

---

① 中共寿县县委党史工委办公室:《寿县革命史》,合肥:安徽人民出版社,1992年,第96页。

发动矿工罢工，要求增加工资，改善劳动条件。中共寿县中心县委还派人领导颍上城内党支部，发动参加黄色工会的工人罢工，反对黄色工会领袖与资方勾结减少工人工资，反对交纳税捐。结果800多名工人自动脱离黄色工会，另组工会，接受共产党的领导。

二、发展革命武装　开展游击斗争

以寿县为中心的皖北群众性的革命斗争如火如荼地开展，引起了敌人的严重不安。国民党政府一方面在皖北地区极力扶植"铲共团""剿共队""联庄会"等反动武装，一方面调宋世科独立第四十旅等主力部队进驻寿县城、正阳关、迎河集和颍上等地。

针对这一情况，中共临时中央政治局指出"寿县（直接）接壤于苏区"，"在政治上军事上地理上，更加严重地作为革命与反革命争斗的前线与阵地"；提出寿县党组织目前的中心任务是"发动领导组织广大工农群众的斗争，响应与帮助鄂豫皖苏区红军的胜利去粉碎帝国主义国民党的进攻"，指示"寿县党的工作布置，必须集中力量到几个中心区域去"，并"帮助凤台、颍上、阜阳三县工

作的恢复与健强"。①

中共寿县中心县委接到中共中央的指示信后,于1932年11月召开党代表会议,总结过去的工作,讨论中央的指示,做出了动员皖北地区广大群众继续开展反帝反蒋、支援苏区红军反"围剿"的决定。为了适应斗争任务的需要,改组了中心县委,宋德渊任书记,仇西华任组织部部长,田道生任宣传部部长兼瓦区区委书记,杨守先任军委书记,文元帮助外县工作。

中共寿县中心县委成员深入寿县各区和外县指导、帮助工作,广泛动员广大群众,发展党的组织。到1934年5月,寿县县委有9个区委,2个特支,500多名党员,阜阳县委有4个区委,1个特支,120多名党员;涡蒙亳县委有80名党员;凤台县委有11个支部,70名党员;颍上县委有2个区委,1个特支,70名党员。在党的领导下,革命群众团体也发展起来,各县均建立了共青团、妇女会、儿童团。寿县、蒙城等县还成立了"反日会""救国会""反帝战争大同盟"、"红军之友"等组织。1933年,皖北各地群众共进行了40多次扒粮斗争,皖北青年发起了募捐购买飞机支援红军的运动。②

1932年5月,红军占领寿县正阳关,鄂豫皖苏区达到鼎盛时

---

① 《中央给安徽寿县的指示信》,1931年10月9日。原件存中央档案馆,复制于安徽省档案馆。

② 中共六安地委党史工作委员会:《皖西革命史》,合肥:安徽人民出版社,1987年,第295页。

期。在此大好形势鼓舞下,寿县小甸集的曹广海、曹少修、曹云露,王竹滩的孙瑞训,杨家庙的韩安志、韩敏志和隐贤集的涂仲庸、茶庵集的杨海波等人分别组织小型的武装力量,开展隐蔽的掩护群众扒粮斗争。中心县委吸取瓦埠暴动和黄家坝战斗的教训,根据寿县地区的具体情况,决定既不采取大规模武装暴动的形式,也不采取一有武装就和敌人硬拼的方法,而是采取由小到大、隐蔽、秘密斗争,逐步发展的策略,以便在斗争中积累经验,锻炼培养骨干,夺取敌人武器武装自己。这样,寿县各区首先成立游击小组。当时,中共寿县中心县委派曹广海、曹云露等人到瓦埠、双庙、杨庙、石家集等地组建游击小组,县委给各游击小组发一至二支枪,同时要求各组自己想办法发展武装,具体办法有:集资买土造枪(马虾盒子);家里或亲戚家有枪的则可以借用和设法从敌人手里夺取。双庙游击组方安庆、王云初等人深夜潜入双庙集上大豪绅开的商店内,收缴护店人的驳壳枪两支。游击组在淠河西袭击霍邱县朱大圩大地主,收缴4支枪和10多件皮袄。王道舟带领的游击组对桓店大地主王旭腹家进行突然袭击,缴获长枪10支。

  1932年秋,年岁荒旱,五谷减收,工农群众均感到生活异常艰辛,迫切地向党要求发动游击战争以保护经济斗争。为了更好地保护和配合广大工农群众开展斗争,中共寿县中心县委将寿县几处隐蔽待命的小游击队合编为寿县游击队,由孙瑞训负责指挥。游击队采取灵活机动的战略战术,活跃在寿县广大农村,相机打击叛徒和罪大恶极的反动分子。①

(一)击毙叛徒董曙东

出身于枣林铺恶霸地主家庭的董曙东,于1927年混入共产党内,瓦埠暴动失败后,其反动本质暴露,叛变革命,为虎作伥,担任反动的联庄会会长。他与当地豪绅胡南滨、张焕庭等沆瀣一气,狼狈为奸,组织所谓"剿共团",盘踞在寿县东乡杨家庙附近枣林铺一带,捕杀革命同志和家属,并与国民党县党部、保安团相勾结,企图摧毁杨家庙地区共产党组织,对革命威胁很大。为此,中共寿县中心县委决定铲除这个叛徒。

1933年3月14日是枣林铺传统庙会期,根据掌握的情报,董曙东会去赶庙会并聚赌抽头,搜刮民财。中共寿县中心县委决定乘庙会之机除掉董曙东,具体安排枣林铺的地下党员董谈龙到庙会场上应酬董曙东,让大家认准目标;派孙瑞训、曹广海、曹云露等10余位游击队员携带短枪,秘密跟踪董曙东伺机采取行动;派仇西华、韩孟平、董积贤等到会场秘密配合行动。14日,四面八方的群众拥向枣林铺,游击队员夹杂在熙熙攘攘赴会的人群中,进入庙会会场。曹广海、董谈龙分别摆上赌桌,游击队员扮作赌客、民众或商贩,等候董曙东一伙的到来。中午时分,董曙东等一群豪绅和"狗腿子"挨着赌桌收抽头钱,当他们来到董谈龙的赌桌

---

① 中共寿县县委党史工委办公室:《寿县革命史》,合肥:安徽人民出版社,1992年,第97—98页。

前,在董谈龙递烟与董曙东讨价还价抽头钱时,游击队员认准了目标。董曙东来到曹广海摆的赌桌前,指责曹广海的赌桌不迁到赌场内,违犯赌场规定,罚二十块钢洋。当曹广海假装哀求时,孙瑞训上前指着曹广海的鼻子说:交不起,取消你的摆赌资格。说着随手掀翻了赌桌。这是行动的暗号,游击队员迅速掏枪。当场击毙了董曙东和豪绅胡南滨、"狗腿子"董积华等5人。此次行动为民除害,为党锄奸,广大群众无不拍手称快。

1933年7月,游击队在上奠寺采用伏击的办法,活捉了极端反动的双庙区区长赵秉臣及其卫兵5名。9月,寿县游击队的一个小队,在张如屏的指挥下,于杨家庙东新街袭击了反动豪绅孙仰山,缴获短枪两支。

(二)智除恶霸姚蔼卿

叛徒董曙东等被游击队除掉后,寿县地区的反动派闻风丧胆,不寒而栗。但敌人不甘心,国民党县政府旋即又扶植盘踞在寿县、霍邱、六安三县边境隐贤集附近的姚蔼卿,充当"铲共团"团长。

姚蔼卿出身于隐贤集的官僚地主家庭,有看家兵丁数十名和40多支枪,北伐时期曾担任第三十三军的营长。第三十三军改编后,他回到隐贤集组织保安分队,被国民党县政府委任寿县保安副司令。此人阴险毒辣,推行"宁可错杀一千,不使漏网一个"的大屠杀政策,杀害了很多革命同志。淠河两岸人民对姚蔼卿恨之入骨,称之为"姚马虎"。

"姚马虎"充当"铲共团"团长后,反动气焰更为嚣张,勾结匪军和反动武装,不断侵扰大别山苏区。为支援苏区的斗争,为民除害,中共寿县中心县委决定,除掉姚霭卿。

姚霭卿的保安队部设在隐贤集北的一座古庙里,迎面三间房的楼上有两个班的卫兵,东厢房住一个班,姚霭卿住在后面有三尺高台阶的大殿内,身边有4名卫兵。平时他深居简出,戒备森严。游击队经过反复研究分析,认为硬攻很难取胜,必须智取。

当时,家住隐贤集的寿县互济会负责人赵策帮助游击队搜集姚霭卿活动的情报,并从家里拿出三支短枪、500多发子弹支援游击队。1933年12月,当地党组织负责人涂仲庸和赵策等人侦察到姚霭卿要召集地主豪绅开会,阴谋策划摧毁当地共产党组织。中共寿县中心县委和游击队再次研究决定对姚霭卿采取行动。

1933年12月29日,游击队组织狮子灯、花鼓灯表演队,利用隐贤集逢集的时机,在隐贤集街北进行演出,游击队员们的精彩表演,博得了广大观众的阵阵掌声,就连团防局的匪兵们也纷纷溜出来观看。正在热闹之际,两名游击队员假装吵嘴直至扭打起来,混乱中他们故意撞在看热闹的团丁身上,与团丁发生争执后,一起混入保安队部的大院,击倒姚霭卿身边的卫兵,活捉姚霭卿。团丁们惊惶失措,一个个都放下了武器,举手投降。游击队员把姚霭卿捆绑拉着游行示众后处决。

这次战斗,消灭了"姚马虎",摧毁了"铲共团",缴获长短枪10

余支,子弹 200 余发。

在石家集和保义集之间有个洪家圩子,圩内有几幢瓦房,四周有围沟。洪家兄弟洪中斌、洪中敏是当地的大豪绅、大粮商,有财有势,为富不仁。洪家有护圩兵丁,圩门有岗哨。平时圩门紧闭,一般人不易进门。洪中敏在保义集开设"义成美"号大粮行,粮行内只存少量粮食,大部分粮食囤积在圩内。每到春荒时节,饥民遍野,他们却抬高粮价,残忍剥削贫苦百姓。游击队负责人孙瑞训、曹广海、王道舟等人通过侦察,摸清情况后决定攻打洪家圩子,夺取枪支,扒粮救济难民。为避免伤亡,他们安排一部分游击队员把长枪捆在秸捆里,挑到洪家圩子附近歇息,另派几个怀揣短枪的队员装扮成卖黄鳝者,孙瑞训带两个伙计化装成粮食商人。洪家圩子守门兵丁廉价买了黄鳝,卖黄鳝者乘机请求卫兵让其进圩子讨点开水喝。这时"粮商"孙瑞训来到门前与卫兵交涉进圩购买粮食事宜。乘卫兵防备松懈,游击队员迅速掏枪击毙卫兵,一齐冲进圩内。游击队员攻进屋内,捉住洪氏兄弟,后来处决。晚上,游击队员掩护四方群众扒了洪家几百担粮食。中共寿县中心县委在向中共中央汇报时写道:我皖北红军游击队第三中队,为响应鄂豫皖红军的东征,乃积极地向淠河一带游击,在旧历二月间占据某圩,夺取长枪 5 支,子弹百余发,现洋数十元,还有许多劳苦群众跟随游击队参加斗争,个个都分得白米数斗,衣服数件,腊肉数斤,因此群众革命情绪非常的热烈,同时引动了地方团匪数百人把我游击队紧紧地包围。我游击队采取了灵巧的战术,结果打散团匪,凯旋回到根据地。①

1934年2月,寿县游击队打开余小圩,击毙恶霸地主4人。3月中旬,游击队为配合大别山红军第二十八军作战,积极向淠河一带行动,攻打地主圩子,开仓分粮济贫。

三、革命武装在斗争中壮大

1934年4月,中共寿县中心县委遵照党中央关于进一步发展武装,开展游击战争,创建新苏区,援助老苏区的指示,制订了"红五月工作计划提纲",要求所属各县委"要用最大的注意力把群众斗争深入与扩大起来,走上游击战争或武装暴动"。5月,中共寿县中心县委召开所辖12县党的联席会议,着重研究了加强党的建设,深入开展群众斗争,扩大游击战争等问题,并将寿县游击队扩编成皖北红军游击

▲ 红军皖西北独立游击师政委张如屏

---

① 《寿县中心县委关于寿县红军游击队战斗捷报》,见中央档案馆,安徽省档案馆:《安徽革命历史文件汇集·第四册(上)》,合肥:安徽省出版总社非正式出版字(86)第2017号,1988年,第461页。

大队,由孙瑞训任大队长,张如屏任政治委员,曹广海任副大队长,曹云露任参谋长,曹云露、马实分别负责组织和宣传工作,大队下设三个中队,共100多人枪。大队集中行动,统一指挥。第一仗决定攻打李山庙附近的吕小圩。

(一)攻打吕小圩

吕小圩是大地主吕学尊的老巢。吕家有钱有势,吕学尊的大长子是国民党县政府的邮政局长,次子管理吕家事务,家中有长短枪20多支,日夜都有武装哨兵站岗放哨。吕小圩内防守很严,四周砌有高墙,圩墙拐角和迎圩门处筑有5座炮楼,围墙外环绕一道深水沟,圩内外用吊桥相通,靠硬攻难以取胜。

游击大队通过侦察,了解到吕学尊擅长中医,常有人上门求医。于是决定采取假借上门求医的办法巧取吕小圩。

一天上午,身材消瘦的游击队员李端平装扮成病人乘坐一顶装饰讲究的轿子,由几名便衣队员抬着,曹广海打扮成手拎礼包、服饰阔气的绅士紧跟在后。他们来到吕小圩圩门前,曹广海与哨兵好言相商,请求进圩就医。哨兵见是有钱人家的危急病人,未发现可疑之处,便放下吊桥让他们进入圩内。轿子抬到厅堂门前,两人架着"病人"进屋,请求吕老先生速来查诊看病。吕学尊来到客厅询问病情,来人突然掏出手枪,对着吕学尊厉声喝道:我们是红军游击队!要想活命,赶快老老实实交出所有武器!吕学尊被迫无奈,只得吩咐儿子和家丁交出枪支。游击队员放下吊桥,让埋伏在圩外的战士都进入圩内。晚上,游击队组织附近几百名群众扒了吕家的粮仓。这次战斗,游击队无一伤亡,共缴长枪10多支,短枪5支,缴到一些银圆和纸币,扩大了红军游击队的影响,壮大了军威。

(二)捣毁众兴区区公所

因为寿县游击队曾在保义集区发动群众进行过一次较大规模的抢收、抗租、扒粮斗争,沉重地打击了当地豪绅杨健夫。杨健夫便怀恨在心,誓与人民为敌,于是在1934年3月勾结众兴区区长路奎汉对群众进行报复。路奎汉在瓦埠、小甸集、上奠寺、双庙等地方圆数十里内,到处设立"盘查哨",搜捕共产党员和游击队员。中共寿县中心县委为保护群众,决定攻打众兴区区公所,惩罚路奎汉。6月3日,游击大队与当地党组织取得联系,派王治坤等人对众兴区区公所进行侦察。4日清晨,游击队员有的化装成卖秫秸的,挑着内藏长枪的秫桔捆,停放在区公所门旁;有的化装成挎着篮了赶集的群众,篮子里藏着短枪。曹云露穿着长大褂,以送"名片"为借口,出其不意地将哨兵解决,游击队员拿出武器一拥而入。区公所人员慌忙逃窜,被游击队员当场击毙四五个人,因路奎汉事先到了隐贤集而侥幸漏网,游击队员捣毁了反动区公所,枪毙了路奎汉的弟弟,缴获长短枪20多支。

接着,游击大队又攻克淠河以东的双门铺,消灭了当地后备队的反动武装,缴获部分枪支弹药;打下茶庵集,击溃反扑的反动民团;袭击由阜阳到合肥途中宿营在邢家铺的皖北警备旅的一个营,迫使他们仓皇撤离。

(三)活捉剿共司令毕少珊

寿县游击队连续战斗,给国民党县、区、乡政府以沉重的打击。地主豪绅坐卧不宁,做梦都想消灭红军游击队,纷纷向国民党寿县县政府求援。于是,国民党寿县县政府便委任开荒集毕家楼大地主毕少珊为"剿共"司令,企图借助毕家势力打击游击队。

毕少珊,外号"阎王",长期盘踞在开荒集一带,占有万亩良田。他逼租逼税,拉夫抽丁,敲诈勒索,无恶不作,民众对之痛恨至极。毕少珊当上"剿共"司令后,民团扩建到50多人枪,在毕家楼筑起围墙、碉堡,各交通路口都设立盘查哨,还经常到各村巡查,反动气焰十分嚣张,给寿县党组织和游击队的活动造成严重威胁。中共寿县中心县委决定拔掉这颗钉子,铲除"阎王"毕少珊。

1934年6月中旬,中共寿县中心县委执委方敦善通过派出的监视哨了解到,毕少珊将于6月25日为调解开荒集张、范两家地主之间的纠纷要到集上范家饭店赴宴,遂向中心县委汇报。中心县委和游击队经研究,制订了酒桌擒拿毕少珊的战斗方案。

6月25日,十多名游击队员化装成赶集群众陆续赶到开荒集上,先潜伏在集镇北边汤桥附近的方敦善、方凯兄弟家,另派人在集上侦察、监督毕少珊的动向。待毕少珊进入范家饭店后,曹广

海扮成大地主的模样,带着保镖来到范家饭店门口,同我内线一个跑堂的取得联系。跑堂的带着曹广海等人来到范家饭店的后院,看见我方侦察员正在那忙着卖西瓜,正想打个暗号,守岗的匪兵厉声问道:你们是干什么的?曹广海不慌不忙地答道:我们来找毕司令的,有证明。他一边掏证明,一边向"卖瓜的"暗示。侦察员立即剖开一个西瓜,高声喊道:毕司令,这个西瓜最漂亮,请尝尝吧。曹广海看到侦察员进屋后,便掏出手枪,"砰"的一声,打死了哨兵。[①]

毕少珊和他的狐群狗党正在喝酒、猜拳、吃西瓜,热闹之际猛地听到门外传来一声枪响,不禁大惊失色,卫兵连忙拔枪往外闯,被我方侦察员连射击毙。曹广海带领游击队趁势闯进屋内,"砰砰砰"的几枪,撂倒几个豪绅,毕"阎王"慌忙踢开窗子往外钻,企图逃跑,被早已埋伏在窗外的游击队员拦腰抓住,就擒落网。毕少珊的儿子毕三牛闻讯后,鼓动附近的反动联庄会围追而来,游击队边打边撤,在傍晚时分撤到王家郢附近,击毙了毕少珊等人。天黑后,曹广海跳进王姓地主院内,捉住地主,打开大门,让游击队员进屋隐蔽休息。毕三牛追之不及,只得收兵。[②]

中共寿县中心县委报道红军游击队的战斗捷报称:我皖北红

---

① 六安市委党史研究室:《红色六安》,合肥:安徽人民出版社,2007年,第144—145页。

② 中共寿县县委党史工委办公室:《寿县革命史》,合肥:安徽人民出版社,1992年,第104—105页。

军独立游击战,连日夺取长短武器 20 余支,肃清反动豪绅数支,前日占据寿县南乡开荒集,拥护群众抢米粮分衣服,并没收富商布匹食盐分给劳苦群众,红旗招展人心大悦!①

四、县委解体和游击队转移

革命形势的迅猛发展,引起了敌人的极度恐慌。寿县国民党党部的一些反动头目联名给蒋介石发电报,惊呼"党国元老屡遭杀害",请求派军队"尽快除尽土共"。1934 年 7 月,蒋介石从开展对鄂豫皖苏区第五次"围剿"的东北军中调出一个师进驻寿县,同时扶持地方反动武装,在寿县农村进行"清剿"。一时间,交通岗、盘查哨密布各地,联庄会、壮丁队比比皆是,白色恐怖迅速蔓延,寿县的党组织不断遭到破坏。②

一些意志薄弱的投机分子跪倒在敌人脚下,王进之叛变革命后充当"肃反"专员,把朱集、姚皋一带的党组织全部破坏;李大鹏投靠敌人,破坏了城关、正阳等地的党组织,寿县城内唯一的学生

---

① 《寿县红军战斗捷报》,见中央档案馆,安徽省档案馆,《安徽革命历史文件汇集·第四册(上)》,合肥:安徽省出版总社非正式出版字(86)第 2017 号,1988 年,第 471 页。

② 中共六安地委党史工作委员会:《皖西革命史》,合肥:安徽人民出版社,1987 年,第 295—296 页。

支部也被摧毁;洪秋泉当上"肃反"专员,伙同反动派把保义、石集等地的党组织破坏殆尽;原中共保义区委书记石德钢叛变革命后,破坏了组织,还丧心病狂地勒死爱人卢秀英(中共寿县中心县委执委、妇女部部长);王济川破坏了瓦埠、双庙地区的党组织;曾任中共寿县临委委员的张化石,叛变后当上"肃反"专员,坐镇瓦埠湖以东地区,疯狂捕杀共产党和游击队员,在阴谋抓捕曹广海等人未逞时,纵火焚烧了他们家房屋。共产党内一些变节分子纷纷向敌人叛变,薛卓江等 100 多人在国民党县政府的《寿光报》上登出自首启事,反动政府把这些自首分子编为"铲共队",逼迫他们每人要供出或捕捉到共产党员、游击队员。有个自首分子招供出 10 余名游击队员的姓名、地址,致使这 10 余名游击队员被逮捕。①

在白色恐怖严重时期,不少寿县党组织领导人和游击队员被敌人捕杀。1934 年夏天,寿县互济会领导人赵策、中共寿县中心县委执委兼杨庙区委书记马家礼、中央交通员韩孟平等先后被捕牺牲。

1934 年 7 月,皖北红军游击大队在孙瑞训、张如屏率领下,攻打开荒集南边的地主庄园——方家水城。反动联庄会拼命抵抗,战斗一直进行到天黑,游击队才攻进圩内,枪决了几个民愤大的豪绅地主。不料国民党东北军的一支部队闻讯赶来,包围了游击

---

① 中共寿县县委党史工委办公室:《寿县革命史》,合肥:安徽人民出版社,1992 年,第 110 页。

队，双方发生激战。孙瑞训率部分游击队员奋勇冲杀，试图突围，不幸左胸和大腿中弹，失血过多，几次昏迷，政委张如屏也在战斗中负伤。队员杨银声、颜理坤等人迅速摸到敌人机枪火力点附近，一阵猛打，消灭部分敌人，夺取一挺机枪，打退敌人数次冲锋，守住阵地。天黑以后，曹云露带几名战士干掉敌人岗哨，打开缺口，终于冲出包围圈。游击队连夜撤到瓦埠湖东的王竹滩，把孙瑞训安置在杨庙南乡孙小圩养伤，后遭保安队搜捕而牺牲。曹广海接任皖北红军游击大队长，带领队伍继续在瓦埠湖以东地区坚持游击斗争。由于敌人占绝对优势，游击队得不到主力红军的支援又没有巩固的根据地，常遭敌人围攻，人员伤亡和弹药消耗都得不到补充，形势十分险恶。

在此危急形势下，中共寿县中心县委于 1934 年 9 月在石家集北的石家塘面由仇西华主持召开党、团委扩大会议，有 20 多人参加会议。不料此次会议被叛徒洪润生盯梢，向敌保安队长赵子盘报告，赵子盘带领保安队前来抓人。与会人员紧急撤离时，县委委员王道舟、方敦善不幸被捕，后惨遭敌人杀害。对此，中共寿县中心县委于 9 月下旬在小甸集召开紧急会议，经过认真研究，一致认为，面对强敌，自己既无巩固的革命根据地，又得不到主力红军的直接支持，加之皖北平原地区对开展游击战争不利，游击大队很难坚持下去。为了保存革命有生力量，摆脱困难处境，应联合合肥游击队，利用合肥、舒城两县的丘陵和山区开展游击战争，配合主力红军作战。会议决定游击大队立即向合肥方向转移,由时任中共寿县中心县委书记的仇西华等就地坚持隐蔽斗争。游击大队于1934年9月底开始整编部队,精选队员,编成三个中队、一个特务队共120多人,队员都配备长短枪各一支。10月初,中共寿县中心县委执委、军委负责人张如屏、曹广海率领皖北红军游击大队向合肥方向转移,迅速在合肥西乡与中共皖西(合肥)中心县委取得联系,留下仇西华、董吉贤等人坚持隐蔽斗争。①

1934年10月,中共寿县中心县委领导成员有的被捕,有的牺牲,有的随游击大队转移,寿县境内党组织大多被破坏,党的基层活动处于低潮期。这时,中共上海临时中央局来信指示取消中共寿县中心县委。至此,中共寿县(皖北)中心县委的活动基本结束。②

曹广海、张如屏等率皖北红军游击大队120多人经下塘集向合肥转移,由地下党员朱延凯带路来到合肥南乡彭家圩,通过中共合肥(皖西)中心县委交通员彭家银的联系,与在西乡活动的中共合肥中心县委书记刘敏接上了关系。双方在互通情报后,得知合肥游击队近期也是损失惨重,只剩下孙仲德、奚业胜等六人坚持斗争。经双方协商,决定以皖北红军游击大队为基础,将寿县、

---

① 中共寿县县委组织部,寿县县委党史办公室,寿县档案馆:《中国共产党安徽省寿县组织史资料》,合肥:安徽人民出版社,1993年,第52页。

② 中共寿县县委党史工委办公室:《寿县革命史》,合肥:安徽人民出版社,1992年,第113页。

合肥两支游击武装合并,成立皖西北游击大队,由曹广海任大队长,张如屏任政治委员,孙仲德任副大队长,曹云露任参谋长,下辖两个中队,共130多人。同时成立中共皖西北中心县委,刘敏任书记,张如屏任组织部部长,曹云露任宣传部部长,曹广海任军委书记,并派人到上海向中共临时中央局报告。①

皖西北游击大队组成后,为执行中共皖西北中心县委关于"支援苏区反围剿,迅速转移舒城山区"的指示,立即甩掉反动民团的围攻,向西南疾进,转向舒城县山区,于1934年10月上了舒城县春秋山。春秋山山势蜿蜒,峰峦起伏,林木茂密,对开展游击战争极为有利。游击队上山后,山上庙里有个和尚悄悄跑到国民党舒城县政府去告密。次日天刚亮,游击大队即遭东北军一部和安徽省保安第八团以及舒城保安队的围攻。游击大队在数十倍于己的敌军面前,毫不畏惧,且战且走,奋力突围。大队长曹广海和中队长颜礼国、韩安志等指战员英勇牺牲,少数战士失踪,部队只剩下40多人。这时,由孙仲德接任大队长,率领部队向北转移,到达合肥西乡缺牙山地区,化整为零地坚持游击斗争,并掩护群众的扒粮斗争。

---

① 中共安徽省委组织部,中共安徽省委党史工作委员会,安徽省档案馆:《中国共产党安徽省组织史资料》,合肥:安徽人民出版社,1996年,第92—93页。

五、皖西北游击战争的坚持

在中共鄂豫皖省委率红军第二十五军撤离根据地之前，中共上海临时中央局于1934年10月致信给中共寿县、合肥两个中心县委，指出皖西北党组织目前最迫切的任务是：动员广大劳苦群众，领导他们的扒粮、反对苛捐杂税等斗争，开展游击运动，壮大游击队的本身，为保存鄂豫皖苏区，粉碎敌人的进攻，建立新的苏维埃区域而奋斗！为适应革命斗争的需要，加强整个安徽的党组织工作，中共临时中央局决定撤销中共寿县、合肥两个中心县委，成立中共安徽省委，由中共合肥中心县委书记刘敏任省委书记。

刘敏接到指示后，立即与张如屏、曹云露等负责人研究如何贯彻执行，迅速行动，以期重新打开局面。鉴于各地党组织和游击队都受到一定程度的破坏，尤其是寿县、合肥两县党组织损失严重，他们一致认为成立中共安徽省委的条件暂不具备，故决定将中共寿县、合肥两个中心县委合并为中共皖西北临时特委（又称中共皖西北中心县委），暂由刘敏、叶守春、张如屏三人组成，刘敏负责，待召集各县干部召开会议，产生正式特委。同时，成立了恢复工作委员会，恢复所辖各县被破坏的党组织，并创建新的支部。中共临时特委一面将这一决定报告中共上海临时中央局，一面发动群众,扩大武装,继续开展游击战争。

中共皖西北临时特委派员到各地恢复和发展党的组织,马哲聪、张士发等在合肥南乡、西乡,于1934年冬恢复和整顿了中派河南、中派河北、程店、双枣树等支部,共有党员60多人,调整和加强了合肥南乡、西乡两个区委,并着手组建中共合肥县委。孙仲德等率领皖西北游击大队一部到舒城,于1934年底和1935年初,先后处决了西弄的叛徒何光华、春秋山的叛徒凤远扬,为恢复党组织扫除障碍。孙仲德等亲自发展党员,建立了春秋山附近的中共蛇冲支部,该支部有党员16人。

皖西北游击大队分散行动,孙仲德率领的一部和舒城县深冲、寨冲赤卫队一起,于1934年10月打开西汤池乡公所,缴枪100多支。他们又于12月掩护群众扒掉反动保长秦斐然的粮食5000多斤,缴枪5支。在斗争中,枫香树地下党员方明东率领20多人枪加入皖西北游击大队。此时,国民党安徽省政府派反共老手钟吉康回舒城纠集反动武装,围攻游击队。张如屏、曹云露率游击大队一部夜袭钟吉康的住宅,将其击毙,缴枪两支,搜出几百块银圆和一些法币。

1935年1月,上海中共临时中央局派李德保来安徽。刘敏通知分散在各地活动的负责同志到合肥西乡缺牙山集中,拟于春节期间召开中共皖西北临时特委扩大会议,听取李德保传达中共临时中央局的指示。中共临时中央局交给皖西北党组织的任务是:部队要继续发展扩大,打通与皖西苏区的联系,在可能的条件下

建立新苏区。在组织上,中共临时中央局同意成立中共皖西北特委,由刘敏任书记,张如屏任组织部部长,李德保任宣传部部长,王天云任妇女部部长,张士发任农运部部长。在军事上,中共临时中央局要求在部队壮大后,成立皖西北独立游击师。①

根据会议的决定,中共皖西北特委一面继续恢复和发展党的组织,一面加强武装斗争。中共皖西北特委成员分头深入各地指导党组织的建设,曹云露、马实在沙河观地区指导工作,使农协会员发展到 300 多人;张如屏、胡志满在舒城南北乡发动群众扒粮,发展组织,扩大武装。截至 1935 年 7 月,中共皖西北特委领导的党组织已有合肥、阜阳、颍上、凤台、庐江、繁昌等县委,无为县工委,舒城县春秋山、曹家河、东西港冲三个区委和六安县张家店特支,共有党员 300 多人。特委宣传部部长李德保于 1935 年 5 月在舒城县枫香树被捕,后叛变;妇女部部长王天云被捕牺牲。随后,特委迅速调整了成员,刘敏仍为书记,叶守春任组织部部长,马实任宣传部部长,张如屏任军委书记,曹云露为执委。

在此期间,皖西北游击大队或集中或分散,机动灵活地打击敌人,取得了显著战绩。游击大队在合肥西乡袭击焦婆店,镇压了 7 个极为反动的"地头蛇";袭击烧脉岗,俘敌联防大队长陈庆三等 7 人;奔袭众兴集,烧毁了敌人的碉堡;伪装进入聚星街,活捉了当地敌自卫团团长。接着,游击大队挺进合肥南乡,袭击五

---

① 中共六安地委党史工作委员会:《皖西革命史》,合肥:安徽人民出版社,1987 年,第 298—300 页。

十里埠，活捉了反动的联保办事处主任宣冠伯，击毙作恶多端的汪必海等"汪家五虎"。游击大队又南下舒城，烧毁城东门的桥梁，威慑城内守敌；打掉西汤池等5个联保办事处，缴枪100多支。

游击大队在对敌作战中，壮大了队伍，改善了装备，增建了一个手枪连。1935年6月，中共皖西北特委将游击大队扩编为皖西北独立游击师，师长为孙仲德，政治委员为张如屏，参谋长为曹云露，全师共有三个连，二百六七十人。①

皖西北独立游击师建立后，转战于江淮之间，屡次获捷。1935年6月，游击师攻进合肥西乡最顽固的反动堡垒魏家圩，活捉反动首领魏守殿，缴枪7支。同时，游击师又击溃了安徽保安团两个连，毙敌10多人，缴长短枪20多支。第二天，游击师又挥师出击凤凰尾、烧脉岗两处团匪，枪决反动保长和队长各一人，俘敌7人，获枪8支。接着再度南下舒城，于1935年7月打开刘家院，击毙联保主任兼联防大队长刘绍全和大队副余自平，歼敌50多人，缴枪30多支。后游击师又挥师东进，攻下庐江县南乡的黄泥河等地，俘敌10多人，获长短枪20多支，惊动庐江县关闭城门，桐城请求救兵。②

---

① 中共六安地委党史工作委员会：《皖西革命史》，合肥：安徽人民出版社，1987年，第300页。
② 中共六安地委党史工作委员会：《皖西革命史》，合肥：安徽人民出版社，1987年，第301页。

皖西北独立游击师每到一地,就分兵一部组成武装工作队,帮助当地党组织向群众做宣传,组织农民协会,掩护群众到地主家扒粮,支持群众抗捐抗税、抗租抗债。通过这些斗争,群众也积极支持党组织,送子参军。这时,游击师发展到四五百人,战斗力越来越强。部分县委还成立了游击队,配合游击师打击敌人。皖西北游击区的革命形势呈现好转状况。

(一)打通与苏区的联系、与苏区红军的协同作战

中共皖西北特委遵照中共上海临时中央局的指示,在领导游击区军民扰乱敌人后方、创建新苏区的同时,曾三次派出部队到皖西根据地寻找红军,打通了与苏区的联系,直接与红军第二十八军并肩战斗,还输送武器装备,加强了皖西苏区红军力量。

1935年4月,中共皖西北特委派孙仲德、张如屏率领游击大队一路苦战进入苏区,在舒城、潜山交界的主簿园、黄麦园找到了中共皖西特委书记、红军第二四六团政委徐成基,转达了中共上海临时中央局的指示,并协同第二四六团就地消灭敌军一个连。当时,皖西根据地由于敌人的连年"围剿"、封锁,根据地军民生活极苦。经双方协商,红军第二四六团派出一支部队配合皖西北游击大队打回皖西北筹集军需,解决部队给养问题。于是两支部队一起战斗,从舒城县境打到合肥地区,消灭了部分反动民团,缴获了大量武器弹药和大批钱、粮、布匹、药品,使部队给养得到较好的补充。同时,他们发动当地群众,扒了地主的粮食,使群众得到

很大的利益。

为了更好地支援苏区,中共皖西北特委在合肥南乡彭家圩召开的研究军事问题的会议上,决定从皖西北独立游击师拨出一个连,共130多人,全副武装,补充到红军第二十八军。为了提高游击师自身的政治、军事素质,适应开展更大规模的游击战争的需要,中共皖西北特委决定派部队轮流到皖西根据地进行整训,向主力红军学习。第一批派出一个半连,由师长孙仲德率领前往苏区整训,并配合红军作战;留下一个半连,由参谋长曹云露率领坚持在游击区斗争。

1935年6月,孙仲德率领整训部队前往苏区,沿途多次与敌作战,取得胜利;合肥西乡缺牙山赤卫队与前来围攻的国民党第十一路军一部和官亭挨户团激战,歼敌50多人;孙仲德率部支援缺牙山赤卫队的斗争,智取卫西洼,歼敌一个连,打死大恶霸卫禹山;孙仲德率部伏击赶来援救卫禹山的国民党第十一路军的一个连,歼敌40多人。7月,部队进入舒城县境,协同储德纯游击队共500多人,在晓天寒山、柏庙、枣树塘埂、唐老屋等地,与国民党安徽省保安团1200人多激战,俘敌110多人,缴枪600多支。部队进入苏区后,一面训练,一面与红军并肩作战。[①]

1935年8月,中共皖西北特委将游击区的革命形势,包括与鄂豫皖苏区的关系、军事行动和组织、干部状况,向中共临时中央

---

① 中共六安地委党史工作委员会:《皖西革命史》,合肥:安徽人民出版社,1987年,第302页。

局做了报告。同时将苏区的中共皖西特委书记徐成基5月的报告、红军第二十八军政治委员高敬亭7月的报告,一并转报中共临时中央局,使中央局了解鄂豫皖苏区的情况。9月,中共皖西北特委及红军第二四六团和孙仲德率领的整训部队在舒城干汊河附近的磨子墩会合,共同分析形势,确定任务,一起进入舒霍潜太游击根据地。红军第二十八军派一名团长担任皖西北独立游击师副师长。

1935年7月,曹云露、张如屏在合肥西乡的一次战斗中分别负伤,逐临时研究决定由中共皖西北特委宣传部部长马实带领部队进山,与孙仲德会合。马实率部进山受阻,又折回原地区。1935年9月,马实部在中派河附近的邱陂寺被敌合肥县保安队和三河区区长王庚年纠集的地主武装包围。马实缺乏战斗经验,临阵慌了手脚,错误地指挥部队向北突围。部队行至黄渡口时,前有中派河阻挡,后有敌兵追击,不得已背水作战,与敌硬打硬拼,结果大部分牺牲或失散,200多人只剩下20多人,后在群众的掩护下化装脱险。

黄渡之战失败后,中共皖西北特委书记刘敏派人到巢县普仁医院找到潜伏养伤的张如屏,要他提前出院,重建部队。张如屏和其他特委成员随即赶到合肥南乡缺牙山参加紧急会议,经与刘敏等人研究之后,决定将游击师剩下的人员和陆续回来的失散人员共70多人组成一个连,由张如屏、曹云露率领,第三次进入大别山,与孙仲德部会合。1935年初冬,两支部队在潜山主簿园会师,经过整训,配合红军第二四六团在潜山、舒城边境打了几次胜仗,士气得到恢复。12月,游击师在庐江戴家桥活捉了叛徒姜必胜,攻占了戴家桥,抓住国民党庐江县长的叔父汪显培。

1936年初,皖西北独立游击师离开山区回原地区活动。部队行动到舒城县南乡,侦察得知原皖西北独立游击师排长、叛徒任继周带着一支武装特务,住在缸窑的龙王庙里。游击师领导决定除掉这一害,遂于当天派部队连夜把龙王庙包围起来,于拂晓进攻,将任继周等叛徒、特务全部歼灭。接着,游击师又处决了阙店的叛徒刘昌福。①

(二)中共皖西北特委工作方针的转变

皖西北独立游击师在中共皖西北特委的领导下,不仅在本地区配合苏区战斗,还到苏区直接与红军第二十八军共同歼敌。敌人惊恐万状,慌忙增调部队前来"围剿"。在严重的白色恐怖下,中共皖西北特委在舒城北乡召开会议,决定转变工作方针,采取必要的退却和防御的步骤,实行长期隐蔽,保存力量,分散活动,待机集中。皖西北独立游击师留下20多位同志,由负责同志带领到外地活动,其余各自回乡,藏起武器,等待召唤。随后,中共皖西北特委机关转移到巢县城内,由张如屏带着陈郁发等在机关负责联络工作;刘敏带着杨银声到巢县黄麓师范附属小学任教,

---

① 中共六安地委党史工作委员会:《皖西革命史》,合肥:安徽人民出版社,1987年,第303页。

以此为掩护,继续领导各地的隐蔽斗争;孙仲德带着五六位同志,买了一条大船,以行船贩卖大米和布匹为掩护,活动在安庆至芜湖的长江两岸,有时也到巢湖,一方面为党筹集活动经费,一方面配合各处地下党组织发动群众开展扒粮斗争;曹云露带着顾鸿等人到庐江、巢县边界发动群众分粮筹款,打击叛徒、特务及其他反动分子。张世祥、凤兆庐、韩祖功三人到浙江省长兴县开设三友实业商店,作为党组织的一个联络点。

1936年2月,中共皖西北特委在庐江县党员张印轩家召开特委扩大会议,大会分析了形势,研究了工作。在革命处于低潮的情况下,与会同志向党宣誓,表达了忠于党忠于革命、"春蚕到死丝方尽"、"鞠躬尽瘁,死而后已"的誓言和决心。在这次扩大会议上,特委进行了调整,书记仍由刘敏担任,曹云露任副书记兼宣传部部长,张如屏任组织部部长,孙仲德任军事部部长,张士发任农运部部长,杨银声任青年部部长,凤兆庐任妇女部部长。

1936年7月,中共皖西北特委负责与中央联系的交通员薛汉章叛变投敌,带领国民党特务破坏了彭家圩交通站,凶残地杀害了特委交通员彭家银,使得特委与中共临时中央局的联系中断。由于与党中央失去联系,特委得不到上级的指示,不了解全国革命斗争的形势,工作方向不明。为尽快恢复同中央的联系,特委书记刘敏带病与军委书记张如屏,于1936年夏到了上海,这时中共上海临时中央局已遭敌人破坏,刘敏也未能与中共中央上海办事处联系上,后来遇到中共江苏团省委书记老朱同志,才知道中共临时中央局已不存在,党中央和主力红军已到达陕北的消息。刘敏、张如屏不得已回到皖西北,在白沙洲孙仲德处召开了各地负责同志会议,总结了分散隐蔽以来的工作情况,研究如何继续进行隐蔽活动,并决定派孙仲德到陕北找党组织。

孙仲德于1937年春到达红军驻西安办事处,然后转赴延安。中央组织部在听取了孙仲德的汇报后,决定让皖西北特委和游击师的领导同志到延安学习,派宋天觉回皖西北接替工作。不久,宋天觉从延安来到白沙洲,与特委负责同志一起研究了工作,并决定让去延安游击队的同志分批出发。刘敏带着曹云露等先于6月动身。张如屏陪宋天觉到皖西北各地交接工作后,带陈郁发、韩祖功等人于8月动身,途经蚌埠时,韩祖功逃跑回家,投敌叛变。到达延安的同志,分别进入中央党校和抗大学习,迎来全民族抗战的爆发。

▲ 中共皖西北特委和皖西北独立游击师负责人1937年秋在延安学习时的合影

第七章

寿东南抗日根据地

全面抗战爆发后,张如屏、曹云露受党中央派遣,从延安回到寿县,积极宣传抗日救国方针,迅速恢复发展党组织,于1938年1月,在寿县杨庙(今属长丰)成立中共安徽工委,曹云露任书记。中共安徽工委下辖中共六安县委、中共霍邱特支及合肥、寿县、凤阳等县党组织。这是全面抗战爆发后安徽省较早建立并且活动范围较大的党组织。在中国共产党的领导下,寿县各界人士积极投入到抗日救国的行列,成立了动委会和自卫军等抗日民众组织。

中共安徽工委成立后,张如屏、曹少修、曹云露等分别动员一些人、枪,于1938年3月成立皖北抗日游击支队,这是全面抗战爆发后中国共产党领导的安徽省第一支地方抗日武装。不久,这支武装先后改编为凤阳抗日游击大队、国民党第一七四师别动队、皖北抗日自卫军第一路军第三直属大队,一直由中国共产党牢牢掌握，负责人为张如屏、曹云露等，后编入新四军。

寿县地理位置显著，沿淮山区有丰富矿产，因而县城三次沦陷，被日军占领5年半。但寿县人民坚持抗战，寿县东南广大地区一直有中共武装开展游击战争，先后创建寿县东南抗日根据地和寿六霍合抗日游击区，于1943年正式成立寿县抗日民主政府，建立了30多个乡政权，是中共19块大解放区（战略区）之一——淮南抗日民主根据地的重要组成部分。

一、中共安徽工委的建立及活动

全面抗战爆发后，江淮地区的内战局面基本结束。在国共合作、举国一致抗日的形势下，寿县在外地学习、工作或避难的人士纷纷回乡，一些爱国青年回乡后，召集各阶层人士召开会议，发表抗日演说和《告家乡父老书》，号召大家团结起来一致抗日。北伐时期任国民革命军暂编第六军军长的石寅生从北方返回寿县，组织成立寿县各界抗敌后援会，并担任主任委员。在他的宣传、号召和组织下，全县工、农、商、学、绅各界及青年、妇女等都纷纷成立抗敌后援会组织。寿县各界抗敌后援会在城乡各地贴标语、散传单、发通电，高唱抗日歌曲，高呼抗日口号，集会游行，查禁日货，打击汉奸，城乡民众的抗日热情沸腾起来。

1937年底，中共中央为了迅速恢复皖西北地区的党组织，以适应飞跃发展的抗日形势的需要，把正在延安学习的中共皖西北特委委员曹云露、张如屏派回安徽工作。曹云露、张如屏奉中央指示立即返回安徽，途经开封时，与中共河南省委书记朱理治接上关系并接受任务，然后回到安徽，与在皖西北坚持斗争的宋天觉等会合。1938年1月，他们在寿县杨家庙"张同泰"杂货铺经研究决定，成立了中共安徽工委，书记为曹云露，组织部部长兼统战部部长为张如屏，宣传部部长为宋天觉，机关驻杨家庙，隶属中共河南省委，辖寿县、合肥、凤台、霍邱、六安等县党组织。①

▲　中共安徽工委旧址

---

　　① 中共寿县县委组织部，中共寿县县委党史办公室，寿县档案馆：《中国共产党安徽省寿县组织史资料》，合肥：安徽人民出版社，1993年，第63页。

1937年底,曹云露、张如屏从延安回到家乡后,立即开始走村串户,大力宣传抗日民族统一战线方针政策,讲解中国共产党团结抗日的政治主张和国共合作建立统一战线的重要性。他们在瓦埠上奠寺召开有300多人参加的各界抗日救亡大会,成立了寿县南乡各界抗日后援会。这是全面抗战爆发后寿县成立的第一个由共产党领导的抗日群众团体。不久,曹云露、张如屏又在杨家庙召开抗日后援大会,号召大家团结起来一致抗日,建立抗日民族统一战线,组建抗日武装进行武装抗日,保卫家乡。

中共安徽工委通过做耐心细致的说服教育工作和甄别工作,解散了先期由一些脱党分子和失去组织联系的老党员自动组织而没有得到上级党组织批准的"中共皖北中心县委",开除了自首变节分子的党籍。1938年2月,中共安徽工委在杨家庙恢复了从霍邱前来接洽关系的吴皓、李华封的党籍;工委书记曹云露和交通员老谢从小甸集曹家岗出发,到达霍邱众兴集李华封家,开展组织活动,批准恢复了汪洋、张润夫、王才远、戴铸等9人的党籍;批准成立中共霍邱特别支部,随即召开特支成员会议,指定吴皓任书记,李华封任组织委员,汪洋任宣传委员。中共霍邱特支直接受中共安徽工委领导。中共霍邱特支成立后,积极开展工作,秘密发展党员,恢复苏区时期党员的党籍(禁止吸收叛变或自首者),先后恢复刘树堂、陈有山等20多人的党籍。由于党组织恢复和发展得很快,到 1938 年 6 月,成立了中共霍邱县委。①

1938 年 2 月,曹云露又从霍邱赶到六安,经过考察,恢复了大革命时期的老党员邹同礽、高伯明等人的党籍,接着又发展罗平、汪胜文和孙以瑾等人入党,并成立中共六安城关支部,书记为邹同礽。这时,安徽省国共两党的组织机构和群众团体纷纷到达六安,中共安徽工委指示六安的党员积极组织青年团体,发动广大青年投入抗战行列。3 月,随着六安城内党员数量的增加,成立了中共六安县委,邹同礽任书记。4 月,中共六安县委改属新成立的中共安徽工委领导。②

凤台县的共产党员孙广贤、丁文山等人出狱后,中共安徽工委及时对他们进行审查,于 1938 年 4 月批准成立中共凤台县委。中共安徽工委在寿县境内,先后建立两个区委和一个独立支部、14 个党支部。1938 年春,中共安徽工委在杨庙成立中共杨庙区委,书记为陶焕民,组织委员为孙祝华,宣传委员为童在旭,委员为马曙。中共杨庙区委下辖中共罗集、杨庙、吴山庙、高塘集支部。4 月,中共安徽工委在安徽抗日自卫军第一路军教导大队秘密成立了中共特支,任命徐康明为支部书记,杨岩为组织委员,杨卓群为宣传委员,目的是要掌握和影响这支民众武装,把它变成

---

① 中共霍邱县委党史工作委员会:《霍邱革命史》,合肥:安徽人民出版社,1995 年,第 96—98 页。

② 中共六安县委党史工作委员会:《六安革命史》,合肥:安徽人民出版社,1995 年,第 249—250 页。

团结和联系进步青年的一个阵地,使它成为有力的抗日武装。中共安徽工委同时加强对先前成立的中共茶庵区委的领导,推动各党支部建设,很快在茶庵区建立10个党支部。①

中共安徽工委还先后派宋德渊、曹云鹤等人到肥西地区开展党的统一战线工作,动员肥西地方力量组织抗日武装,开展抗日斗争。经过共产党员的发动,一支由过去的红军游击队员为骨干组成的地方武装很快就组建起来,不久扩建为肥西抗日自卫军,后编为安徽抗日自卫军第二路军第一支队,由共产党员桂俊亭、张志一领导,1938年夏多次在六合公路沿线袭击日军运输队。中共安徽工委还积极推动各地县政府和各地方成立民众动员委员会(简称动委会),广泛动员群众组织成立各类抗敌协会投身抗战,全省掀起抗日救国运动的高潮。

二、中共皖北中心县委和中共寿县县委领导的抗日救亡运动

1938年4月,以彭康为书记的中共安徽工委在六安成立后,在隐贤集成立中共寿县中心县委,书记为曹云露,委员有张如屏、

---

① 中共寿县县委组织部,中共寿县县委党史办公室,寿县档案馆:《中国共产党安徽省寿县组织史资料》,合肥:安徽人民出版社,1993年,第63—64页。

涂仲庸、董积贤，领导寿县、凤台、合肥、六安、霍邱等县党的工作。5月，中共寿县中心县委在杨家庙组建中共寿县河东工作委员会。6月，在中共寿县中心县委的帮助下成立了中共霍邱县委，书记为黄岩。中共寿县中心县委在霍邱河口集举办了一期抗日救亡训练班，在学生中发展了一批党员。8月，中共寿县中心县委在霍邱河口集召开寿县、六安、霍邱三县党组织的会议，改中共寿县中心县委为中共寿六霍中心县委，书记为黄岩，曹云露调任新四军第四支队游击第二纵队政委。8月底，中共寿六霍中心县委机关又由河口集迁回到寿县隐贤集，改名为中共皖北中心县委。①

中共皖北中心县委根据党中央的指示和目前工作任务，利用抗日民族统一战线的大好形势，大力发展党的组织，积极开展活动。黄岩在小甸集曹家岗主持开办一期新党员训练班，学习抗日民族统一战线方针政策，培训了一批干部，使党组织的力量迅速增强。当时党的活动方式，主要是利用动委会、工作团以及抗日自卫军等统战组织的合法形式，发展党的力量，开展抗日民族统一战线的宣传鼓动工作，团结抗日民众进行抗日活动。

1938年11月，黄岩由于身份暴露，奉命撤退到立煌（今金寨），曹云露也于先前调离寿县，中共皖北中心县委根据中共安徽工委决定，重新组建了中共寿县中心县委，机关设在隐贤集，书记为涂仲庸，委员有董积贤、刘鸿文、曹树屏、徐为政、曹伦。中共寿

---

① 中共寿县县委组织部，中共寿县县委党史办公室，寿县档案馆：《中国共产党安徽省寿县组织史资料》，合肥：安徽人民出版社，1993年，第65页。

县中心县委组建后积极开展工作,全县党组织和地方武装有较大发展,先后建立7个区委、40多个支部和三个直属支部,有党员400多人。

1938年冬,在安徽省动委会的帮助下,寿县建立省委托第八工作团,团长由中共寿县中心县委委员董积贤担任。1939年春,董积贤随县委和安徽抗日自卫军第一路军第三直属大队转移到皖东抗日根据地后,团长由曹定律担任,副团长为徐康明。工作团团员有20多人,有中共地下党员10多人,团内建立了党支部,由徐康明任支部书记。工作团活动在瓦埠湖一带。

由于寿县人口众多,民众动员工作力量比较薄弱,安徽省动委会先后派省直属第五、十六、十七工作团到达寿县开展抗日救亡宣传鼓动工作。这三个团共有党员30多人,三个团长都是共产党员,王子均担任工作团地下党支部书记,与中共寿县中心县委密切配合,开展工作。工作团团员大都是具有爱国热情的知识青年,中共地下党组织在实际工作中有意识地培养他们,帮助他们提高理论水平、工作能力和阶级觉悟,大部分成员成为党的后备力量。

1939年夏,桂系进步军官何德润率第五战区政治工作第三中队(简称政三队)到寿县就任县长。政三队到寿县后,队内的地下党员李德观、张正杰等立即与中共寿县中心县委的马曙、王子均取得联系。中共寿县中心县委和政三队党支部讨论分析认为,经过长期观察,何德润是同情和支持共产党的,决定由支部书记李德观以县动委会妇女部长的身份做何德润的工作。由于共产党的积极活动和争取，何德润完全同意党组织提出的人事安排，政三队里的共产党员分别被安排在县和区乡担任要职，如张正杰任众兴区区长，刘公望任县政府军法科科长，陈雨田任县政府督导员，协助县长何德润工作。县常备队中也有政三队的地下党员控制其动向。从此，县委领导政三队的100多名队员和县动委会及三个工作团，在寿县各地以合法身份开展抗日救亡工作，很快在全县掀起抗战热潮：

一是采取多种形式，进行抗日宣传。他们在集镇、乡村各地召开各种座谈会，演出抗战戏剧，教唱抗战歌曲，散发进步书刊，讲述抗日军民英勇杀敌的故事，揭露日军的暴行。他们还举办各种训练班，张贴标语，散传单、出墙报、画漫画，高呼抗日口号，在全县范围内掀起宣传抗日救亡运动的高潮；

二是协助各种团体，开展抗日活动。省直属第十六工作团在瓦埠湖以东地区和安徽抗日自卫军第一路军第二支队配合，深入发动广大人民群众和各阶层爱国人士，响应"有钱出钱，有人出人，武装起来，保卫家乡"的号召，使抗日武装快速发展。他们还帮助第二支队设立政治工作机构，由王子均担任指导员，负责做士兵的宣传鼓动工作，用新四军编的教材对士兵进行思想教育，使第二支队的精神面貌大为改观。因此，这支队伍纪律严明，战斗力强。

政三队里的共产党员蒋国珍、赵耀先带领一个组到茶庵集，协助中共茶庵区委负责人江屏、杨海波,组织妇抗会,举办妇女识字班,把农村妇女组织到抗日救亡的行列中。他们还配合茶庵区青年抗敌协会(简称青抗会)开展日货、私货的检查工作,粉碎日军"以战养战"的阴谋。大地主杨伦斋私通日伪,把一些禁运物资运往敌占区走私、资敌,被青抗会截拦,并将物资送往区公所。经过审讯,杨伦斋的手下供认偷运违禁品以图大发国难财,并有在乡里欺压百姓的罪行。根据群众的意愿,决定将杨伦斋处死。但区长没有杀人权,只好把杨伦斋送到县政府,张正杰亲自找到何德润,要求将杨伦斋处以死刑。这期间,其他地方也抓捕了一些汉奸和通敌的恶霸,经县军法官审讯后给予严厉处罚,打击了汉奸反动势力的嚣张气焰,推动了抗日救亡运动的发展。

三是改造旧军队,建立情报组织和武工队。寿县地方武装向来众多,其中县常备队由何德润兼任总队长,下设6个常备中队,分驻县城及各区,但总队副队长和各中队长均来自旧军队和地方实力派,受地主豪绅支配,对于何德润担任县长很是不满,根本不把工作团、政三队放在眼里。何德润也感到这些人处处掣肘,必须彻底改造,才能使这支武装成为真正的抗日力量。于是他采纳了中共地下党组织拟定的方案,为摆脱地方势力的控制,决定从县常备队里抽调精干队员和精良武器,组成由县政府直接掌握的特务中队,任命政三队队员谢广禧(中共党员)为指导员,由政三队负责政治工作和军事训练。整顿后的这支队伍战斗力大为增强。1939年11月,日军再次袭击寿县城时,特务中队对日军展开英勇作战,有力地掩护了县政府和老百姓的撤退与疏散,得到广大群众的赞誉。当时舜耕山北面日伪据点林立,日军随时都可以进袭。而工作团、政三队多是外地人,人地生疏,消息闭塞,为了掌握敌情,开展对日伪斗争,他们在接近敌占区的地方,设立两个情报站,派出情报人员,监视敌情及汉奸行动,以便及时掩护清查户口、整顿保甲工作,抗击日伪的"蚕食"。另外,政三队建立了一支由8人组成的武工队,经常携带短枪出入敌占区,出其不意地打击敌人。

政三队还帮助新四军筹集粮、款和扩军。1939年秋,新四军干部魏立成和淮南游击大队方和平等人到杨家庙、高塘集一带筹粮、筹款、扩充兵员。地方上的土顽、劣绅、恶霸十分恐慌,纷纷呈文县政府要求制止。何德润收到呈文后,立即找共产党员李德观征询意见。李德观向他阐明新四军是友军理应支持,对此事要态度鲜明。何德润经过认真思考,便发布通告,说明新四军是抗战武装,征粮、征款、扩军均系合法行为,要求区乡政府和各民众团体予以支持。接着何德润又派出专人到各地检查执行情况。何德润还派陈雨田到双庙区找到方和平,并在高塘集召开了出乡保长和各界代表参加的会议。会上,陈雨田代表何德润,要求地方上对于抗日武装应一视同仁,做到有枪出枪,有人出人,有钱出钱,尽可能给予友军方便;并要求工作团和政三队帮助做工作,使新四军的扩军工作得以顺利进行。

1939年1月,国民党召开五届五中全会,确定了政策重点由对外转向对内,制订了一整套"溶共""防共""限共""反共"的方针。11月,国民党在金家寨召开鄂豫皖三省边区防遏共产党活动会议,制订"反共"计划,从政治、军事、经济、民运、宣传各方面,打击共产党及其领导的人民抗日力量。以国民党寿县党部为首的一些地方顽固势力和汉奸恶霸,认为时机已到,便策划推翻以何德润为首的县政府,赶走工作团和政三队,他们向省政府控告何德润"十大罪状"。同时国民党安徽省党部还规定,凡在党、政、军机关工作的人员,必须一律加入国民党,否则不准在党、政、军部门工作,并发入党志愿书令工作人员填写。这种规定被李德观、陈雨田、张正杰等人软抗硬拖搪塞过去了。1940年2月,国民党安徽政府主席、省党部主任委员李品仙下令改组动委会,调全体工作团(队)员和县动委会指导员到立煌受训,企图把共产党嫌疑分子一网打尽。同时李品仙下令何德润,用武力把在寿县的几个工作团和政三队全部集中到立煌"受训"或审查。何德润将此情况透露给李德观,李德观立即向中共寿县中心县委作了汇报,中共寿县中心县委经研究决定请示中共苏皖省委。后接中共中央中原局和中共鄂豫皖边区党委通知:动委会、工作团、政三队里的共产党员、民先队员和进步青年要带头拒绝"受训",不要上当,迅速撤退。根据这一指示,中共寿县中心县委和工作团、政三队党支部分头开会,研究撤退方案,研究决定分三批撤退,要求地下党员做好团员、队员的思想工作。

第一批由王子均、李德观率领在城内工作的人员,以到立煌

"受训"为名,从寿县到正阳关取水道经保义集、李山庙、钱集、下塘集,翻越铁路,安全地撤退到皖东抗日根据地。第二批由张正杰率领在四区工作的队员和寿县县委书记马曙动员的一批青年,在巧取国民党寿县政府存放在众兴区的一百多支枪后携带出来,也安全地到达皖东抗日根据地。① 第三批原计划由陈雨田率领队员撤退,但还未动身,情况发生了变化。原来,政三队、工作团大部分人员突然离开,又有四区区长张正杰带走一百多支枪去向不明,使何德润感到压力很大。当他向陈雨田问明情况后,经过激烈的思想斗争,毅然决定投奔新四军。拿定主意后,何德润便打电话给驻军首领,佯称要到立煌拜谒新任安徽省政府主席李品仙,城防事务请他代劳。这样,何德润和陈雨田带着第三批撤退人员和县特务中队离开寿县,行至堰口集时便折转向东,以追寻张正杰下落为名取道瓦埠,奔向新四军驻地——肥东青龙厂。

1940年2月,在寿县的工作团、政三队和动委会的共产党员和进步青年全部转移到皖东、皖东北新四军活动地区。此后,他们为淮南抗日根据地的建立和发展做出了重要贡献。②

---

① 中共寿县县委党史办公室:《寿县革命回忆录》,合肥:安徽人民出版社,1989年,第193—201页。
② 中共寿县县委党史工委办公室:《寿县革命史》,合肥:安徽人民出版社,1992年,第139—146页。

三、寿县抗日武装的组建及战斗

中共安徽工委在恢复发展党组织的同时,积极组建抗日武装。张如屏深入走访一些老同志和亲朋好友,动员大家团结起来反抗日本侵略者,希望各界人士有钱出钱,有枪出枪,有人出人。经过一段时间的宣传和争取,寿县东南地区有正义感的爱国分子闻风而动。上奠寺的商人吕子让在中共抗日民族统一战线政策的感召下,收集了一些民间枪支,组织30多人枪来找中共安徽工委要求参加抗日;隐贤集的赵筹、涂仲庸等把护家的几十条枪拿出来送给中共安徽工委;小甸集的曹少修、董积贤和李山庙的张有政等人也纷纷带来人和枪支,要求中共安徽工委尽快组建抗日武装。

寿东南的抗日气氛越来越浓,推动了上层人士的行动。杨家庙大地主张焕庭是地方民团团长,在土地革命战争时期曾镇压过农民运动,听了中共抗日民族统一战线政策的宣传之后,有心要把他所掌握的联庄会武装交出来,但又害怕共产党不容他,思想上有顾虑。曹云露知道后,亲自到张焕庭家做工作。张焕庭的侄子张如屏也反复宣传、劝说,终于使张焕庭打消了顾虑,将率领的民团武装交给中共安徽工委。1938年1月,中共安徽工委号召淮

备参加抗日武装的群众在杨家庙集训,集中了200多人,绅士们也愿意拿出枪支。群众要求曾任皖西北独立游击师政委的张如屏当大队长。张如屏为了更好地开展统战工作,发动更多的抗日队伍,坚持让大地主张焕庭当大队长,自己当副大队长。3月,寿东南各支武装集中到杨家庙进行训练,中共安徽工委在杨家庙召开了群众大会,宣布正式成立皖北抗日游击支队,支队有200多人枪,由张焕庭任支队长,张如屏任副支队长兼政治委员,涂仲庸、史泗群、董积贤为核心小组成员。支队下辖三个中队,吕子让、张有政、赵冠宇分任中队长。游击支队在共产党的教育训练下,军政素质迅速提高,抗日热情很高,纷纷要求投入抗日战斗。①

皖北抗日游击支队的成立,起初是得到国民党寿县政府批准的,但国民党顽固派不甘心,挑拨离间搞破坏,并称皖北抗日游击支队为"共产大队",国民党寿县政府便要解散这支队伍。张如屏到国民党寿县政府与县长交涉,但县长仍不同意这支队伍上前线,也不解决军需、给养问题。

恰在这时,国民党凤阳县县长戴九峰因凤阳县城沦陷,带着县常备队流亡到寿县。中共安徽工委为了避免摩擦,争取一切可以争取的力量共同抗日,决定把队伍开到凤阳抗日前线。通过老同盟会员李雨村的热心联系与商榷,中共安徽工委与戴九峰议定:将皖北抗日游击支队更名为凤阳抗日游击大队,开赴凤阳,相

---

① 中共寿县县委党史工委办公室:《寿县革命史》,合肥:安徽人民出版社,1992年,第131—132页。

机收复凤阳县城,护送戴九峰回住所,由他负责部队的吃饭问题。因此,队伍在1938年3月开赴凤阳县境,驻扎在离县城30余里的宋家湾、张家湾。部队在这里训练一个多月,期间,游击队积极宣传抗日救国,发动、组织群众,与当地群众建立了密切关系,并摸清凤阳城内的情况。游击队还组织了一个学生"决死团",经过十几天改为"醒狮"话剧团,后又编成一个宣传队,口号是"深入农村,组织民众"。他们在凤阳用动委会的名义,组织了红枪会、自卫队,有2000多名壮丁参加。4月,日军为接应华北日军攻打徐州,抽走凤阳城内的精锐兵力。游击队负责人张如屏和核心小组成员召开中队长以上干部会议,会上大家详细研究,讨论了各种打法,最后决定夜袭凤阳城。

1938年5月1日夜,游击队经过两小时的急行军,到达凤阳城的南门外,埋伏在距离城门二三里的地方。游击队首先挑选10多名身强力壮、精明能干的队员组成突击队,在向导的带领下,从下水道潜入城内,转至南门,将堵城门的麻袋搬掉,打开城门放进游击队。第一中队长吕子让率队埋伏在南门外做后盾,以堵截从蚌埠方向来的日本援兵。张如屏率领其余队员冲进城里,缴了守南门的伪军枪支,打垮绥靖队,攻下军用仓库,活捉维持会长潘慰农,解救了维持会为"慰劳皇军"强拉来的良家妇女。游击队从南门一直打到北门,日军不知虚实,龟缩在屋内不敢动。至天大亮时,游击队攻到县城中心的十字路口,日军躲在城楼上的掩体内,不断向游击队射击。地形对身在明处的游击队极为不利,日军此时也大体掌握了游击队的情况,火力越来越凶猛。尽管游击队奋勇冲锋,但几次都没有成功。战斗中,负责指挥的张如屏右手中弹,不少队员负伤。接着,又传来日军从蚌埠乘装甲车赶来增援的情报,于是游击大队决定从城内撤出。在撤退时,吕子让等四人中弹牺牲。凤阳一战,扩大了共产党和游击队的影响,鼓舞了人民的抗战激情,就连当时的国民党《武汉日报》也报道了游击大队"进袭凤阳城,颇为得手"的消息。周围群众都说共产党领导的队伍是真抗日,敢于打鬼子。这次战斗,开创了安徽地方游击队敢于打日军、进攻日军所占县城的先例。

从凤阳城撤出后,游击大队转移到寿县、凤阳、定远三县交界的白炉桥一带。这时,因游击支队有伤亡,部队给养问题没解决,少数意志薄弱者相继离队出走,部队中的波动情绪急需安抚稳定。在外地巡视指导工作的曹云露闻讯赶来,接替了张如屏的工作,并派人护送张如屏到武汉治伤。曹云露及时对部队进行整训,并在游击大队里建立了党支部,由涂仲庸担任支部书记。端午节前后,日军进犯白炉桥镇,派飞机狂轰滥炸,当地老百姓扶老携幼向西逃难。曹云露带第一、二中队掩护难民撤退;涂仲庸和董积贤、胡泽萍带领第三中队在炉桥西边的三里岗同日军展开了为时一天的阻击战。随后,曹云露率领游击大队返回寿县进行整训,加强了党的领导和思想政治工作,重振了士气,稳定了队伍。①

---

① 中共寿县县委党史工委办公室:《寿县革命史》,合肥:安徽人民出版社,1992年,第134—136页。

这时,从津浦前线撤到寿县一带的桂系军队因佩服游击队的勇敢抗日精神,要收编游击队。桂系第一七四师师长张光威比较开明,认为八路军和桂系军队都是坚决抗日的,而八路军更擅长打游击战,桂系军队和八路军不能搞摩擦,而且张光威曾要求加入中国共产党,还向中共安徽工委要人给他们当队长。曹云露、张如屏等研究决定,同意编入桂系军队,但对方必须接受两个条件:一是八路军部队的活动和发展不受限制;二是不能调离安徽。桂系第一七四师同意这两个条件,而且给游击大队发了枪支子弹和给养,因此游击大队一度被改编为国民党桂系第一七四师别动大队。

1938年春,仇西华、曹练白、曹伦等共产党人倡导成立了"醒狮"话剧团,在石家集、保义集、杨家庙等较大集镇上演抗战话剧,教唱抗战歌曲,以唤起民众抗日救国的斗志。

在共产党的推动和安徽省动委会的促进下,国民党安徽省政府于1938年3月决定组建安徽抗日自卫军,由代理省政府主席兼省动委会主任委员的张义纯担任总司令,迅速组成六路军,共10万余人,由石寅生、李武德等分任各自卫军指挥官。其中第一路军指挥官由寿县籍老同盟会会员石寅生担任,指挥部设在保义集,以寿县瓦埠湖以西及霍邱、颍上一带为防区,沿八公山、舜耕山向九龙岗、田家庵方向防御,并相机袭击敌运输线,确保寿县的安全。由于这支武装顺民心,合民意,特别是有共产党和人民群众的大力支持与拥护,队伍发展很快,由初建时的几千人迅速发展到一万多人,最多时人数近两万。指挥部设有参谋、副官、秘书、军需、军法、军械、军医、政训8大处和特务营,下编7个支队,三个直属大队,支队长有郑抱真、王绍九等。

抗日人民自卫军是统一战线的武装,为了对自卫军官兵进行宣传教育,中共安徽工委先后派人到自卫军中开展政治工作,在每个支队或大队里设立一个救亡室,并派一名指导员负责救亡室工作,教唱抗战歌曲,宣传抗日救亡道理,提出的"官兵一致,军民一致,团结抗日"的口号响彻军营内外,深入人心。而且第一路军官兵基本上是寿县子弟兵,受共产党影响更多,指挥官石寅生是爱国将领,富有民族正义感,赞同共产党的抗日民族统一战线政策。因此,当桂系军队调防并要求别动大队随军行动时,游击大队负责人召集分队长以上干部就队伍动向问题开展讨论。最后,曹云露综合大家的意见,决定加入抗日自卫军第一路军。

1938年6月,曹云露和涂仲庸、赵策等人到保义集指挥部就游击队收编问题与石寅生洽谈,凤阳抗日游击大队正式改编为安徽抗日自卫军第一路军第三直属大队,曹云露为大队长,孟西风为副大队长。这时,隐贤集的吕超、窑口集的陈宝如各带20多人来参加,游击大队又恢复到200多人枪。①

自卫军成立后,在惩罚汉奸、维护治安、破坏敌人交通、袭击敌人、宣传动员群众方面做了不少工作。1938年6月,日军沿淮

---

① 中共寿县县委党史办公室:《寿县革命回忆录》,合肥:安徽人民出版社,1989年,第88页。

河西进,从怀远、田家庵进犯寿县城关。当时桂系一部驻扎在蔡家岗、谢家集、赖山集一带,沿着河岸布防,修建了工事。但当敌机在寿县境内轮番轰炸时,桂军不战而退,国民党县政府从城关仓皇撤往戈店,寿县县城遂于1938年6月4日沦陷。日军进城后,大肆烧杀抢掠,又网罗培植汉奸势力,指使黄玉章等少数民族败类、地痞流氓组织临时维持会,打着自治的旗号,声称脱离国民党政府而"独立"。

寿县人民群众目睹日本侵略者的暴行,愤怒至极,抗日情绪高涨。自卫军各部经常活动在寿县城乡各地和铁路、公路沿线,昼伏夜袭,声东击西,扰得日军坐卧不安。1938年7月,寿县日军退守淮南。

抗日自卫军第一路军第三直属大队奉命执行"相机收复县城"的命令,密切注视着日军动向。7月,日军一出寿县城,曹云露便率领直属大队率先进驻县城。队伍刚到县城附近,就有一股难闻的臭气扑面而来。护城河里漂着许多腐尸,街道两旁的商店里也有死尸,县城被糟蹋得惨不忍睹。面对被侵略者蹂躏的惨状,抗日自卫军指战员们恨得咬牙切齿,决心为死难的乡亲报仇。队员们维持城内秩序,保护人民生命财产,并将作恶多端的汉奸维持会长黄玉章抓获,根据群众意愿当众处死。逃难的群众纷纷回家,重建家园,寿县县城的社会秩序迅速得到恢复。

与此同时,驻扎在寿合交界、淮南沿线的郑抱真第二支队和驻扎在寿县、凤台的蔡家岗、黑泥洼、望峰岗、淮河南岸的王绍九

第七支队等部，都根据地理条件，经常机动灵活地袭击日伪，缴获敌人的物资。第一支队王筱文部在九龙岗与日军激战，牺牲过半，表现出崇高的民族气节。

抗日战争进入战略相持阶段后，统治安徽的桂系顽固势力也转变联共抗日、抗衡蒋系的态度，开始破坏抗日民族统一战线。中共寿县县委遵照党中央确定的抗战、团结、进步的总方针，发展党的组织和人民武装，同桂系进行有理、有利、有节的斗争。1938年12月，接任安徽抗日自卫军总司令的安徽省保安处处长丘国珍到第一路军指挥部，以"抗日自卫军到处林立，群众负担过重"为由，提出要取消抗日自卫军的番号，要把第一路军编入国民党的正规军。自卫军指挥官石寅生据理力争，拒绝收编。为加强对沿淮及皖北地区的控制，桂系省政府又在寿县堰口集设立皖北行署，委任颜仁毅为行署主任。接着，省政府主席兼第二十一集团军总司令廖磊又派集团军高参汤尧带部队武装巡视皖北，企图瓦解、吞并自卫军。颜仁毅也到第一路军指挥部当说客，用高官厚禄来引诱官兵，由于石寅生的坚决抵制，桂系收编第一路军的企图没有达到。1938年年底，颜仁毅带着大批武装人员强令第一路军归其指挥，否则就地武力解决。为避免亲痛仇快的事件发生，石寅生等决定解散队伍。1939年3月，石寅生召开大队长以上干部会议，悲痛宣布解散第一路军。

会后，第一路军官兵大多散归乡里，部分投奔新四军，其中郑抱真的第二支队毅然加入正在寿县活动的新四军第四支队淮南抗日游击纵队。第四支队任命郑抱真为纵队长,梁从学为副纵队长,汪少川为政委。部队经过一个月的军政训练,开赴皖东抗日前线,驰骋淮南,打击日伪,成为坚持抗日、创建淮南抗日根据地的重要武装力量。第三直属大队根据中共皖东省委指示,由涂仲庸、赵筹、杨守先率领撤离寿县,开赴肥东青龙厂,后来编为新四军第五支队特务营。其余留在地方的武装,以常备队名义活动于各地,坚持守土抗战,保护群众生命财产安全。安徽抗日自卫军第一路军就这样在国民党顽固派破坏下解体了,中共寿县县委也一度停止活动。但是,由党组织发动和组建的寿县抗日武装始终在党的领导下坚持抗日,会入人民解放军的阵营。

1939年秋,中共苏皖省委为了发动后方群众,一面坚持抗日,一面同国民党作针锋相对的斗争。9月,中共苏皖省委派马曙回寿县整顿党组织,恢复中共寿县县委。由马曙任中共寿县县委书记兼组织部部长,王子均任宣传部部长,张浙任统战部部长,徐康明任民运部部长。[①] 中共寿县县委研究新形势下党的工作问题,决定整顿组织,划小支部,减少集体活动,加强对党员的革命气节教育;要求党员以公开职业为掩护,秘密组建武装,团结进步人士和群众,在有理、有利、有节的原则下,继续坚持抗日反顽斗争,先后组建了三个游击大队。

1939年秋,中共寿县县委决定在原安徽抗日自卫军第一路军

---

① 中共寿县县委组织部,中共寿县县委党史办公室,寿县档案馆:《中国共产党安徽省寿县组织史资料》,合肥:安徽人民出版社,1993年,第70页。

第二支队第一大队的基础上,成立方和平游击大队。游击大队初成立时只有100余人,但武器装备很好,任务是扩大武装,发动群众抗日,积极袭扰日伪。当时寿县城、下塘集等地皆沦陷,强盗土匪蜂起,国民党桂系横行霸道,抓壮丁,派公差,收取苛捐杂税,广大人民陷入国破家亡的苦难深渊。爱国青年纷纷要求参军参战。至1939年年底,游击大队发展到300多人,大队长为方和平,副大队长为李伯祥,大队政委为石裕田。游击大队下辖三个中队,主要活动在淮南铁路两侧之杨庙、朱巷、下塘集一带。

1940年初,中共寿县县委决定组建寿县游击大队,杨守先任大队长,黄元庆任政委。大队下设两个中队,共300多人,游击大队随县委活动。

国民党消极抗日后,以蔡鹤为首的国民党县党部就开始戒严,到处设立盘查哨。1940年1月,为了防止国民党桂系顽军的突然袭击,保存力量,避免损失,中共茶庵区委遵照寿县县委指示,动员茶庵区的中共地下党员和农民抗敌协会会员100多人,组建了杨海波游击大队,活动于上奠寺、孙集、杨家庙一带。同年6月,大队政委江屏带领部分队员撤退到皖东抗日根据地,大队长杨海波带领一部分队员到瓦埠湖西活动时被国民党顽军打散。

1940年3月,华中国民党军队开始开展大规模的反共军事行动。桂系第一三八师、第一七一师越过淮南线,配合李本一的第十纵队、颜仁毅的第十二纵队分别向肥东青龙厂的新四军第四支队和定远的新四军江北指挥部进攻,形势紧急。国民党寿县缉私队也乘机出动,在瓦埠、李山庙一带拉壮丁、催捐、要税,对主张抗日的爱国人士以通共的罪名敲诈勒索,群众纷纷要求为民除害。3月9日,一支国民党缉私队窜到李山庙,准备第二天再到炎刘庙去骚扰百姓。这时,方和平正带着游击大队在瓦埠附近的大井寺一带活动,得到这一情报后立即召开中队长以上干部会议,决定联合杨守先游击大队共同在张店打一次伏击。

张店是一个有50多户人家的较大村庄,位于李山庙南四五华里处,是李山庙通向炎刘庙的必经之路,一条南北走向的大路从村庄中间穿过,把村庄分成东西两部分。大路两边高过人头的土坯墙自然形成一条宽三四米、长约50米的巷道,人们称之为张巷。这里是丘陵地区,岗洼起伏,便于打伏击战。当天傍晚,方和平、杨守先率领200多名游击队员悄悄地潜入张店并封锁了消息。拂晓前,战士们在指定的地点悄然埋伏在围墙两边,石裕田政委带领一部分战士埋伏在村北头的塘坎下,以切断缉私队的退路。

3月10日晨,担任瞭望任务的战士发出了信号。当缉私大队进入伏击圈后,方和平一声枪响,埋伏的游击队员一齐开枪,打得缉私队措手不及,惊慌四散。缉私队逃命途中又被埋伏在塘坎下的游击战士堵住退路,只得缴枪投降。这一仗中,顽军死伤百余人,其余全部被俘,经教育后被释放。只有缉私大队长乘隙溜走了。张巷战斗教训了顽军,也牵制了顽军进攻青龙厂的兵力,配合了新四军主力的反摩擦战斗。

这次战斗后,李品仙抽调两个团的兵力对游击队进行追剿,游击大队在群众的掩护下与顽军周旋了几天后,全部撤退到淮南路东。在寿县的中共地下党员也大多随方和平、杨守先大队撤退,全县除茶庵区外,其余各区已基本上停止公开活动。面对危机四伏的政治形势,中共茶庵区委根据上级党的指示,继续坚持斗争。

茶庵区有些汉奸以卖鹅毛、猪鬃、狐狸皮走私资敌。杨海波游击大队根据中共寿县县委指示,先后逮捕和处决了汉奸李载墨、杨家荣等,截击了汉奸载有枪支和贵重物品的船只。仅月余时间,当地的汉奸势力遭到沉重打击。住在杨海波家的地下党员相继安全转移,存放在他家的新四军数百件军衣也运到革命根据地。

不久,由于叛徒的出卖,茶庵区的地下党组织遭到严重的破坏,共产党员曹信、张家老等人被逮捕后遭枪杀。国民党县大队开始对杨海波及游击队员进行疯狂搜捕。当时,中共茶庵区委和游击大队与中共寿县县委失去联系,为了避免全军覆没,江屏和杨海波率领游击大队来到瓦埠湖一带,准备突围后与新四军江北部队会合。但因敌、伪、顽封锁严密,队伍只突围一部分,剩下杨海波等20多人没有突围出去。杨开诚、张立忠按照杨海波指示,绕道六安、合肥,到新四军江北指挥部报告情况。杨海波在原地继续收容失散人员,等待上级接应。1940年6月,转移到皖东的中共寿县县委派马曙、杨刚、吕源和杨开诚、张立忠回寿县接应杨海波及其队伍和未转移出去的人员。由于敌人封锁严密,几次突围都未成功。不久,杨海波被捕,壮烈牺牲。①

四、血战寿县城

1939年11月,日军1000多人再次向寿县县城发动进攻。由于国民党县政府已于9月迁往县城南面的堰口集附近,此时城内兵力空虚,日军长驱直入,县城再次沦于敌手。但这次日军在城内仅住两三天,便龟缩到淮南去了。

1938年10月,抗日战争进入相持阶段。寿县古城掌握在抗日军民手中,对敌人淮南线的煤炭基地构成严重威胁,日军既不能巩固占领区,也不能放手掠夺煤炭资源。尤其是寿县县城的国民党守军已增加到一个团,更使敌人如鲠在喉,非常难受。因此,日军虽因战线拉得太长,兵力紧张,但鉴于当时形势,也不得不四处抽调部队,组成重兵再次攻占寿县县城。

1940年4月,占据合肥的日军矶谷第十四师团,企图扩展淮南、蚌埠外围据点,派骑兵1000余人,山炮2门,三犯古城。他们以淮南线蚌埠占领军及绥靖军王学儒团为配合,总计出动兵力达

---

① 中共寿县县委党史工委办公室:《寿县革命史》,合肥:安徽人民出版社,1992年,第147—153页。

6000余人。其时,抗日民族统一战线已经遭到破坏,国民党经常对共产党及其领导的新四军进行寻衅摩擦,寿县地区的党组织和抗日游击队奉命转移到淮南路东。国民党驻防在寿县的部队是第一三八师第四一二旅龙炎武部和安徽省保安第二支队第九团。此时,城内的广大群众抗日热情高涨,保安第九团受到人民群众爱国情绪的感染,国难家仇激起了他们的斗志。临战前,爱国官兵们摩拳擦掌,纷纷表示,誓死抵抗,保卫古城。

保安第九团团长赵达源,国民党爱国将领,云南大理人。他于1934年转战来安徽,历任少校营长、安徽省保安第九团中校团副、宣城保安警察大队长等职。1937年,全面抗战爆发,赵达源升任安徽省保安第九团上校团长。芜湖、安庆相继沦陷后,他率部转战江淮,屡屡获胜,多次获嘉奖。

赵团长在得知日军重兵来犯时,立即电告国民党主力部队第一三八师第四一二旅旅长龙炎武。时第四一二旅驻迎河集,龙炎武接到报告后,命赵团据城固守,自己率部移驻寿县城郊九里沟周家寨指挥策应。当时明确任务并宣布:城内由赵团固守,我在城外作为梯队,枕戈以待,相机夹击。并派兵袭击田家庵日军老巢,叫他首尾难顾。赵达源数次召集连长以上的军官和寿县自卫大队各中队长参加会议,积极部署城防,在城墙上抢修工事,在郊外的四顶山、翟家洼、东津渡、平山头等处安排了兵力,守城兵力达1700多人。

1940年4月12日拂晓,日军一架飞机在寿县上空盘旋,地面日军兵分东、南、北三路向寿县进犯。东路和南路日军主要从陆地进攻,北路日军沿淮河从水路进攻。这时,布防在城东鸭背埠的保安第九团前哨连首先与日军的先头部队接火,而驻守在蔡家岗的龙炎武旅一个连不战而逃。战斗从上午7时左右打响,双方损失都十分惨重,但终因敌人武器、兵力均占上风,致使城外一线守军伤亡殆尽。敌骑兵趁势绕过火线,首先冲到东津渡,守备在这里的守备连奋起抵抗,连长也在激战中中弹牺牲。守备连突然失去指挥人员,阵地群龙无首,出现混乱局面。这时,敌骑兵与紧跟其后面的步兵趁机在东津渡口南北二里长的战线同时发动冲锋,抢渡淝水,越过两道防线,抢占了东门城河外堤牛尾岗高地。北路日军分乘30多只汽艇,由淮河进入淝河,向县城逼近。另一小股日军则由翟家洼沿着山脚经珍珠泉向北关集冲击,当他们刚到北门大桥时,保安第九团一部以步枪和机关枪构成交叉火力网,突然向日军射击。日军拥挤在狭窄的桥上惊惶失措,躲避不及,死亡100余人,终不能越过石桥。日军吃了大亏,便丧心病狂地向寿县城内发射燃烧弹,城内顿时火海一片。

这时,赵达源团长急电报告龙炎武请求增援,龙炎武却按兵不动。他的参谋主任莫仲庆也建议抓住战机,立刻出兵从侧背夹击,破敌之主力。但心怀鬼胎的龙炎武此刻正企图重温年初大蜀山歼敌之故技。那次战斗中他先是坐山观虎斗,直到敌人精疲力竭、被友军围困在两口干塘里进退无路时,方才出兵解决战斗,从而坐收渔利,荣获上峰传令嘉奖。因此,他随口应付,必须等赵团将敌人弹药耗尽,才可挥师歼敌。

战斗至12日上午9点多钟,日军在城东、南、北三面发起进攻,战斗异常激烈艰难,双方时进时退,阵地几次得而复失。激战至中午,日军屡次遭挫。他们见攻城难进,便由珍珠泉、牛尾岗等高地向城内发射催泪弹,但赵达源团仍能坚守阵地,打退日军多次进攻,双方伤亡都很大。

"誓死保卫城防,坚决与城共存亡!"成为赵达源团全体官兵的共同意愿。就在日军攻城之前,赵达源团长已经抱定誓死守城的决心,并留下遗书给留城的团军医主任张子宪。

12日下午1点左右,日军汽艇在城西北通过火力侦察,认定西北一线空虚,便靠岸登陆爬城,在无线电的联络下,南、北、东三线敌人也同时发起冲锋纷纷登城,其中以赵达源团重点守卫的城东南角和西侧的火线战斗最为激烈。赵团长环顾阵地守军,伤亡枕藉,能够再战者极为有限,且机动兵员早已用光,在此千钧一发之际,他一面大声鼓励士兵再战,一面带领不满10名随从向西门南侧跑去,率先顺城墙滑了下去,以城墙为依托向南发起冲锋,打算从侧后袭击,以解南门之危。可惜他的战马不识主人意图,从马夫手中挣脱缰绳也跟着主人跳下城去。战马着地的响声,惊动了正在城西湖游弋的汽艇上的敌人,赵达源立刻暴露了自己。顿时,数只敌艇上的机枪子弹密集射来,随从战士全部牺牲,团长赵达源身中数弹,跌入城河,壮烈牺牲。

12日下午2时后,寿县四城门被突破,城头守军八面受敌,不得已转入巷战,南门杨叉把巷、棋盘街和东门北侧的灌木林三处,短兵相接,反复冲杀。爱国官兵把子弹打光了,就用枪管、枪托和拳头打,用牙齿咬,仍坚持搏杀。城壕内外,遗尸累累,最后全团官兵后撤无路,绝大多数壮烈殉国。下午3时多,躲在九里沟的龙炎武,袖手旁观,既未派兵增援,也未发一兵一卒夹击敌人,而是在得知城防被日军突破时,见大势已去,再也摘不到"桃子"了,只得率部溜之大吉。当时,有人撰一长联,讽刺了龙炎武的临阵脱逃,歌颂了抗日官兵为国捐躯的精神。联文如下:

忆庐阳请缨,同驱日寇。蜀山下,公为梯队待渔利,我与友部作前锋。弹雨滂沱时,五百鬼子归冥府。委座勋章授汝,荣乎耻乎?百姓纵谈分美丑。

看寿春驰马,共抗倭奴。淝水滨,吾率官兵固城防,尔坐郊原观虎斗。血花飞溅处,两千壮士谒轩辕。中华青史录谁?功耶罪耶?千秋定论判忠奸。

在寿县城保卫战中,县城人民奋勇支援抗日将士,为他们送饭、送衣物、救护伤员。有位营长被群众藏在春华医院,最后安全脱离;有的战士躲入庙中扮做和尚,被僧人救出;有的躲入群众家里装作哑巴,也被保护下来。

日军进城后,兽性大发,大肆烧杀抢掠。据不完全统计,有3000多人惨遭杀害,大火延烧数日,财产损失不计其数。城内外

死尸累累,到处是残垣断壁、焦梁弹洞。从此,寿县古城在日本侵略者铁蹄蹂躏下长达5年之久。①

为了缅怀保安第九团和赵达源团长等抗日英雄,抗战胜利后,寿县人民在西门立碑纪念。碑文:今河山之再造,仰浩气之永存,缅怀忠烈,感慕何穷,用勒贞义,永垂不朽云尔。②

五、淮西独立团

为了扩大抗日根据地,开辟寿东南地区,1941年5月,中共津浦路西区党委决定,中共寿县县委随同新四军第二师第六旅第十八团一部重返寿县,重建县委,以适应抗日反顽斗争的需要。第二师第六旅党委决定,由第十八团政治部主任杨效椿率该团第四连到寿县,掩护县委开展工作。县委仍以马曙为书记,组织部部长为杨刚(后为郭凌),宣传部部长为曹云鹤,敌工部部长为方铎,民运部部长为孙祝华,城工部部长为赵凯,军事部部长为杨守先,李国厚、赵筹、王善甫、彭济伍、陈世新等为县委委员。为了统一

---

① 中共寿县县委党史工委办公室:《寿县革命史》,合肥:安徽人民出版社,1992年,第153—156页。
② 六安市委党史研究室:《红色六安》,合肥:安徽人民出版社,2007年,第188—189页。

领导,成立了寿县军政委员会,由杨效椿任军政委员会书记,马曙、杨刚等人为委员。①

▲ 抗战时期淮西独立团在寿县,中为杨效椿

1941年6月,这一行80多人在杨效椿的带领下,从水家湖(时属寿县,现属长丰县)翻过淮南铁路,进入寿县境内。

当时,寿县的斗争形势十分紧张复杂,环境非常艰苦。寿东南地区的东北面是日军占领区。日军南以合肥、北以淮南煤矿为中心,并在下塘集、水家湖、孔店等集镇设立据点,派兵驻守;同时在其他集镇派驻伪军,以控制淮南铁路这条交通线,保护设在寿

---

① 中共寿县县委组织部,中共寿县县委党史办公室,寿县档案馆:《中国共产党安徽省寿县组织史资料》,合肥:安徽人民出版社,1993年,第73—74页。

县城内的伪县政府。穿过寿东南的淮南铁路线东西两边是国民党顽军控制区。桂系第一九二师驻吴山庙地区，另派地方自卫团分驻瓦埠、小甸集、李山庙、古楼岗等地，并在大顺集设立了办事处——河东办事处。①

寿东南地区壕沟纵横，碉堡林立。但就在日伪和顽军势力范围的交界处，有一个南北长100多华里、宽三四十华里的狭长地带，日伪和顽军的兵力布置都比较薄弱，新四军在这里的群众基础也比较好，适宜于开展游击战争和建立根据地。

四连刚进入寿县境内时，就与驻在水家湖的伪军遭遇，激战一个多小时，打退了伪军。接着，四连又奔袭孤堆集国民党守军。1941年6月，四连在寿县地方游击队的配合下，攻打了杨公庙伪军，并收复杨公庙，生俘伪军队长一名，击毙日军士兵两人，翻译一人。

四连的活动，引起了敌人的注意。此后，日伪、顽军天天追剿这支部队，妄图在四连立足未稳的情况下将其歼灭。为了离间新四军和群众的关系，凡四连驻扎过的村庄，均遭敌人抢掠一空。一天，四连驻扎在枣林铺乡的董家岗，国民党保长赵权秧发现后，立即向国民党县政府告密，国民党县中队即携枪炮前来进攻。四连一面掩护群众撤退，一面与敌人交战。顽军一面顽抗，一面求援。下午二时许，顽县大队长赵子盘率部赶来助战。在敌众我寡

---

① 中共寿县县委党史工委办公室：《寿县革命史》，合肥：安徽人民出版社，1992年，第163页。

的情况下，四连当即转移。当地群众家什衣物，田地里的瓜果，全部被洗劫一空。

由于四连几乎天天打仗、转移，难以建立起稳固的群众关系，队伍也得不到休整，抗日局面难以打开。

1941年6月，随四连行动的第十八团副参谋长方和平奉命回旅部汇报工作。旅长谭希林听了汇报后批评说：仗打得多了。派四连到寿县去不是为了打仗，如果打仗，一个连的兵力能解决什么问题呢？你们要认真做好统战工作，开展政治攻势，教育广大指战员遵守"三大纪律、八项注意"。你们在日伪的心脏里活动，要多动脑筋，利用有利条件，减少不利因素。由于工作需要，方和平留在团部工作，另派参谋董完白返回寿县协助工作。

董完白回寿县后，传达了旅部的指示。杨效椿立即组织干部战士进行讨论，广开言路，确定下一步工作重点。经过讨论，大家一致认为，上级的指示是正确的，部队到寿县来的任务早已明确，大家以后要向群众多做宣传动员工作。要宣传共产党的抗日政策，扩大共产党和新四军在群众中的影响；部队要尽量减少群众的负担，自己能解决的困难决不去麻烦群众，以增加群众对党的信任。对伪军要开展政治攻心战，以减少因战斗而引起的部队和群众的伤亡。他们根据党中央的"抗战、团结、进步"的方针，开展了广泛的抗日民族统一战线工作，想方设法发展进步力量，争取中间力量，孤立和打击顽固势力，团结一切愿意抗日的力量共同抗日。

基本政策确定后，具体工作便有了依据。在发展进步势力方面，四连部队与县委互相配合，建立地方武装，使群众有了依靠。部队在一般情况下不驻在村庄和群众家里，而是露营在外，以免群众受到伤害。在争取中间势力方面，主要是争取那些在地方上比较有威望的长者和开明士绅。如杨庙联庄会会长董吉善，能号召几百人枪。他被争取过来后，不仅命令其领导的联庄会不再与共产党对立，而且亲自送儿子参加新四军，儿子在部队屡建战功。后来他又争取钱集乡乡长杨贯之倾向新四军。杨贯之虽是乡长，但他不欺压百姓，能为群众伸张正义。杨效椿找他谈了几次话，向他晓以民族大义，他便辞去了乡长职务，父子二人为新四军带路、办事两年多。

日军由于兵力不足，在中国各地利用维持会，组织伪政权，实行"以华治华"的怀柔政策，而一些民族败类则甘当汉奸走狗，助纣为虐。杨庙乡乡长胡如宽就是这类人。他自恃有日军撑腰，横行乡里，无所顾忌，并常常为日军带路下乡打猪抓鸡，群众恨之入骨，纷纷要求予以惩治。四连曾派人前去给他警告，可是他根本听不进去。

1941年9月，四连让内线张聘之请胡如宽吃饭。胡如宽由于做贼心虚，平时很少走出乡公所，因见是熟人请客，且在自己的眼皮底下，便欣然答应。次日上午，四连派出短枪班十多人装扮成赶集农民混入集市。中午时分，胡如宽带着两个乡兵走进饭店。等到饮酒正酣之际，短枪班冲进饭店，将胡如宽和两个乡兵活捉，然后又冲进乡公所。乡公所的伪军大多是当地农民,是被迫出来当兵的,他们对新四军打仗勇敢早有所闻,见势不妙,早有不少人溜之大吉,一部分逃之不及的,纷纷跪地求饶,全部做了俘虏。就这样,一枪未放,四连便活捉了20多个伪军,缴枪10余支、子弹数百发,乡公所的工事也全部被摧毁。胡如宽由于表示愿意悔改,得到了宽大处理。

胡如宽乡公所打掉不久,日军又扶持胡迪生出来组织乡公所。胡迪生是杨庙当地人,他在当乡长前,曾托人出来同四连谈了两项承诺:不欺诈百姓,不向日军报告新四军的活动情况。鉴于此,四连同意他当乡长。开始一段时间,他还是按照诺言去做的。可三四个月后,他就觉得翅膀已硬,就仗着日军势力,为非作歹,汉奸嘴脸又充分暴露出来了,与他的日本主子沆瀣一气。如不除掉他,四连在这一地区刚刚打开的局面就将断送掉,中间派的保甲长将会见风使舵,改变立场,开辟寿东南根据地也将成为一句空话,日伪也将会更加猖狂。

1942年5月,四连的部分战士在杨效椿的带领下,装作买柴人混入赶集的人群中,他们将武器藏在柴草中。走到乡公所门口,战士们把柴草往地上一放,然后突然抽出枪一齐冲进乡公所院内,院内的伪军被如同从天而降的新四军战士惊呆了,乱作一团,束手就擒,30多名伪军全部做了俘虏,胡迪生被两名战士连击两枪后,向日军炮楼跑去。虽未被打死,但吓得辞去了乡长职务。

此后很长一段时间,无人敢当伪杨庙乡乡长。①

1941年9月,十八团派副参谋长方和平率一个连到寿东南地区的王集召开由各阶层人士参加的群众大会,宣传共产党的主张,揭露国民党反动派投降日本帝国主义、破坏统一战线的罪行。由于方和平的讲话富有鼓动性,所以他的讲话刚结束,台下就群情激奋,高呼口号。当天晚上,部队转移到王集西北面的王岗村驻下。由于白天开会时造成的声势大,朱集和淮南三镇的敌人闻讯后,连夜出动100多日军和300多伪军,于次日拂晓前将王岗村包围。方和平一面指挥部队反击,一面安排撤退,在青纱帐的掩护下,天还没有大亮,部队就突出了重围。

正在此时,方和平的战马跑到村子里去了。这匹战马是以前从日军手里缴获的战利品,这时听到村子里同类的嘶鸣,所以不顾一切地冲向村中。由于马背上放有文件袋,内有新四军的重要文件,若被日军获得,后果非常严重。方和平二话没说,便只身冲入敌阵,经奋力拼杀,负伤累累,终将战马夺回。可是就在他跃身上马之际,被敌人机枪射来的一梭子弹打中,壮烈牺牲。方和平是寿县红军游击大队和抗日游击队的创始人之一,他为动员群众保卫家园,开创淮西抗日游击根据地做出了重要贡献。他的妻子

---

① 中共六安地委党史工作委员会:《皖西革命回忆录·第二部》,合肥:安徽人民出版社,1989年,第288—293页。

汪德英和儿子后来在日军的一次扫荡中也不幸落水身亡。①

1942年4月,四连奉上级指示相机袭击合肥日军外围据点,以威慑日军,扩大新四军的影响。土山、岗集、哑巴店是合肥北面近郊的一个三角地带,日军在这三处都设有炮楼,若想进攻合肥,必须先拿下这些据点。当时,四连和游击队约出动300多人,夜间由陶楼西边的陶圩出发,天亮前到达土山,并将这里的日军炮楼包围。拂晓时对日军的进攻遭到抵抗,岗集、哑巴店两处的日军听到枪声前来增援,三处共约有一连人,与原来侦察到的只有一班人的兵力相差太大。迫击炮雨点般打来,四连一时无法攻入。天大亮后,部队完全暴露在日军的火力网下,又值杨效椿左臂中弹负伤,只好下令撤退。

为了更有效地打击顽固势力,壮大抗日力量,淮南津浦路东根据地经常派出主力部队到淮西地区配合作战。

1941年11月9日,新四军第二师第六旅第十八团团长陈庆先率领两个营的兵力,在晚上越过淮南铁路并在附近村庄隐蔽起来。第二天,四连派出小分队到拐集、大井一带活动,有意暴露目标,引诱敌人上钩。11日,驻扎在寿县地区的国民党第四中队得到情报后,在中队长汪杰的带领下,立即赶往拐集,准备在第二天逢集时突然袭击,把共产党游击队一网打尽。

---

① 中共寿县县委党史工委办公室:《寿县革命史》,合肥:安徽人民出版社,1992年,第169—170页。

为了打好这一仗,杨效椿他们做了积极准备。他们查勘了地形,认为在倪大郢孜战斗比较有利。倪大郢孜当时有四五十户人家,是一个较大的自然村庄,容易隐蔽。为了群众的安全,他们连夜将群众转移。为了将来犯的顽军一网打尽,陈庆先带两个营对来敌实施正面进攻,杨效椿带四连埋伏于倪大郢孜北边,以打击顽军的增援部队,并堵住敌人的退路。

12日,汪杰率领四中队向拐集进犯,当行至倪大郢孜时,立即遭到陈庆先他们的猛烈攻击,顽军猝不及防,抵挡不住,纷纷逃进村中借助残垣断壁负隅顽抗,以等待援军到来。到了13日,顽军看仍然没有援军,便举手投降,战斗结束。中队长汪杰之外的130余人,除了十余人被打死外,其余全部被俘。经过一段时间的斗争,四连在寿东南地区的声威大振,日伪、顽军闻风丧胆。群众说:枪声一响,伪军就投降,日军心发慌。

十八团四连,在寿东南地区经过一年时间的努力工作和战斗,将这里的局面基本上打开了,建立了比较牢固的群众关系,武装也有了较大发展,统战工作卓有成效,杨庙、陶楼、吴山、长岗等乡伪政权被争取过来,成为"两面政权"或灰色政权。这为淮西独立团的组建和寿东南抗日根据地的开辟奠定了基础。

新四军在淮西地区坚决打击日伪、顽军,保护人民群众的利益,得到了广大人民群众和社会各阶层人士的积极拥护和支持。人们纷纷报名,要求参军参战,送子参军、送夫参军的热情空前高涨,抗日武装也得到快速发展。为了充分利用这大好的抗日形势,1942 年 6 月,上级决定:以在寿县活动的十八团四连为基础,收编一部分地方游击队,组建新四军第二师淮西独立团。6 月下旬,淮西独立团在拐集宣布成立,由原津浦路西联防司令部参谋长李国厚任团长,杨效椿任政委,政治处主任为王善甫,副主任为越凯,参谋长为侯坤。淮西独立团活动范围主要在淮南铁路两侧的下塘集、朱巷、造甲店,这三个地方原来都属于寿县所辖,所以淮西独立团有时被称作"寿县独立团"。①

淮西独立团成立后,在寿东南地区带领广大人民群众坚持敌后斗争,他们既是战斗员,又是宣传员,扩大了中国共产党在群众中的影响,粉碎了敌人多次"扫荡"和"围剿",保护了人民群众的生命财产安全,配合了地方党的工作,创建了寿东南抗日根据地。

(一)戚堰捉"舌头"

1942 年初春,为了解日军在淮南津浦路两侧的兵力部署情况,师部命令四连生俘一名日本兵作为"舌头"。几天后,情报员报告说,驻在打石坑的日军将于次日下乡锯树修筑工事。第二天,日军果然来了。四连主动出击,毙敌数名,生俘日军士兵 1 名,胜利而归。正当大家为完成任务而庆祝时,不料一名新战士由于对日军怀有刻骨仇恨,举枪将俘虏来的日军士兵击毙,顷刻间,活"舌头"变成了死"鬼子"。大家虽然感到生气,但事情已无

---

① 杨效椿:《淮西独立团》,见中共寿县县委党史办公室:《寿县革命回忆录》,合肥:安徽人民出版社,1989 年,第 178—186 页。

法挽回，只得伺机再捉。

经过了解，驻打石坑的日军经常到村子里打猪抓鸡以改善伙食，四连决定利用日军这个习惯，打一个伏击战。没过几天，日军又要到河西的村子里去残害群众。由于打石坑日军据点在西边的戚堰、沈小湾、陈亚东圩子，这三个小村庄呈三角形，所以四连当即决定晚上夜宿戚堰守株待兔。杨效椿带两个排埋伏在戚堰，谢锐带一个排隐蔽在河西的沈小湾，董完白带区中队潜伏到陈亚东圩子。翌日清晨，一场大雾弥漫大地，笼罩着远近的村庄、田野，能见度非常低，10米以外就难以辨别了。这时，打石坑据点里的五六个日本兵带着50多个伪军，从炮楼下来直向拐集方向走来。走在前面的伪军走过伏击圈，待后边的日本兵刚过沈小湾，埋伏在这里的一个排立即猛烈射击，当即打死两个日本兵。紧接着埋伏在戚堰和陈亚东圩子里的两支队伍也猛扑过来，日军惊惶失措，乘着雾障连滚带爬地逃向据点。有两个穿着笨重大皮鞋的日本兵慌不择路，一下子陷进了深深的烂泥田里，欲逃不能。其中一个高个子、满脸络腮胡了的日本兵"唰"地抽出东洋刀，大吼一声，恶狠狠地朝游击战士砍来，另一战士举枪将他击毙。另一日本兵声嘶力竭地边挣扎边"哇哇"乱叫，一排的王班长一个箭步冲上去，紧紧地将他拦腰抱住，两人滚倒在烂泥田里，大家迅速扑上去夺走了日本兵手里的大盖枪，把他从田里拖了上来。这次战斗共击毙日军4名，生俘一名，缴获日式轻机枪一挺，大盖枪5支，东洋刀4把，子弹500余发。被俘日本士兵叫清水，入伍前是一渔夫,被送到根据地后经教育进步很快,为新四军提供了不少日军情报,在抗战胜利时,清水已加入中国共产党。

(二)夜战杨公庙

1943年,抗日战争进入局部反攻阶段,淮西抗日民主根据地得到不断巩固与发展。日军不甘心失败,经常纠集兵力借助伪军对根据地边缘地区进行骚扰,企图采取蚕食的办法逐步把中国共产党的地方武装挤出淮西地区。杨公庙是寿东南的交通要道,驻扎着伪军一个连。其中有一个人叫王玉清,土匪出身,日军占领淮南后,他就带领手下的一伙土匪们投靠了"皇军",认贼作父,为虎作伥,因此被日军重用为杨公庙的伪军连长。王玉清这个人无恶不作,诡计多端,千方百计地破坏区乡抗日政权。他经常带领日军到根据地"清乡""扫荡",并到处设立关卡,凡是他认为有嫌疑的人统统被捉去交给日军,轻则毒打,重则砍头、活埋、喂狼狗。附近群众纷纷要求淮西独立团为民除害。独立团曾通过关系多次写信警告他,让他弃恶从善,但他依然倚仗杨公庙背靠淮南三镇,又有"皇军"做后盾,不仅没有丝毫收敛,反而认为独立团软弱可欺,拿他没办法,有恃无恐,变本加厉。

1943年8月,天气热得让人透不过气来,田野里,骄阳似火,烤得高粱都卷了叶子,柳树也无精打采地低垂着。这样的天气,是消灭王玉清的好机会。淮西独立团当即决定,让一排出击杨公庙的伪军。傍晚时分,战斗打响了,王玉清见新四军人不多,便疯狂地扑来。一排佯败,边打边撤,伪军便得意忘形地追了起来,一直追到淮南的舜耕山下,自以为把游击队赶跑了,便趾高气扬地"班师回朝",庆贺胜利。一排战士回到驻地时,天已经完全黑了下来,独立团立即集合了两个连的兵力去包围杨公庙据点。路上战士们个个精神抖擞,疾步如飞,到达杨公庙时大约凌晨两三点钟,集市上除了偶尔有几声狗叫外,毫无动静。伪军们自以为打了胜仗,欢欣鼓舞,炮楼内狂笑声、叫骂声不断传来。独立团见时机已到,大喊一声"打!"顿时枪声、手榴弹爆炸声打破了夏天宁静的夜空。伪军几次试图突围都被独立团打退,便龟缩在炮楼内负隅顽抗。由于他们是一伙亡命之徒,其中大部分是惯匪,具有较强的战斗力。双方僵持了一段时间,为了争取多数伪军,减少损失,独立团用喊话展开政治攻势。可是话音未落,炮楼里就打过来一梭子弹。东方已经发白了,如果天亮前不能拿下据点,驻扎在淮南方向的日军就会增援;如果此战失败,王玉清以后会更加猖狂。独立团临时召开会议,决定重新部署兵力,采取强攻。在机枪火力的掩护下,战士们英勇地冲向炮楼,前仆后继。樊萍匍匐到炮楼下一跃而起,奋不顾身地将集束手榴弹从枪眼塞进了炮楼,顷刻间,一声巨响,炮楼被炸开一道豁口,战士们冒着滚滚浓烟,一拥而上。王玉清一连伪军,除20余人被打死外,其余全部被俘,王玉清这个罪恶累累的民族败类经公审后被枪决。①

---

① 中共六安地委党史工作委员会.皖西革命回忆录·第二部》,合肥:安徽人民出版社,1989年,第273—277页。

(三)禹庙反"扫荡"

抗日战争是极其艰苦和残酷的。1944年,抗日战争进入战略反攻阶段后,日本侵略者深知自己在中国的日子不长了,便对后方根据地进行疯狂的"扫荡"。狡猾的日军采取"出其不意,攻其不备"的战术,常常在节日里对抗日根据地军民进行"扫荡"和骚扰。1944年元旦,淮西独立团在驻地禹庙岗正在进行军、政、民联欢,突然接到报告,称日军以众多兵力,兵分八路,从庄墓、仇集、王庄、连塘面、拐集、龙王庙、樊庄、赵岗等地集结而来,对禹庙岗一带的军政机关实行铁壁合围。为了保护党政机关,减少损失,淮西独立团立即组织转移。四连负责阻击敌人,以保证群众和部队机关安全撤离;团部直属警卫排由禹庙岗南面的叶大郢孜向西经过樊祠堂附近的樊大桥过涧沟再向西转移,迷惑敌人,然后插入敌人背后的刘庄、张涧一带。由于日军在朱集、水家湖等据点的兵力布置比较薄弱,因此淮西独立团派了一个排从这里进行佯攻,以调动敌人的兵力,牵制其后方。四连连长汪制均带领一排痛击拐集方向的来犯之敌,二排则到东面的牌坊郢孜,此时正好与敌相遇,立即发生了激战。为了防止庄墓方向之敌从背后进攻,连长汪制均命令二排抢占制高点袁路岗;二排长孙福余带领一排人刚到袁路岗,发现与敌相距仅100多米,双方短兵相接。由于二排居高临下,打得敌人丢盔弃甲。这时汪制均带领一排、三排也赶来助战。敌人越聚越多,四连三面受敌,一面是庄墓河,因此，只有据守袁路岗，同敌决一死战。全连坚持一个多小时，打退了敌人的多次进攻。敌人仍在不断缩小包围圈。为了保存力量，四连分批进行突围，留下二排坚守阵地并掩护全连渡河。在二排的掩护下，部队机关和群众安全撤离。此次战斗中，敌人死伤三四十人，独立团四连通信员和战士孟凡臣在渡河时牺牲。

▲ 寿东南办事处、寿县抗日民主政府驻地旧址禹庙岗

淮西独立团由最初一个连的武装，到抗战胜利时已发展到6个连1000余人枪的正规团。他们在人少装备差的情况下，依靠群众，采用游击战、运动战、麻雀战等生动活泼的作战形式，出其不意地打击敌人，经历了大小200多次战斗，粉碎了敌人多次"扫荡"和"围剿"，保护了人民群众的生命财产安全，配合了地方党组织的工作，领导了广大人民的抗日斗争，创建和发展了抗日根据地，同时也为津浦路东抗日根据地输送了大批干部，在中国人民

的抗战斗争史上谱写可歌可泣的光辉篇章。①

六、寿东南抗日民主根据地

抗日游击战争和抗日根据地的建设是互为依存的,没有游击战争,根据地就无法建立和发展;反过来,没有根据地的巩固和发展,游击战争也难以长期坚持下去。

(一)区乡政权的初步建立

1941年6月,中共寿县县委重建后,在新四军第十八团第四连和本地游击队武装斗争的配合下,着手进行政权建设的筹备工作。随着军事斗争的节节胜利,政权建设的进展也很迅速。不久,就在涂拐地区建立了抗战以来寿县第一个抗日乡政权——涂拐乡公所(后改为乡政府),乡长为陈克非,乡指导员为宋德渊。乡里也有自己的武装组织,当时涂拐乡自卫大队有10余支枪,大队长由乡长陈克非兼任。为了统一领导,中共寿县县委作出规定:区大队以30人枪为限,乡大队以10余人枪组成,多余的都上交独立团。这样规定,主要是因为,区、乡武装发展过多,容易引起敌人

---

① 六安市委党史研究室:《红色六安》,合肥:安徽人民出版社,2007年,第203—204页。

的注意,从而影响到队员家庭的安全;另外,人多目标大,活动不方便,易受攻击,而人少目标小,活动灵活自如。乡大队长一般由乡长兼任。

1941年冬,以涂拐乡为中心,以义井、枣林铺、大井等乡为依托,成立了三区,区委书记由县委组织部部长杨刚兼任,区长先后由董完白、李伯祥、宋德渊等担任。区公所设于涂拐。

1942年春,区委先后建立了义井乡、枣林铺乡;8月又建立大井乡;9月后,又相继建立钱集、车王等乡。

1942年9月,以徐庙为中心,建立了二区,区委书记由县委宣传部长曹云鹤兼任,区长是董完白。二区辖禹庙、仇集、长岗、王集、等7个乡。

1943年春,四区也建立起来。区委书记是孙祝华,区长先后由方振、李伯祥、顾烽、吕超等担任,辖有杨新乡、四里墩乡、河豕铺乡、陶楼乡和吴山庙乡。

1944年曾建立寿凤区,主要管辖淮河沿岸地区,区委书记为周介生,区长为蔡效唐。后因这里不易开展工作,所以寿凤区成立不久便撤销了。

1944年9月,以三和集为中心,建立了一区,吕超任区委书记兼区长,管辖三和、马厂、曹庵等5个乡。

1945年春,县委又建立了寿怀区,区委书记为赵凯,区长为方

振,领导益城寺、九龙岗、大通、上窑一带的抗日斗争。①

共产党在寿东南地区共建立了6个区、30多个乡,还在其他乡镇中建立了"两面"甚至"三面政权"。所谓"两面政权",就是在国民党在靠近共产党根据地的地方建立的政权,它名义上受国民党控制,实际上却掌握在共产党手里。它对国民党政府下达的任务敷衍塞责,而对共产党给予的任务则积极完成。"三面政权"就是日、顽、共三方交界处的伪政权,它既为日、顽办事,也为共产党办事。日伪要到什么地方"扫荡",或国民党有什么重要行动,"三面政权"则随时向共产党的抗日政权递送情报。对于这些"三面政权"的头目,大多是依靠武力强迫他们为抗日组织办事的。

区乡政权的建立和发展不是一帆风顺的,它经历了一个由小到大、由弱到强、由秘密到公开的艰难历程。区乡政权在刚开始建立时,由于没有群众基础,活动只能是隐蔽的,为了迷惑敌人,有时需要以其他"合法"职业作掩护。如四区刚建立时,区委书记孙祝华以医生职业为掩护来开展工作。县委当时考虑到医生接触的人多,以此为职业掩护,既方便联系群众,又便于探听敌人消息和隐蔽自己,活动又不受限制,穿梭于敌占区和解放区都不会引起敌人的怀疑。所以县委当时就让孙祝华在河豸铺开了一间中药铺子。河豸铺是交通要道:后街有一条大路从下塘集通往董

---

① 中共寿县县委组织部,中共寿县县委党史办公室,寿县档案馆:《中国共产党安徽省寿县组织史资料》,合肥:安徽人民出版社,1993年,第76—80页。

岗,街南头是日军炮楼,西五里是大童岗,也有日军碉堡,是日军的一个据点;西十里是古楼岗,驻着国民党军一个连;南面是四里墩,东面是大木桥,北面是杨家庙。这里四周炮楼林立,铁网如织,所以当时如果没有合适的职业作掩护,党组织很难开展工作。中药铺开业后,生意兴隆,买药看病者络绎不绝。为了联系和团结群众,减轻群众负担,孙祝华采取了"穷人吃药、富人给钱"的原则和方法,得到了群众的拥护和支持。

有了群众基础以后,还要解决建立武装问题。党组织以巧妙的方法搞到武装并公开活动,从而能保护抗日群众的安全。当时四区大队长刘腾利用他以前在帮会中的"先生"——李宏甫——是国民党团长的关系,以防匪保家为名成立了武装。群众听说要建立自己的武装,一呼百应,有钱的出钱,有人的出人,有枪的出枪,很快建立一支40多人的独立连武装,刘腾任连长。

1943年10月,上级要求将独立连改为区大队,以壮大抗日武装力量。由于独立连成员都是当地人,又处在敌人的腹心区域,如果直接打出抗日的旗帜,敌人肯定不会放过他们的家庭,所以只能采取巧妙的方法。

1944年1月,淮西独立团派出一个连,佯装将独立连包围,双方对天放枪,造成两军交战之势,战斗似乎很激烈。日伪和顽军听到激烈的枪声,都龟缩在碉堡里不敢出来,只是乱放一阵枪。佯战至黎明,战斗结束,独立连人员全部被俘,被改编为中共四区的模范连,他们的家人也都安然无恙。

有了自己的武装，四区的活动便由地下转为公开。①

（二）寿东南办事处的成立

区乡政权的建立和发展，武装力量的不断加强，为寿县抗日民主政府的建立打下了坚实的基础。县政权的作用是区乡政权无法比拟的。县政权可以协调各方面的关系，帮助群众发展生产，发展经济。以前区乡政权的主要精力是放在军事斗争上，建立了县政权，就可以克服这种单纯的军事观点，只有把武装斗争与根据地建设紧密地结合起来，才能长期坚持抗日战争。

1942年冬，根据上级指示，临时性的县级政权机构——寿东南办事处成立，赵筹担任办事处主任。当时办事处没有固定的办公地点，基本上随军行动。

寿东南办事处成立后，广泛宣传和发动群众，发展农业生产，筹办粮秣军需，支援抗战。此外，办事处还积极发展群团组织，以提高人民群众的自我保护能力。寿东南办事处先后建立了工、农、商、学、青、妇等抗日团体，依靠这些组织，开展了抗税、抗捐、筹集粮款等斗争。为了团结大多数人加入到抗日的行列，办事处还成立了参事室。参事室由各界有威望的爱国民主人士组成，其主要作用是参与政府一些重大决策和法规的制定，让他们参政议政，以调动他们的抗日积极性。

---

① 孙祝华：《红色的中药铺》，见中共寿县县委党史办公室：《寿县革命回忆录》，合肥：安徽人民出版社，1989年，第207—210页。

为了发展农业生产,办事处还帮助农民成立了互助组。互助组是在党中央"组织起来"的方针指引下,农民在自愿互利的原则下建立起来的以个体经济为基础的农业集体劳动合作组织。互助组的成立,使群众的生产、生活有了依托和保障。每逢荒年或青黄不接时节,互助组就出面帮助调剂口粮,借粮的群众只需付很少的利息,避免了高利贷的盘剥;在农忙时,由互助组负责劳动力的调剂使用,让劳动力多的家庭帮助军属、烈属或者劳动力少的家庭干活。

为了把广大农民组织起来,中共寿县县委和寿东南办事处,曾派出多名干部进行调查研究。调查的结果是,广大农民是愿意过好日子、建设家园、打击日军的,但还有部分农民存在一些顾虑情绪,主要是怕地主,怕像过去那样吃亏;怕干部的官僚主义,不和他们一条心,不解决实际问题和困难。针对这些思想顾虑,干部们一面告诉农民:共产党来了,世界变了,不要怕;一面组织群众生产,关心群众生活,开展减租减息,组织各界抗敌协会,健全民兵、游击队组织,实行劳武结合,开展对敌斗争,保卫生产,使他们体会到团结的力量和"组织起来"的好处。

此外,寿东南办事处还配合部队官兵开展拥军爱民、拥政爱民活动。主要内容是:部队按照要求,进行人民军队本质教育和"三大纪律、八项注意"教育,克服军阀残余思想,加强群众观点,教育广大指战员爱护群众要像爱护自己的父母一样,尊重政府要像尊重部队首长一样,服从政府法令要像服从部队命令一样;发动党、政、军干部在所在地进行调查，了解农民的生活、生产情况，以便开展工作；召开军民座谈会和党政联席会，听取党政机关和群众对部队的批评和建议以及部队和群众对办事处工作的意见；春节期间，淮西独立团和办事处召开军民联欢会，给群众拜年，请房东聚餐，改善军政军民关系；独立团还利用战斗训练间隙，帮助群众挑水劈柴，打扫院子，修补房屋，帮助地方政府开展群众工作，如办民众夜校、训练民兵等。

在发展经济的过程中，寿东南办事处注意根据当时当地的客观实际，发展农村经济。这样，既防止了那种不顾军队和政府的需要，不顾抗日战争的需要，片面强调减轻人民负担的所谓"仁政"的"左"的倾向，也防止了那种只顾政府和军队需要，不顾人民的困难，不管人民生活的"竭泽而渔、诛求无已"的纯军事观点，使根据地经济向着健康方向发展。

在公私关系上，寿东南办事处当时实行的是"公私兼顾"和"军民兼顾"的政策。当时根据地私营经济占绝大多数，其中又以地主经济为最多。办事处根据这种情况，为了团结大多数人共同抗战，采取的不是土地革命时期那种没收地主土地的政策，而是承认他们的剥削，只是对其剥削的程度加以限制，反对超阶级的剥削和政治上的不平等。对公私两方面，实行统筹兼顾，合理安排。这样，既支持了长期的敌后游击战争，也改善了人民生活，受到绝大多数人的欢迎。

寿东南办事处经过一年以上一系列的工作，群众基本被广泛组织起来了,群众组织得到进一步健全,党政军民关系也密切了,人民群众劳动生产和支援战争的积极性得到提高,从而调动了各阶层人民的抗日积极性,为抗日民主政府的成立奠定了群众基础。①

(三)寿县抗日民主政府

1943年底,中共寿县县委决定,在寿东南办事处的基础上,成立寿县抗日民主政府,赵筹任县长。民主政府设有秘书处(秘书先后由吕超、查树屏担任)、财粮科(科长为许立安)、民政科和公安局(局长为李振声)等机构。

寿县抗日民主政府采用的是"三三制"政权结构形式,即在政府工作人员中,共产党员、非党左派进步分子和中间派各占三分之一。抗日统一战线政权的实施方针,应以反对日本帝国主义,保护抗日的人民,调节各抗日阶层的利益,改良工农的生活和镇压汉奸、反动派为基本出发点。为了保证共产党在政权中的绝对领导地位,必须使占三分之一的共产党员在质量上具有优越的条件。而党的领导地位和优势,靠的是真理,靠政策的正确性、党员的模范工作及人民的拥护来实现的。必须使党外进步分子占三分之一,因为他们联系着广大的小资产阶级群众。我们这样做,对于争取小资产阶级将有很大的影响。给中间派以三分之一的位置,目的在于争取中等资产阶级和开明绅士。这些阶层的争

---

① 中共寿县县委党史工委办公室:《寿县革命史》,合肥:安徽人民出版社,1992年,第187—190页。

取,是孤立顽固派的一个重要的步骤。抗日统一战线的选举政策,应是凡满十八岁的赞成抗日的中国人,不分阶级、民族、男女、信仰、党派、文化程度,均有选举权和被选举权。① 抗日民主政府通过民主选举产生,实行民主集中制。

"三三制"县政权的建立,容纳了多方代表,进一步巩固和扩大了抗日民族统一战线,纠正了党内的"关门主义"和宗派主义倾向,健全了民主制度,进一步从政治上团结了抗日各阶级、阶层;同时,这样做也适应了当时的历史条件,适应了党中央提出的各级政权应该是活泼的、有组织能力的、适应战争环境的、受群众拥护的要求。

寿县抗日民主政府成立后,遵照党的方针、政策,颁布了法令,从而保障了抗日群众的人权、财权以及言论、出版、结社和居住的自由权;同时还在根据地开展了大生产运动、减租减息运动、增资运动等一系列活动。根据地人民则积极发展生产,拥军拥政,锄奸支前,他们不仅缴纳公粮,踊跃参军,还主动站岗放哨,监视敌人,根据地出现了人民抗日热情空前高涨的新局面。

政权建设和武装建设是相互依存的,两者缺一不可,所以寿县抗日民主政府在进行政权、经济、文化等方面建设的同时,也在不断进行武装建设。抗日民主政府不仅在各区乡建立武装组织——区大队和乡大队,并且号召各村、镇成立防匪保家联庄会

---

① 毛泽东:《抗日根据地的政权问题》,见《毛泽东选集·第二卷》,北京:人民出版社,1991年,第2期,第742—743页。

(后改为青年队),其骨干成员均配备武器。这些地方武装,不仅站岗放哨,宣传抗日主张,帮助政府征粮筹款,报告敌情,肃清汉奸,惩处顽固派,而且经常配合淮西独立团和其他部队打击日伪军,保卫家园,同时也为主力部队提供了兵源。

1944年,淮西独立团配合路东新四军主力部队到占鸡岗作战,寿东南根据地群众积极响应政府号召,有组织地送粮到路东。每次都有1000多人参与送粮,由青年队保护送粮群众的安全。

寿东南抗日民主根据地通过各方面的建设,建立了30多个乡政权,是中共19块大解放区(战略区)之一——淮南抗日民主根据地的重要组成部分。根据地的巩固和发展,大大增强了中国共产党同根据地人民的血肉联系,使群众更加信任党,信任民主政府,信任人民军队,这对在极端艰苦环境下坚持敌后抗日斗争起着至关重要的作用。

寿东南抗日民主根据地的开辟、寿东南抗日民主政府的建立,组织和领导了寿东南人民发展生产,解决了群众的实际困难,使农民得以休生养息,从而积累了人力、物力、财力,支持了淮南地区的抗日斗争,使淮南抗日根据地更加巩固;同时,也为江淮地区的解放战争奠定了坚实的物质基础。①

---

① 中共寿县县委党史工委办公室:《寿县革命史》,合肥:安徽人民出版社,1992年,第190—195页。

第八章

战斗在淮西

解放战争时期,寿县人民依然英勇斗争,中共寿、六、合、霍工委及游击总队广泛开展游击战争,积极建立游击政权,逐步扩大稳固的根据地,先后建立寿、六、合、霍县政府和寿、六、舒、合县民主政府,大力瓦解国民党地方武装,争取和平解放县城。1949年1月,全县解放,在瓦埠湖以东地区建立寿合县,湖西地区仍设寿县,随后开展民主建政、生产救灾、支援渡江作战等中心工作,迎来中华人民共和国的诞生。

一、寿东南革命根据地的恢复

1945年8月15日,饱尝抗战痛苦的寿县人民,听到日本宣布无条件投降的消息时,异常兴奋,自动组织起来,敲锣打鼓,燃放鞭炮,欢呼抗日战争的胜利。人们满以为从此可以安居乐业,然而蒋介石在美帝国主义支持下,准备发动新的内战,密令桂系第七军和第四十八军向东推进,占领蚌埠,控制津浦路的蚌埠至浦口段。国民党桂系为了支持反革命内战,在寿县地区使用毒辣手段,把人民重新投入黑暗的深渊。在政治上,强化统治机器,国民党把驻扎在淮南铁路沿线大通、九龙岗等据点的日伪军收编为国军,对汉奸头目委以重任,并使其到处抽丁抓夫,扩张势力;国民党军统、中统特务机关也在寿县收罗爪牙,发展特务组织,并加强保甲,实行五家"连坐",破坏中共基层组织,捕杀共产党员和爱国民主人士。在经济上,国民党地方当局不仅抢夺抗战胜利果实,把日本侵略者设在寿县各地的各种金融机构、工商业和仓库物资全部据为己有,而且肆意榨取人民的血汗,苛捐杂税名目多达40多种;地主乘机加租加息,逼租索债,导致农民生活更加痛苦。在军事上,国民党开始向抗日根据地实行进攻和包围、封锁。[①]

就在国共两党举行重庆谈判期间,桂系第四十八军第一七六师和安徽省保安第五团以及土顽,于1945年10月初联合进攻寿东南抗日根据地。面对这突变的斗争形势,中共寿县县委研究决定以淮西独立团为主力,集中各区乡武装力量奋起自卫。10月13日(农历重阳节前一天),国民党军队以三个团的兵力,向钱集

[①] 中共六安地委党史工作委员会:《皖西革命史》,合肥:安徽人民出版社,1987年,第376—377页。

一带发起猛烈进攻。淮西独立团政委杨效椿、副团长彭济伍,率部在下塘集附近戴柿园与敌激战 6 个多小时,敌人死伤 100 多人,独立团才突出重围。战斗中担任掩护任务的一个班 10 余人全部牺牲。此时,除留下部分地方党组织转入地下活动外,大部分区、乡干部随部队撤出寿东南,转移到淮南路东吴家圩一带。

主力部队转移后,国民党反动派更加猖狂,逃亡的恶霸地主返乡后疯狂地向农民进行反攻倒算。寿县调查室专员王济川和叛徒陈建国随即率领别动队赶到寿东南,重建保甲制度,设立自首办事处,强迫群众写自首书,肆意捕人,敲诈勒索。国民党反动派纠合县大队,盘踞寿县各个角落,在地方上建立反动的"党政小组""情报站"等特务网。中共地下组织陆续被破坏,基本群众凡同共产党组织有过关系的都遭到种种迫害。地主恶霸、土豪劣绅乘机敲诈勒索,积极配合反动派进行各种反革命的造谣宣传,企图损害根据地人民对共产党和人民军队的信任和爱戴。

这一时期,国民党反动派还利用帮会和土匪,组织各种杂牌部队。在寿县境内就有九天部队、挺进部队、扫荡部队、正义部队等,到处明争暗夺,抓丁拉夫。百姓四处躲捐、躲税、躲壮丁,社会秩序极端混乱,广大群众又一次挣扎在苦难的深渊中,革命暂时转入低潮。

1946 年,寿县地区遭受洪水灾害,难民四野,啼饥号寒。在严重的自然灾害面前,国民党当局不但不采取防洪救灾措施,反而加剧对群众的压榨,苛捐杂税名目繁多,数量浩大超过抗战时期,如银子捐(按田亩缴纳的)、公捐(伪乡政府人员的薪金)、壮丁费、积谷粮、附加捐、人头捐等等,不下百余种。除此之外,地主的地租剥削和高利贷也更加残酷。春放一斗粮,秋天收三斗,而且大斗进,小斗出,里外剥削,再加上盗贼的掠夺和杂牌部队的骚扰,人民更是苦不堪言。而反动的乡保人员和地主豪绅却花天酒地,把自己的欢乐建立在人民群众的痛苦之上。①

在这阴霾密布的时候,中共华中分局四地委(简称地委)在奉命撤离后,没有忘记具有光荣革命传统和斗争精神的寿县人民,为更好地坚持寿东南老区的斗争和恢复其根据地做着不懈的努力。

中共华中分局四地委四分区坚持留守斗争的干部李国厚、杨效椿等人于1945年11月抽调干部、战士20多人组成武工队,以杨刚为队长,立即分三批返回淮西,侦察敌情。他们了解地下党组织和党员的状况和思想情绪,为部队重返寿东南作前期准备,并作深入调查摸底,联系群众并做深入细致的思想教育工作。他们得知淮西独立团和区、乡武装与干部被迫撤离后,转入地下的党组织尚有拐集、杨公庙、新集、钱集、枣林铺、小甸集、三义集和六安县太平集等支部或小组共70多名党员,仍在坚持斗争。武工队员每到之处,把地下党员组织起来,讲清当前斗争形势,揭露蒋介石破坏谈判、挑起内战的罪行,指出国民党猖狂是暂时的,共

---

① 中共寿县县委党史工委办公室:《寿县革命史》,合肥:安徽人民出版社,1992年,第198—200页。

产党领导的八路军、新四军终究是要打倒蒋介石反动派的。地委要求各地党组织注意隐蔽斗争,度过当前的难关,争取团结周围的群众,密切注意叛徒和敌人的动态,随时和武工队联系;同时把已经暴露身份的党员、干部尽可能地转移到淮南路东,集中学习,为返回原地斗争培养干部。

三批武工队员汇集了各自侦察了解的情况并及时向地委和军分区汇报,为寿、六、合、霍工委的建立提供了必要的敌情资料和地下党组织及群众思想状况。

1946年1月,中共华中四地委书记黄岩、军分区副司令员李国厚在定远县老人仓,召集赵凯、杨刚、董完白、冯道生、曹云鹤等人开会,听取关于淮西地区情况的汇报,确定派以上5人返回淮西重建根据地,作长期斗争的准备。会议还决定成立中共寿(县)、六(安)、合(肥)、霍(邱)工作委员会、县政府,任命赵凯为工委书记、杨刚为副书记兼组织部部长,曹云鹤、董完白、冯道生为委员;赵凯兼任县长、董完白任副县

▲ 杨刚 1946年1月任中共寿六合霍工委副书记

长;以杨刚的武工队和冯道生的武工队为基础,又挑选一些部队战士,合并组成一支在工委领导下的武装——寿六合霍游击大队,任命冯道生为大队长,赵凯兼政委,陶汝维任大队副,共有120多人,其中有共产党员70多人,绝大多数是原区、乡基层干部,个

个都是"活地图"。

出发前,寿六合霍工委组织干部、战士集中学习毛泽东的《中国的红色政权为什么能够存在?》和《星星之火可以燎原》等文章,总结创建寿东南抗日根据地的经验,分析打回淮西的有利条件和不利因素,从而提高了大家的信心,增强了斗争勇气。接着在定远县邓家圩子召开誓师大会,李国厚代表地委、军分区宣布寿六合霍工委、县政府和寿六合霍游击大队正式成立。黄岩指出,返回淮西后要避实就虚,跳大圈子,深入到寿六合霍几个县交界的敌后地区,依靠群众,团结一切可以团结的力量,灵活机动地开展游击活动,作长期的艰苦斗争的思想准备。全体干部、战士表示誓死保护淮西人民的利益,坚持斗争到最后胜利![1]

1946年3月9日傍晚,寿六合霍游击大队从定远县吴家圩子出发,连夜急行军,冒雨越过淮南铁路,于次日拂晓到达淮西拐集附近的大松棵村。部队在钱集刚刚落脚,敌人便闻风而至。游击大队不顾行军疲劳,迅速出击,追歼来自下塘集的一股清剿队,旗开得胜。敌人溃逃后,游击大队在大松棵村召开群众大会,战士们表示坚决同淮西人民共同战斗到底,极大地鼓舞了人民群众。庄墓桥的群众还把从日伪手里夺来的一挺七九式机枪,送给了游击大队。

杨刚、孙祝华、刘云峰等人迅速与地下党组织负责人阮永炳、

---

① 中共寿县县委党史工委办公室:《寿县革命史》,合肥:安徽人民出版社,1992年,第202—203页。

阮红朝接上关系,逐步建立起通讯联络网,随时掌握敌情。

寿六合霍游击大队不时深入到临近国民党省政府所在地合肥的近郊活动,引起敌人的恐慌和注意。国民党桂系一个团和安徽省保安第五团,配合寿县自卫大队,分路前来进剿游击大队。寿六合霍工委留下少数游击队员与地下党组织进行隐蔽斗争,挑选精干队员80多人,实行远距离夜行军。采取忽东忽西、忽隐忽现的游击方式,避免与敌人正面冲突,加强与地下党和人民群众的联系,寻机歼敌。

1946年4月,游击大队乘着雨夜租用几只民船渡过瓦埠湖,在湖上用麻秸杆点火相互联系,先由南转向北登岸,忽而由北向南转向淠河东岸,又涉水过淠河转向西岸,发动群众向大别山外围散发传单,每天夜行60多华里,与敌周旋,终于摆脱敌军的围追堵截。5月,游击大队挺进淠河以西,出其不意地进入霍邱县境,乘夜间突然火攻霍邱县花果园乡公所,除乡长一人逃走外,乡丁全部投降,缴获步枪60余支。战斗后,游击大队教育并释放了所有被俘人员,当夜又转向淠河地区活动。6月上旬,寿六合霍游击大队又智取了六安、合肥交界的恶霸地主王三横圩子,缴获长短枪4支,子弹1000多发,兑金券120万元,银圆2000多块,衣料、布匹若干,不仅解决了部队给养,还分给贫苦群众600多块银圆和一些衣料。6月中旬,游击大队驻扎在六安、合肥交界的郭家圩子,由于保长告密,六安县自卫大队长杨蓬山率队从椿树岗猛扑过来。游击大队迅速撤出郭家圩子,转上附近的牛尾山,敌军

追到山下,被游击大队机枪班和神枪手猛烈阻击,死伤50多人,杨蓬山狼狈溃逃。

寿六合霍游击大队跳出敌人的包围圈,作大范围的游击活动,使进剿之敌几个月内捕捉不到主要目标,不得不收兵回城。寿县自卫大队长赵绍瑜还因此被革职。这时,青纱帐渐起,游击大队又回到寿东南一带分散活动,抓紧发展组织,扩充军队,进一步密切群众关系,不断摧毁敌人的情报组织和保甲制度,镇压罪大恶极的反革命分子,积极开展统一战线工作,逐步建立起区、乡隐蔽政权,巩固和扩大腹心区。随着革命斗争队伍的不断壮大,党组织同人民群众建立起鱼水深情,寿东南革命根据地逐步恢复。①

二、扩大游击根据地的战斗

1947年6月,刘伯承、邓小平率领晋冀鲁豫野战军主力强渡黄河,发起鲁西南战役。国民党将驻皖西的军队抽出三个师增援鲁西南战场。中共寿六合霍工委根据敌军主力大大减少的情况,决定主动出击,与反动派进行频繁战斗,进一步扩大根据地。

---

① 赵凯:《战斗在淮西》,见中共寿县县委党史办公室:《寿县革命回忆录》,合肥:安徽人民出版社,1989年,第258—281页。

(一)三打高刘集

高刘集位于寿、合交界处,是一个有着 3000 多人口的较大集镇,是合肥西北乡和寿县南乡的经济中心,也是国民党特务活动的据点。1946 年 7 月,皮旅东路突围途中,顺便捣毁敌高刘乡公所。11 月,国民党合肥县政府又委派反动乡长,加固乡公所围墙,增设岗哨,网罗地痞流氓,勾结奸商劣绅,欺压贫苦百姓,迫害革命群众,捕杀游击队指战员。1947 年 3 月,敌保安团驻高刘集的一营人撤回合肥城,寿六合霍游击队乘机兵分两路突袭高刘集,击毙警卫股长和反动商会会长等反动分子,缴枪 40 多支。附近一些乡保长受到很大震动,主动联系游击队,表示愿意送公粮、缴税款,成为两面政权。①

高刘集伪乡公所这颗"钉子"虽两次被拔掉,但敌人仍不甘心失败,经国民党合肥县党部调查室推荐,于 1947 年 6 月中旬又委派王德祥来当乡长。王德祥是合肥城关人氏,能言善辩,深得主子的信任。他上任那天,国民党安徽政府主席李品仙派出保安团两个营"护驾",王德祥自己又挑选了可靠心腹 60 多人组成乡队,"浩浩荡荡"地来到高刘集,好不威风。他到任后,又贴"安民"榜,又开绅士、老财、地痞流氓联席会议,发表就职演说,大放厥词,连参加会议的绅士们都怀疑这位王乡长是否有点神经不正常。

---

① 六安市委党史研究室:《红色六安》,合肥:安徽人民出版社,2007 年,第 216 页。

俗话说,新官上任三把火,王德祥也不例外,想在高刘集上露两手,来个下马威。他每天在高刘街北头设立检查站,凡北方来的百姓,一一检查,稍有怀疑,即绳捆索绑,押送乡公所扣留,取保后才能释放,尽其敲诈勒索之能事。一时间,高刘集周围的老百姓怨声四起,都在"骂娘",也有人直接找到游击大队请求为民除害。

1947年8月,中共寿六合霍工委研究决定三打高刘集。王德祥是特务机关派来的,之前伪乡公所又两次被捣毁,所以他的警惕性很高,如果直接攻打高刘集是很难取胜的。游击大队对王德祥带来的伪乡队进行了全面调查摸底,发现有一个姓胡的班长,是游击大队警卫排战士胡循照同志的叔父。胡循照参加共产党的游击队,他的叔父并不反对。游击大队便决定由胡循照化装与其姑父陶"副官"一道,以探望胡班长为由,去做胡班长的策反工作。

胡班长见到侄儿和姐夫来探望,十分高兴,便向警卫股长请假说要到饭馆招待亲戚。他们一行三人来到一家酒馆,找个单间入座。在叙谈中,胡循照和"陶副官"见胡班长对革命有认识,就进一步分析形势,开导他,看时机已到,便向他说明来意,要他弃暗投明。胡班长立即表示赞同,保证做内应。

胡循照和"陶副官"回来向中共寿六合霍工委做了汇报,中共寿六合霍工委认为事不宜迟,免得夜长梦多。胡循照又约其叔父胡班长暗中同中共寿六合霍工委书记赵凯见了一次面,商定了行动时间和接头暗号,并做了周密的安排。胡班长提出的好建议,中共寿六合霍工委和游击大队都一一采纳了。

1947年8月,一天夜晚九点正是胡班长带班时间,赵凯带领游击大队预先埋伏在离乡公所半里外的青纱帐里,按预先约定,胡以麻秸点火为号,当他查哨时,以火绕圈进行联络,游击队侦察员将迅速传递信号。可这晚九点已过,并没有信号,赵凯和大家等得十分焦急,怕出问题,正在心急如焚之时,胡班长小胡循照转告,说今晚真不凑巧,王德祥嫖娼未归,这是常事,再等一等。约十点半钟,胡班长看王德祥进了更楼熄了灯,便迅速传递信号并亲自带游击大队行动。游击大队和寿合区区大队分成四个战斗小分队,两个分队奔乡公所宿舍夺枪,阻击乡队抵抗,一个分队去活捉警卫股长,赵凯带一个小分队去抓王德祥。

在胡班长的策应下,游击大队顺利地缴获步枪60多支,俘虏伪乡队60多人,活捉了警卫股长,解救了被关押的群众,可偏偏不见了伪乡长王德祥。原来王德祥听到枪声情知不妙,便迅速打开更楼窗户逃走了。赵凯带领小分队围绕更楼和土圩仔细搜索,没有发现逃出去的痕迹,又回到更楼上用电筒照一照,发现一根绳子由窗户拖到水沟里,一切都明白了。王德祥这个刁滑的"泥鳅",想蒙混过关。战士们立即从水沟里把这个恶棍拖了出来,王德祥活像一只落汤鸡,战战兢兢,跪下磕头,要求饶他一命。中共寿六合霍工委负责同志根本不听他那一套,立即叫战士把他绑起来听候发落。

第二天,中共寿六合霍工委在高刘集召开了群众大会,把王德祥等绑押游街示众,而后就地枪决了王德祥及其亲信警卫股长,教育释放了全部乡丁。高刘集老百姓无不拍手称快,周围的群众也都欢天喜地,再不为赶集而提心吊胆了,当地的地主绅士们也老实多了。隔了很长一段时间,来了个姓龚的接任乡长。但他不敢干涉游击队的活动,并暗中托人捎信,乞求关照。这为游击队进一步扩大两面政权建设减少了阻力。

消息传到合肥,伪省政府和伪县政府也大为震惊。从此游击队打高刘集在寿东南一带传为佳话。①

(二)活捉孙贻三

1948年2月,寿东南人民正兴高采烈地欢度春节,祝贺淮西七大块游击区已连成一片,战士们都穿上了新做的灰色棉军装,载歌载舞向烈、军属拜年,真是军民同欢,一派新气象。这时,经赵凯、董完白先后到大别山与中共皖西三地委联系,中共皖西区党委派宋孟邻、张慕云等六人到淮西工作,改中共寿六合霍工委为中共寿六舒合县委,改寿六合霍县政府为寿六舒合县民主政府,改寿六合霍游击大队为寿六舒合县总队,增补宋孟邻为副书记,赵凯兼任县长、县总队政委,董完白为副县长,张慕云为县委委员兼总队长,县委、县政府下辖7个区委、区公所,总队辖4个

---

① 赵凯:《战斗在淮西》,见中共寿县县委党史办公室:《寿县革命回忆录》,合肥:安徽人民出版社,1989年,第284—288页。

中队,一个警卫排。①

此时,原来和游击队暗中来往的大地主孙贻三,突然变了卦,竟敢在他的孙大庄圩子挂起了伪高塘乡乡公所的牌子,组织了50多人的伪乡队,准备和游击队对着干。县委立即组织调查,要弄清其政治背景。四区大队长陶子诰经半个月的调查,并据地下党员陶仁鲁和内线陶仲礼掌握的确凿证据,确认孙贻三已投靠国民党合肥第三十九区分部,秘密在高塘乡活动。孙贻三被委任为区分部执委,其弟孙贻生任区分部秘书,专门收集共产党和游击队活动情报。孙贻三与孙贻生表面上和我们来往,实则心怀叵测,不除掉孙贻三,寿东南地区的游击政权时时受到威胁。县委研究立即动手打他个措手不及,拔掉这颗"钉子"。

▲ 寿六合霍工委书记,寿六舒合县委书记兼县长、县总队政委赵凯

1948年2月,农历还是新春正月,孙大庄圩子敌人赌兴正浓,喝三吆六好不热闹,可游击队已悄悄地冒着严寒,顶着风雪在漆黑的夜晚奔向孙大庄圩子,伏在北门塘沿下,等候行动信号。作

---

① 中共寿县县委组织部,中共寿县县委党史办公室,寿县档案馆:《中国共产党安徽省寿县组织史资料》,合肥:安徽人民出版社,1993年,第91—102页。

为内应的伪乡队乡丁杨元府、杨元龙、杨元勋,已事先把南寨门岗哨解除了,在预定的时间拉开了北寨门,击掌为号。一区大队长吴胜平和四区大队长陶子诰,带领两个中队游击健儿一拥而入。由于风雪呼骋,敌人只顾赌钱,一点也未察觉。抢先冲进宿舍的一区队先缴了伪乡队的枪支,四区队把赌场封锁,当场活捉了孙贻三、何乡长。

他们的美梦还未来得及做完,孙贻三和何乡长就被当场正法了。游击队不仅缴获步枪60余支,子弹400多发,国民党陶有亮、张慎之等6人也被一网打尽。

拔掉这颗"钉子"后,不到两个月,四区又相继新建了双墩乡、金罗乡、北外乡、白塔乡、高塘乡5个乡游击政权。区大队也发展到200多人枪。①

(三)许张圩战斗

1948年2月17日晚,游击队在歼灭高塘集伪乡公所、镇压了反革命分子孙贻三和伪高塘集乡何乡长,18日晚,县总队300余人(包括定合区大队)转移到淮南铁路以东活动。2月19日夜,游击队宿营在阜里以东许张圩子,这里距下塘集仅27华里。由于几次战斗连连告捷,游击总队放松了警惕,产生了自满情绪,没有从严掌握敌情,仅在村南头设了岗哨。但是,合肥的敌人已准确

---

① 赵凯:《战斗在淮西》,见中共寿县县委党史办公室:《寿县革命回忆录》,合肥:安徽人民出版社,1989年,第288—289页。

掌握了游击总队的行动情况，集中了两个营约 700 多人尾追而来。20 日下午四时，敌人已扑到离许张圩只有 1 华里的地方，岗哨才发现敌情。赵凯和县总队长张慕云用望远镜一望，敌人已到跟前，先头部队已转向东北包围上来。赵凯立即命令中队长杨家堂带领一个班，抢占村西头制高点，掩护县总队迅速从村西北撤退。这个班到达制高点，虽集中火力向敌人猛射，仍压不住敌人的火力。杨家堂等十二位同志，毫不畏惧，为掩护县总队撤退，不惜一切，拼力阻击，手榴弹也用光了，最后拼刺刀，最终全部壮烈牺牲。县总队在撤出许张圩子途中，边打边撤，民运副部长兼三区区委书记刘云峰、二区区委书记胡守富等四人也壮烈牺牲。

游击部队突围了，但这次战斗的教训是深刻的。县委对这次战斗的失败，专门开会进行了总结。①

三、寿六舒合游击区的政权建设

寿东南双枣树周围 10 多个大村庄的李姓宗族势力在大地主李久兰把持下，仇视游击队，危害革命。党组织一面启发教育李姓贫苦农民认清道路，一面等待机会武力消灭双枣树的地主武

---

① 赵凯：《战斗在淮西》，见中共寿县县委党史办公室：《寿县革命回忆录》，合肥：安徽人民出版社，1989 年，第 289—290 页。

装。1948年4月,华东野战军一个团由梁从学、孙仲德率领向大别山挺进,途中经多次恶战,到达寿东南休整。他们在寿六舒合游击总队的请求和配合下,一举攻下5个李姓地主围寨。游击队连夜打开李家粮仓,将粮食、衣物分给周围贫苦农民,更激发了广大群众的斗争热情,游击队活动区域进一步扩大。

随着游击武装的发展、两面政权的增多,淮西地区民主政权建设迅速开展。寿六舒合县民主政府很快就恢复和建立了5个区政府和两个区级办事处,即一区(瓦埠)、二区(曹庵)、三区(吴山庙)、四区(陶楼)、寿合区(高刘、炎刘)和以造甲店为中心的定(远)合(肥)办事处、以江夏为中心的六(安)合(肥)办事处,共有46个乡级政权。敌占区的乡、保长也纷纷暗中托人与游击队或革命区乡民主政府取得联系,保证不做坏事,为革命所用。

(一)各区乡政权建设情况

1946年5月建立的四区(现属长丰县),辖陶楼、高塘、金罗、双墩、北外、王楼、吴山、土山寺、桥头9个乡。区委书记为李治安,区长为陶玉成,区大队长为陶子诰。

1946年9月建立的三区,辖义井、土拐、钱集、庄墓、杨庙、下塘、朱巷、车王集8个乡(现均属长丰县)。区委书记为刘云峰、区长为陶寿全(后为孟申扬),大队长为俞怀宝。

1947年夏建立的二区(现属长丰县),辖曹庵、徐庙、禹庙岗、拐集、史院5个乡公所。区委书记为胡守富,区长为庞荆夫。

1947年夏建立的一区,辖瓦埠、上奠寺、小甸集、邵店、李山庙、双庙、大井寺、大顺集8个乡,第一任区委书记为曹云鹤,后为徐锡林、李治安继任,区长曹仙度兼任区大队长。

1947年秋建立的定合办事处,又名合五区(现属长丰县),辖造甲、大李集、埠里、罗集、陶旗杆5个乡,区委书记由孙祝华兼任,主任为崔兴宗,大队长为刘大普。

1948年春建立的寿合区,辖广岩、双枣、高刘、炎刘、三义、谢墩6个乡。区委书记杨刚兼任,区长为杨新之,区大队长为周来瑞。

1948年12月建立的合六办事处,辖江夏、太平、马集、高庙、金桥5个乡。书记由冯道生兼任,主任为夏汉三。①

红色游击政权的建立,对于近在咫尺的国民党安徽省政府所在地合肥是个很大威胁。合肥北郊土山乡就有游击政权,游击队往往在夜间到城边活动,闹得城内"一夕数惊"。国民党安徽省政府主席李品仙曾气急败坏地说:合肥西北乡的"土共"不铲除,我誓不为人!但敌人"清剿"不得人心,虽多次派大队人马来"剿共",每次都扑空或大败而归。1948年5月,敌桂系军队一个营400多人追击寿、六、舒、合县总队,游击队以诱伏战术诱敌深入,在寿合区大拐村伏击敌人,毙敌60多人,余敌逃回合肥城闭门不出。6月下旬,县总队在曹岗一举消灭敌杨庙特务队30多人后,

---

① 中共寿县县委党史工委办公室:《寿县革命史》,合肥:安徽人民出版社,1992年,第221—222页。

又将赶来增援的敌寿县自卫大队300多人击溃,击毙率队督战的敌大队长谢振华。

至1948年下半年,淮西敌后武装力量已发展成为1500多人的县总队,加上区、乡武装总计有3000多人。淮西游击健儿神出鬼没,机动作战,9月间又在邓岗消灭寿县东南乡联防区主任、寿县三青团头子邓馨远的武装及进驻邓家圩子的县大队一个中队,俘敌100多人。接着,县总队集中600多人与敌寿县自卫大队700多人在周大郢一带决战,一举歼敌200多人。李品仙放出的大话无法收回,吹破了牛皮。而淮西人民武装越战越强,解放区不断扩大,基层政权日趋巩固,解放区军民以新的战斗姿态迎接中华人民共和国的诞生。①

四、寿县全境解放与淮南矿区的新生

(一)建立白区工作联络点

1946年,中共华中分局七地委所属蚌埠工委(淮办),指派朱怀明、蒋树民等人到淮南、寿县西乡白区开辟工作,建立10多个

---

① 六安市委党史研究室:《红色六安》,合肥:安徽人民出版社,2007年,第217—218页。

联络点,策动国民党寿县自卫总队、国民党正义部队及区乡武装人员起义,为和平解放寿县提供了有利条件。

  1946年夏,全面内战爆发后,敌人先向淮南根据地进攻,党组织进行了转移,同时留下一些斗争坚决、经验丰富的干部转入敌占区,开展敌工工作。朱怀明、蒋树民等人就是在这个时候,由华中分局七地委城工部蚌埠工委派到淮南路西敌占区去开展地下革命活动的。他们的主要任务是策动白区的敌军起义和民运工作。当时,蒋树民主持蚌埠工委工作,朱怀明也是工委委员。他们到淮南路西、寿县西乡后,主动与华中八地委(后改为苏皖三地委)取得联系,并在三地委成立的东南工委领导下,积极开展蚌埠、怀远及周围敌占区的工作,准备迎接接收城市。蒋树民、朱怀明原来都是淮办的敌工干部,做策反工作有经验。东南工委派蒋树民深入敌占区蚌埠、刘府一带,侧重做敌军头目沈席儒(抗战时期曾任伪军师长);派朱怀明到寿县敌占区活动,主要工作对象是国民党寿县自卫总队头目,及驻正阳关的国民党第八绥靖区的廖运泽、廖运升等,并了解寿县白区区、乡、保长迫害群众的劣迹,群众反抗情绪等。

  朱怀明到寿县白区,就住在寿县西南乡的柴献忠家,他与柴是1941年认识的朋友。柴献忠是正阳关柴家港人,当时任寿县卅铺中心小学第二分校教导主任(后为校长),是进步青年。朱怀明经柴献忠安插在学校当教员,就住在校内。后来朱怀明说明自己的身份和来意,争取柴献忠一同工作。柴献忠十分高兴,欣然

表示同意。

在朱怀明的指导下,柴献忠利用同学和亲友关系,积极开展联络。至1948年冬,柴先后联络社会进步人士和青年学生近百人参加革命活动,其中有袁传华、柴瑞生、柴仲仰等。他们共建立十几个联络点,每个点有10人左右,并有专人负责,有的联络点还筹备有三至五支枪,以备必要时开展游击斗争。如正阳关联络点,负责人为王士仪;苏王坝联络点,负责人为袁传华;保义集联络点,负责人为常传勃;板桥集联络点,负责人为沈多树;卅铺联络点,负责人为宋新周;枸杞园联络点,负责人为袁传喜等。

联络点经常组织进步青年深入正阳、城关及较大集镇散发传单或张贴标语口号,其内容有:中国人民解放军江北纵队告寿县同胞书,青年运动的方向和任务以及解放区见闻等内容的宣传品。宣传口号有:当糊涂兵,打糊涂仗,死了当糊涂鬼!大家要和平,莫当蒋家兵!等等。朱怀明有时还把他们集中起来开展形势和前途教育,还开展诸如"青年运动方向",目前形势和任务以及解放区见闻、党的方针、政策为内容的座谈、讨论,引导青年揭露国民党反动腐朽的本质及其必然灭亡的道理,使寿县西乡的革命青年受到鼓舞,革命情绪日益高涨。

1947年5月,党组织又派朱怀明到亳县开展工作。同年秋,组织上再派他返回江淮工委与蒋树民取得联系,并指导寿县工作,到次年初仍回寿县领导地下斗争。随着解放战争的节节胜利,群众舆论、人心向背,对争取上层,分化瓦解敌人起到了意想不到的作用。①

地下党组织通过保义联络点负责人常传勃的上层关系,开展国民党寿县上层人士的工作很有效果。

常传勃原是国民党的下级青年军官(连长),在山东菏泽被解放军俘虏后送解放区受训。在中国共产党俘虏政策的感召下,他耳闻目睹解放区军民鱼水深情,党群血肉关系,团结战斗的蓬勃朝气,思想受到极大震动。他回乡后,积极靠近进步组织,秘密参加了革命活动,进步很快。他的祖父常恒芳,早年与陈独秀密谋反清,追随孙中山反清反北洋军阀,北洋时代曾任国会议员,历来支持省内革命运动,北伐时期任第三十三军党代表兼政治部主任,一直反对蒋介石的独裁统治,在上层人士中很有威望。1948年夏,常传勃通过父辈关系,在廖运泽的正阳指挥所当参谋,更有利于掩护他在国民党寿县党部及县政府里开展上层人士的工作。寿县参议长孙勤刚、寿县商会会长孙培良、国民兵团团长程凌霄以及一些县参议员,他都暗中联络、接洽,做策反工作。此外,他还通过族兄常传伦的关系,争取了敌淮南矿产理事会负责人、省参议员程华亭。通过对以上人士进行形势教育,他们认清了前途,主动弃暗投明,他们后来在和平解放寿县城、保护淮南矿产资源中都起到积极作用。

朱怀明还指导各联络点的革命青年经常搜集国民党区乡反

---

① 中共寿县县委党史工委办公室:《寿县革命史》,合肥:安徽人民出版社,1992年,第226—227页。

动政权的武器装备、情报网的情况,揭露敌人的罪行等。敌苏王区区长李典伯由于被揭露,因而怀恨在心,于1948年春夏间撤了柴献忠小学校长的职务,并下通缉令迫使柴献忠出走。朱怀明通过组织送柴献忠到蒋树民开展活动的定远县刘府、武店一带游击区学习,同行的还有革命青年袁传华、王士仪等7人。①

(二)打入敌军内部策动起义

1948年夏,东北全部解放,山东战场捷报频传,共产党的形势越来越好。然而,国民党反动派企图做垂死挣扎,在淮河两岸大量征兵抓丁,组织"正义""天九""挺进""扫荡"等杂牌部队,大力扩充实力。针对上述情况,经朱怀明、蒋树民等地下党员研究,决定派遣柴献忠等打入敌"正义部队",做兵运工作,相机行事,设法控制一部分武装。柴献忠接受任务后和袁传华、王士仪等人由定远回寿县。路过蚌埠时,遇见寿县人王石泉(外号王七麻子,是土匪小头目)在蚌埠贩卖粮食,柴献忠便有意与王石泉闲谈,了解家乡情况。柴献忠在闲聊中得知王石泉想回家乡组织杂牌部队,可就是没有番号,柴献忠当即表示自己也有同样意图,并说可以搞到番号,于是两人同意一块干。王石泉异常兴奋,遂说出自己有30多支枪藏在鲁口孜的情况。

柴献忠由蚌埠回寿县的第二天,就由族兄柴松泉引荐,会见

---

① 柴献忠日记及其回忆资料,复印件存六安市委党史研究室。

了国民党驻正阳的杂牌部队司令陆亚夫。当时陆亚夫正在为招兵困难之事犯愁,一听说柴献忠有50多支枪,100多人,要求给个支队的番号,加入"正义部队"陆亚夫欣喜若狂。而且这意外的人、枪是部下柴松泉的族弟带来的,陆亚夫更加中意,当即派副官同到鲁口孜察看情况。情况属实,便委任王石泉为支队长,柴献忠为支队副。不久,袁传华又带三支手枪6个人,邸子贞带5支枪10余人加入这支部队,邸担任中队长。这样,不仅柴献忠、袁传华、邸子贞可以打着国民党军官的旗号掩护其革命活动,就连党的重要干部朱怀明等人也可借助柴献忠等提供的军服番号作掩护,方便出入县城,深入正阳、保义等地从事革命活动。

随着革命形势的发展和需要,1948年8月,经过党组织考察,袁传华、王士仪、常传勃、柴献忠被吸收为中共候补党员。不久,朱怀明通过常传勃利用其伯父常持青(国民党寿县等县县长)的关系,策动廖运泽、廖运升相继发动起义。

廖运泽,黄埔一期学生,曾加入中共并参加南昌起义,时任国民党第八绥靖区副司令长官兼第一纵队司令、颍上指挥所(驻寿县正阳关)主任。廖运升,黄埔四期学生,时任国民党第一纵队副司令,颍上指挥所副主任。

1948年春,朱怀明向组织汇报了驻正阳指挥所"二廖"的情况后,东线工委书记刘宠光、委员王钊指示,抓紧做"二廖"的争取工作。朱怀明便以东线工委的身份,通过常传勃、常持青、张作六(曾任国民党县长)的关系,去找"二廖"做策反工作。廖运泽先派廖运升为代表,同中共代表到正阳以东的吴家圩南边的一个村子里进行谈判。朱怀明开门见山地向廖运升说明来意,交代了党的政策,动员他们审时度势,跟共产党走,并提出目前需要他们做的具体工作一是组织起义,二是准备船只迎接大军渡江南下。当时廖运升答应回去与廖运泽商量,一再叮嘱要组织上经常与他们联系,行动要隐蔽、保密。

朱怀明及时将以上情况向东线工委做了汇报,工委书记刘宠光亲自写信给"二廖",动员他们抓紧时间准备起义。当朱怀明于1948年12月底带着信第二次到正阳找"二廖"时,不料"二廖"部队已奉命开拔("二廖"行踪已被敌特注意,蒋介石也起疑心,出其不意调"二廖"部队南下)。后来中共华东局国民党地区工作部上海工作组负责人方向明又通过石原皋、张台望继续对廖部做工作,终于促成已改编为国民党第八十五军一一○师的廖部在浙江义乌由廖运升率部起义,起义时声称曾与地下党负责人朱怀明联系过,朱怀明立即回复询问,证实此事。廖运泽被蒋介石下令通缉,逃入香港,新中国成立后回归祖国,由周恩来总理亲自接见、安排在江苏省民革工作,直到1987年于南京病故。

1948年10月,敌"正义部队"奉命整编,整编后称第十三支队,下辖5个大队,共有官兵2000余人,其中第五大队,便是中共地下党派遣的干部潜入内部搞兵运活动的一支队伍,已发展到200多人。根据党的指示,要相机掌握这支队伍的领导权。于是地下党员采取联络进步力量,降低大队长王石泉的威信,然后用写报告(检举)罢免的办法,终于将王挤垮,赶走了土匪出身的王石泉,由柴献忠接任大队长。

12月,淮海战役胜局已定,国民党军队纷纷南逃,寿县境内的各杂牌部队也惊慌万状,国民党已下令"正义部队"开赴江南。在这关键时刻,党组织抓紧在士兵中活动,进行前途教育,针对士兵不愿意离开故乡的情况,鼓动他们离队返乡,结果有700多人不愿再跟部队南进而回家了。被迫离开寿县的士兵情绪低落,敌人对第五大队也有所注意,行军编队时有意把第五大队摆在中间以便监视。为了摆脱控制,部队开往田家庵时,借口找营地与队伍拉开距离,第二天乘敌人抢着上火车逃命混乱之机,第五大队全部携械返回寿县。途中又遣散大部分士兵回家,剩余80多人枪驻寿县西乡的团城子、顾家寨,维持地方秩序,准备配合解放军解放正阳,当时他们的给养由当地地主们轮流供给。

至此,国民党驻正阳关的这支杂牌军——"正义部队",基本上被地下党瓦解了,留下来的80多人是地下党能指挥掌握的力量,为后来和平解放正阳贡献了力量。[①]

(三)自卫队起义

国民党寿县自卫总队有三个大队,约1500多人,再加上各区、乡的区队、中队,全县自卫总队的武装合计有6000多人。

[①] 中共六安地委党史工作委员会:《皖西革命回忆录·第三部》,合肥:安徽人民出版社,1991年,第425—428页。

1948年冬,中共地下党负责人朱怀明专门召开党组织会议,研究让常传勃利用伯父常持青的老关系,在寿县自卫总队里谋个职务,做策反工作。常传勃通过活动争取,谋取了总队副的头衔,经常与国民党寿县国民兵团的大小头目接触,如李仲璜、程凌霄、李旭东以及上层人士程守之、程华亭等,积极争取自卫总队起义。

争取自卫总队起义的关键对象是第一大队长李旭东。李旭东是常传勃的表叔,容易接近,同时有两个重要条件可以充分利用:一是革命形势越来越好,大势所趋;二是李旭东在1948年9月,曾倾巢出动进攻瓦埠以东的淮西游击队,不料遭受重创一败涂地,自己也受伤狼狈逃回县城,每当想起此事,总是心有余悸。党组织很重视这一情况,指示常传勃等做李旭东的工作要抓紧,讲清党对敌军、政人员的政策。经过地下党耐心细致的工作,李旭东口头上答应起义,实际上仍是举棋不定,一直拖到12月中旬,淮海战役胜利在望。此时蒋树民也赶到寿县做策反工作,为加快策反进度,对李旭东采取"激将法"。由常传勃告诉李旭东,说地下党领导另有任务,马上要走,特来代为告辞。李旭东听后表现出惊慌,说:你们走了我怎么办? 常传勃说:只有以后再说。常传勃略带责怪的口气说:目前你不抓紧起义,我们只有先搞其他工作,一个多月来,我们为了挽救你,已经耽误了不少时间,现在不能再拖了,再过几天,解放军来了也不需要你起义了……这时李旭东才意识到不能再错失良机,经过激烈而又慎重的思考后,李旭东断然说道:你和李同志(朱怀明化名李学名)说一下,你们不要走,叫我什么时候干,就什么时候干。并要求与朱怀明见面。

朱怀明认为时机成熟,可以约定时间与李旭东见面了。

1949年1月,又做了一些必要的准备工作后,朱怀明亲自找李旭东谈话,再次讲清形势,阐明党对起义人员的政策,要他当机立断,不能再拖延。这次见面谈话后,李旭东正式答应马上起义,而且负责对第二、第三大队的军官做争取工作。他们随后又研究了起义的几项具体措施:1.决定元月16日中午,李旭东以宴请为名,邀请县政府官员:国民兵团长李仲璜、副团长程凌霄、范幼三,县参议员程守之,自卫总队第三大队长武立德、第二大队副毛寇卿(以上人员都是李旭东提出的,可见李旭东已事先做了工作并有成效)在李旭东家与中共代表朱怀明见面;2.通知被李旭东派出去尚未回城的一个中队,连夜回城。

党组织又派蒋树民连夜赶到皖西三分区汇报,请示寿县方面下一步的工作。

在李旭东宴请的席间,朱怀明向在座的国民党寿县官员进行当前形势及政策教育,痛斥蒋介石投靠美帝挑起内战的罪行,以济南战役活捉王耀武为例,揭穿国民党反动派纸老虎的虚弱本质。朱怀明的一席话,使在座的人频频点头。在解放军强大的攻势面前,他们无不表示愿意起义,跟共产党走。

当天下午,革命青年袁传华、王士仪、孙宪芳、张锦章等根据地下党组织的安排,立即赶写标语、传单,还派人到凤台取回毛主席、朱总司令的画像,积极筹划起义前的各项工作。①

(四)县城和平解放

1949年1月16日下午,蒋树民从皖西三地委返回寿县县城。为加强起义准备工作,他又召集党员会议,传达上级指示,研究具体事宜,确定袁传华为城关区区长,王士仪为军管工作队队长,常传勃为物资接管组组长,与袁传华共同负责维持城内治安,准备召开群众大会等。16日夜间,有关起义的工作仍在紧张进行,到凌晨2时,有人报告国民党寿县县长潘顺裕带着一个警卫排逃走了。3时许,又有人报告敌营区一个新兵连逃走!看情况是有人泄露了机密,为防发生意外,他们决定天明前断绝城内外交通,立即宣布起义。17日晨,由常传勃主持在老县政府召开原国民党县党部及军政人员起义宣誓大会,宣布起义方案:将寿县自卫总队三个大队改编为解放军独立团,团长为李旭东,副团长为李仲璜、范幼三,朱怀明任政委,常传勃为参谋长;成立寿县军事管制委员会,主任为朱明,副主任为程凌霄,顾问为程守之,下设经济接管组,组长为常传勃,行政组长为常传伦。然后由李旭东主持召开自卫总队排长以上军官会议,正式宣布起义。同时,由程守之主持在国民党道华小学,召开全体县政府公务人员会议,直到宣布"欢迎朱政委报告"时,大家才知道共产党来了。会上宣布实行军

---

① 中共六安地委党史工作委员会:《皖西革命回忆录·第三部》,合肥:安徽人民出版社,1991年,第428—430页。

管及新区政策,规定所有物资、公粮、档案一律封存,不准破坏,要求所有人员坚守岗位待命。此时大街上工作队已公开率领群众游行呼口号,贴标语,迎接寿县城和平解放。

17日下午2时许,在西大街孔庙广场,军管会召开群众大会,欢庆和平解放寿县城。参加大会的有城关各界代表,原国民党驻寿县的武装部队、机关、团体、学校师生,以及部分区、乡举行起义的人员,共有3000多人。朱怀明政委代表中国人民解放军在大会上宣布寿县城和平解放,宣告成立军事管制委员会并接管寿县,要求各界组织要坚守岗位听候接管,维持地方秩序。大会散发了《告寿县人民书》,当时在寿县有影响的代表人物程守之也在会上讲了话。

1949年1月,中原野战军第六纵队由淮海战场南下,配合皖西三分区武装分路出击,迅速控制了起义部队。野战军一个营和三分区基干一团一部进驻寿县,进一步稳定了形势。

寿县国民兵团一起义,各处便纷纷响应。常持青搞的一个区大队跟着一块起义了。保义区副区长夏至栋为起义做了不少工作,如搞联络,散发传单等。宣布起义的还有三觉的权世超、权仰之等。有的区乡武装虽未起义,但在独立团收编时都很顺利。寿县城关解放时,参加起义的部队有一个团、三个大队、12个中队,约1300人,步枪700多支、轻机枪40多挺、迫击炮4门、短枪30多支。其后,国民党区乡镇武装也纷纷起义、投诚。逃到正阳关的国民党阜阳保安副司令何峻之带领的一个营武装正在犹豫不决时,军管会当即派柴献忠到正阳关做何峻之的工作,终于争取何率部投诚。经过两个星期的收编,起义人数扩大到2000多人。也有起义后叛变的,如苏王区的李典伯。在寿县国民兵团起义时,他参加了起义大会,保证跟共产党走,可是会后回到苏王,却带领武装进攻新成立的正阳区政府。此时正阳区长柴献忠正在县城有事,闻讯后立即带领一个大队500余人赶回正阳,俘获了李典伯以下48人,并将其押送到县城,公审后镇压。①

寿县县城和正阳镇的和平解放,震撼了全县和邻近各县,为寿县全境解放,扫除了障碍。原驻迎河、隐贤一带的国民党杂牌军"天九"部队,闻讯后南逃大别山。迎河、隐贤随即解放;寿县南乡众兴区区长权世超与淮西游击队取得联系,率部起义,保义区大队在常持杰、夏元洞的策划下跟着起义;顾寨、双桥、卅铺的乡队武装,被顺利收编,寿县到六安很快全线畅通,全境解放。

瓦埠以东的寿东南游击区也在早些时候全部解放,赵凯、杨刚领导的游击队,已奉命切断南北交通线,国民党省政府的军政要员纷纷南逃,担任淮南一线防务的国民党刘汝明部已成惊弓之鸟。到1948年底,淠河以东、肥西以北,以及肥东、六安东北部,淮南大通舜耕山以南方圆数百里的国民党区、乡政权及地方武装,纷纷起义,投向共产党。

寿县西乡起义、投诚人员,集中在正阳集训;东乡起义投诚人

---

① 中共六安地委党史工作委员会:《皖西革命回忆录·第三部》,合肥:安徽人民出版社,1991年,第430—432页。

员,全部集中在水家湖集训。然后视各人年龄、文化、身体状况及志向的不同,有收编成解放军的,有送往华大学习或安排工作的,不愿留下或不适合留下的都发给起义证书,资送回家生产。

1949年1月,华东局来电指示,调长期坚持淮西敌后斗争已取得胜利的部分同志接管淮南矿区。任命赵凯为淮南特区工委书记,特区区长;任命董积贤为淮南矿路公司总经理。

赵凯、张慕云率领游击队400多人,于元月3日晚进驻九龙岗矿区,于4日晨与先期解放淮南三镇的解放军豫皖部队某团政委霍大儒见面。由于地下党组织高度重视护矿工作,淮南矿紧密配合解放军和平解放三镇,煤炭生产系统保护完好,为恢复生产创造了有利条件。

为适应恢复生产的需要,赵凯等上任后不久,经组织批准,将淮南特区工委改为中共淮南矿委,由吴伯文任书记,赵凯任副书记。很快组建起派出所,维持社会治安,成立矿区警备司令部,由桂俊亭任司令,赵凯任政委。此时张慕云已奉命率一个团武装赴西安市支援基本建设。

矿委对起义矿警进行集中整训、调整,紧紧依靠工人阶级,发扬工人当家做主的主人翁精神,自己管理自己,调动原有工程技术人员的积极性。华东财办又为淮南煤矿调来刘若平任总经理,帮助其尽快恢复生产。不久,煤矿便恢复新生。从此,淮南矿区

生产水平蒸蒸日上,逐步成为安徽、华东乃至全国的能源基地。①

五、新生的政权建设与支援渡江战役

(一)行政区划调整

1949年1月,皖西三地委、三分区领导曾庆梅、唐晓光、彭宗珠、吴先洪等人来到寿县指导工作,决定成立中共寿县工作委员会、寿县民主政府。朱怀明任书记,代县长为蒋树民,副县长为常传勃。②

随着寿县全境解放,中共皖西区党委为把工作重心从农村转到城市,由城市领导农村,遵照党中央和中原局的指示及时调整行政区划,加强政权建设。

1949年1月,奉皖西行政公署命令,成立寿县民主政府,辖瓦埠湖以西6个区34个乡镇,县政府机关驻寿县城,先后隶属皖西专署、六安专署。县工委书记为朱怀明,县长为蒋树民(代理一个月),后刘伟任县长。2月,在县工委基础上建立中共寿县县委,白

---

① 中共寿县县委党史工委办公室:《寿县革命史》,合肥:安徽人民出版社,1992年,第237—238页。

② 中共六安地委党史工作委员会:《皖西革命回忆录·第三部》,合肥:安徽人民出版社,1991年第432页。

▲ 寿县地下工作负责人,中共寿县工作委员会书记朱怀明

鲁克任县委书记。辖城关、迎河、堰口、众兴、正阳、保义六个区委。①

1949年2月,中共皖西区党委撤销寿六舒合县委,在瓦埠湖以东地区建立中共寿合县委,机关驻下塘集。3月,机关迁至王楼,县委属定远地委领导,下辖寿凤工委和庄墓、下塘、长军、蜀西、瓦埠、寿合区委;成立寿合县人民政府,董完白任县长,孙祝华、谷儒珍任副县长。

6月,各方面条件已经成熟,上级决定将寿合、寿县合并为寿县,恢复原寿县建制。这时六安地委从寿县抽调刘伟、白鲁克到

---

① 中共寿县县委组织部,中共寿县县委党史办公室,寿县档案馆:《中国共产党安徽省寿县组织史资料》,合肥:安徽人民出版社,1993年,第103页。

金寨分别担任县长、县委书记。中共寿县县委书记由董积贤担任,副书记为杨刚、邹云龙,委员有董完白、张冀凯、孙祝华、汪洋。董完白任县长,谷儒珍任副县长。全县辖12个区、116个乡。①

(二)支援渡江战役

三大战役胜利后,长江以北的国民党军主力已被消灭,江北地区全部解放。共产党一方面同国民党谈判,一方面积极做好渡江南下准备。中原、华东两大野战军经过短期休整后,改编为第二、第三野战军,挺进长江北岸,肃清沿途残敌,准备渡江。解放军二野六纵进入寿县、正阳一线,利用瓦埠湖、淮河作渡江训练。

1949年2月,寿县和皖西各县开始做支援大军渡江的准备工作。2月下旬,中共安徽省委一成立,就将集中全力在皖北地区开展渡江支前工作当作中心任务。② 省委指示:此次渡江,解放江南,争取全国胜利,支前工作关系革命成败问题,和以往坚持皖西斗争同样重要而光荣。3月初,刘伯承司令员率第二野战军司令部进驻寿县城,向县委委员、公安局长张冀凯等人了解寿县历史文化、社会情况,了解寿县到六安、到合肥的路程,途中有哪些村

---

① 中共寿县县委党史工委办公室:《寿县革命史》,合肥:安徽人民出版社,1992年,第238—239页。
② 中共安徽省委组织部,中共安徽省委党史工作委员会,安徽省档案馆:《中国共产党安徽省组织史资料》,合肥:安徽人民出版社,1996年,第341页。

镇等情况,检查、部署部队和地方渡江准备工作。① 3月下旬,中共皖西区党委在六安召开扩大会议,对支援渡江作战作进一步部署。由于党委、政府的重视,各级支前机构普遍建立起来。寿县人民政府支前指挥部,刘伟任指挥;寿合县支前指挥部指挥由董完白担任,副指挥由董积贤担任。指挥部下设财粮、交通、人力、宣传、组训等科。各区设支前委员会,各乡设立支前小组,均由党政主要负责人担任机构领导,具体承办支前工作。为了统一指挥边界地区的支前工作,还在淮南铁路沿线成立寿县、定远、合肥三县支前司令部。

支前领导机构建立后,便大张旗鼓地发动群众,开展大规模的宣传鼓动,号召党员带头参加支前担架队。他们以乡为单位,召开群众大会;各村召开妇女、青年座谈会,动员支前;召开欢送会,为首先报名支前的民工披红挂彩,造成支前光荣的热烈气氛,接着采取自动报名,组织批准的办法,将18—50岁的男子(在职工作人员、商人除外)动员起来,组织随军的常备担架队、二线的常备运输队以及临时运输队。常备担架队、运输队队员年龄在20至35岁之间,按部队建制编成团、营、连、排、班。寿县当时就组织起常备担架师,刘伟任司令。并在瓦埠湖、正阳关调配了300多名水手,协助二野六纵官兵在瓦埠湖和淮河作渡江演习。水手

---

① 中共六安地委党史工作委员会:《皖西革命回忆录·第三部》,合肥:安徽人民出版社,1991年,第556—559页。

们认真负责地向战士们介绍船的性能、长江水文知识,热情传授划桨、摇橹、掌舵技术,为部队培养训练了大批船工、水手。正阳关还集中2500多只民船,在淮河上架设十余道浮桥。每道浮桥由110多只民船组成,使淮河天堑变通途。解放大军指战员、机动车辆、辎重武器从这里源源不断地运往淮河以南,顺利到达长江北岸沿线。据不完全统计,仅3月至5月份,从浮桥上通过的汽车就达3300多辆,炮车达2000多辆,马车达2200多辆。为了保护浮桥,寿县在正阳区组织民兵、船工分乘70多只小船,组成护桥队。从建桥到结束两个月间,日夜游弋在浮桥周围的水面上,轮流守护着浮桥,保证南下大军及车辆物资的安全畅通。

为做好大军南下物资的供应、运输及通讯联络事宜,支前部门在皖西建立东、中、西三条主要供应线,有两条从寿县境内通过。东线自水家湖、下塘集到合肥一线;中线自正阳、大店岗、迎河集、隐贤集、马头集向南直到山南馆、桃溪镇一线。沿线设立兵站和民站,下设分兵站。两站之间,设立茶水站。每个民站均配备区级干部担任站长、政治委员,下设招待股、供应股、通讯股。各民站都囤积5万斤到15万斤粮食和2万斤至30万斤柴草,以保证部队和民工的生活需要。部队、民工随要随供应,只要有团以上单位介绍信,就保证供应。在各级党组织的号召下,寿县人民一呼百应。不少群众主动拿出自己家的被子、门板、粮食、柴草送往供应站,支援解放军南下渡江,解放全中国。各村镇的广大妇女在妇联会的带动下,组织做军鞋、袜子送到供应站支援前线。

寿县妇女在两个月时间内就做军鞋、袜子近万双。寿县支前指挥部还组织干部、学生、居民到解放军驻地慰问演出、张贴欢迎标语,组织妇女给解放军洗补衣被等。

为确保大军南下畅通无阻,寿县承担抢修窑口大桥的任务。修桥民工日夜奋战,于1949年3月5日提前完成抢修任务,使大批军用物资及时南运,从寿县境内通过的渡江部队能顺利南下。沿途老百姓送茶、送水,争先恐后为子弟兵服务,欢迎解放大军过境。

1949年4月21日,百万雄师以排山倒海之势,强渡长江,彻底摧毁国民党苦心经营的长江防线,于23日解放南京,宣告国民党政权统治的覆灭。①

(三)欢庆中华人民共和国成立

1949年10月1日,是中华人民共和国举行开国大典的日子。自此,中国人民走上了当家做主的新的历史时期。在这普天同庆、举国欢腾的日子里,寿县人民和全国人民一样,敲锣打鼓,欢庆胜利,唱起了翻身歌,跳起了秧歌舞,家家张灯结彩,人人奔走祝贺。各机关商店、工厂学校,红旗招展,全县上下、城乡各地都沉浸在无比的欢乐之中。

寿县县直机关、城关各界在孔庙广场召开万人庆祝大会。各

---

① 中共寿县县委党史工委办公室:《寿县革命史》,合肥:安徽人民出版社,1992年,第241—243页。

方面代表登上主席台讲话，热烈欢呼中华人民共和国的诞生，隆重庆祝这个光辉的节日。全县广大群众，纵情狂欢，迎接幸福美好的未来。人人表示决心在毛主席和中国共产党的领导下，为建设繁荣昌盛的新中国而奋斗！

结　语

　　寿县是安徽近代民主革命的重要策源地。寿县的红色历史是中国革命历史的一个缩影，从辛亥革命开始寿县的革命斗争就未曾间断。辛亥革命至大革命时期，寿县一直是安徽革命运动的最重要区域之一。寿县党组织建立早，早期党员多，共产党在寿县的影响大，民主革命的思想深入人心。1928年春，国民党在全国的统治地位已经确立，而当寿县共产党员利用寿县各界人士反帝反封建斗争的情绪高涨，在县城召开反对蒋介石叛变革命的大会时，国民党的县长和各界人士数百人都参加了会议，并高呼"打倒蒋介石、汪精卫！拥护孙中山三大政策！"等口号，可见当时寿县革命氛围浓厚、共产党在寿县的影响之大。1927年12月，主持中央机关日常工作和军委工作的周恩来亲自起草给安徽省临委的指示信，对帮助柏文蔚创办寿县学兵团提出具体方法和要求。在中央军委和省临委的领导下，由共产党员主持事务的寿县学兵团迅速创办起来；许光达（1955年大将）在南昌起义失利后两次与党组织失去联系，都是依靠寿县籍党员的联系和帮助而恢复党组织关系；1931年5月，驻南京的国民党陆军第四师工兵营第三连在地下党员带领下秘密起义后，听说寿县有共产党组织及其领导的游击队，便冲破重重阻碍于8月到达寿县，组成寿县游击队开展武装斗争。这些都说明寿县共产党组织对外也有很大影响。土地革命时期，寿县是鄂豫皖革命根据地的重要游击区，为保卫苏区做出了巨大牺牲。全面抗日战争中，寿县曾三次被占领、三次再光复，为保卫淮南抗日根据地做出了重要贡献。抗战胜利后，寿县军民坚持游击斗争，最终迎来了解放战争的伟大胜利。

在安徽的红色历史记忆中，寿县独树一帜。这里有党的一大以前入党的共产党员、马克思主义在安徽的早期传播者——高语罕；有安徽第一面党旗诞生地——中共小甸集特别支部。寿县英烈灿若星河，有北伐著名烈士、叶挺独立团第一营营长曹渊，有湘鄂西革命根据地开创者、中国工农红军第二军军长孙一中，中共皖西北道委书记方英，抗日名将方振武等等，他们在中国革命历史上都书写下了灿烂的篇章。

为真实记载寿县人民革命的光辉历史，传承好红色精神，寿县县委于1959年和1978年设立专门机构，组织力量征集、整理革命斗争史料，先后编写、出版了革命史、回忆录、大事记、人物传记、史话、组织史资料等多种图书，开展了烈士纪念馆、小甸集特支纪念馆的陈列展览，近些年又加强了对寿县红色文化的研究和宣传，为传承红色精神奠定了基础。

大事记

1911年

11月5日,淮上军起义光复寿州。次日收编清军3000余人,成立淮上起义军司令部,王庆云为总司令。以寿州为大本营,进击淮河南北,先后光复六安、霍邱、阜阳等23个州县,摧毁当地清政权,建立军政分府。

1912年

2月,寿县人孙毓筠任安徽省都督。4月,寿县人柏文蔚接任都督兼民政长。是年,寿州改称寿县。

1913年

4月,柏文蔚通电反对袁世凯大总统"善后借款"。6月,袁世凯令免柏文蔚职,委派寿县人孙多森接任都督。7月,柏文蔚任安徽淮上讨袁军总司令带领淮上讨袁军在寿县一带苦战月余,终因敌众我寡失败。8月,倪嗣冲部攻占寿县。寿县东乡民众公推水百川为反倪军司令,进攻寿县倪军,后失利溃散。

1919 年

5月,寿县人民响应五四运动,游行示威,并搜查、焚毁日货。

1920 年

寿县文化界掀起新文化运动热潮。瓦埠、李山等地的有识之士提出取缔私塾,普办学校,废除文言文,提倡白话文。

1921 年

1月,寿县人高语罕编写的《白话书信》由上海亚东图书馆出版,这是安徽省最早传播马克思主义的课本。

1922 年

春,在上海读书的寿县人曹蕴真、徐梦周、鲁平阶经施存统介绍加入中国共产党。他们回寿县建立社会主义青年团小甸集特支,并成立"二三同志的组织"(中共小甸集小组)。

1923 年

5月,在芜湖读书的曹蕴真、薛卓汉、方运炽等寿县青年,发起组织"马克思学说研究会",并成立"爱社",主张将来在家乡青年中宣传马克思主义,从事农村运动。11月22日,薛卓汉、徐梦秋在上海大学加入中国共产党。同年冬,中共小甸集特支成立,直属党中央领导。

1924 年

5月,曹渊、孙一中等人参加广州黄埔军校第一期学习。

8月,中共淮上中学补习社支部成立,直属中共中央领导,同时建立青年团组织——淮上青年社。

9月,中共寿县瓦埠小学支部成立,书记方运炽,年底有党员20人。

1925年

4月,党组织在上奠寺追悼孙中山逝世,召开党、团、群众组织纪念大会,中央巡视员张德山参会指导。会上成立寿县五区农民协会,有会员200多人。

6月,中共寿县城关支部成立,书记陈允常,有党员40多人,直属中共中央领导。

9月,薛卓汉、裴济华、胡宏让参加广州农民运动讲习所第五期甲班学习。

1926年

2月,安徽有15人到广州中央农民运动讲习所,参加第六期学习,其中寿县有崔筱斋、曹广化、方运筹等9人。

3月,薛卓汉在窑口集召开会议,成立了共青团寿县地方委员会,直属团中央领导,辖六个支部,薛卓汉任团地委书记。

5月,寿县党、团组织召开五卅惨案周年纪念大会,会后千余人游行示威。薛卓汉巡视皖北,在寿县发动民众支援北伐,并建立堰口集支部,直属中共中央领导。

11月,寿县古渡岗及东乡民团共计300人余集结于吴山庙,成立安徽讨贼军第四路军,举行吴山庙起义。崔筱斋、曹广化和南陵县的胡济从第六届农讲所结业后回到寿县东南乡,建立了合肥北乡党支部,并在双河集成立安徽农民运动委员会,崔筱斋为主任,曹广化、胡济为委员。

1927年

1月,柏文蔚以淮上军旧部和皖西民军为基础组建国民革命军第三十三军。

7月,中共寿县临时委员会(又称寿凤临时县委)成立。

10月,中共安徽临委第二次执委会决定改组寿县临委,曹广化任书记,寿县临委指导凤台、合肥、霍邱三县工作。安徽省临委根据长江局关于三个月工作计划的指示,以六安为中心,划六安、霍山、霍邱、寿县5县为安徽第一暴动区,成立中共皖中特委,周范文为书记,领导该暴动区工作。

12月20日,周恩来化名沈保和为中央起草致安徽省临委的指示信,对选派党员帮助第三十三军在寿县创办学兵团提出明确要求。寿县临委恢复建立了小甸、瓦埠、上奠等10个党支部。

1928年

1月,中共中央派巡视员来寿县考察、指导学兵团筹备工作。

2月北路宣慰使署学兵团(又称寿县学兵团)在寿县城关正式成立,学兵团成立了中共学兵团党委,孙一中任书记(参加县委)。同时,三十三军第一师在正阳关建立了学兵连,中共党员程锡简等五人打入该连,并建立中共学兵连支部。

3月寿县党组织在城关东大街福音堂召开声讨蒋介石叛变革命的群众大会。会后举行中共寿县第一次党员代表大会,选举产生中共寿县委员会,王影怀任书记。

5月，柏文蔚迫于蒋介石压力，撤了孙一中的团长职务，学兵团因而解散。随后，正阳关学兵连举行起义，第三天失败。

7月，寿县县委书记王影怀到芜湖汇报工作，被安徽省临委留下担任秘书长。省临委另指定王进之、王墨林、陈允常等组成寿县临时县委。

9月，安徽省临委派员来寿县，在瓦埠召开寿县第二次党员代表大会，选举产生第二届县委，推选刘启元为书记。

11月，蒋介石来寿县检阅寿县驻军夏斗寅部，撤销原县长曹运鹏，更换其亲信傅肇仁任县长兼国民党指导委员会委员。

1929年

1月在安徽省临委巡视员周范文主持下，中共寿县第三次党员代表大会在瓦埠召开，会议传达贯彻中共六大会议精神，并作出政治任务、组织问题等决议案。同时改选了县委，书记仍是刘启元，此时全县有党员400人。

6月初，中共中央巡视员来寿县检查指导工作，于28日主持召开寿县第四次党员代表大会，改选了县委，曹鼎任书记。

10月，中共中央巡视员方运炽来皖西和寿县指导武装暴动准备工作，要求寿县筹集枪支和选派干部支援六霍地区武装斗争，并改组了县委。

1930年

3月中共寿县县委召开各级负责人和活动分子的扩大会议，会议决定成立特务委员会和特务队。

5月中共六安中心县委派第一〇六团党代表杨庆生和兵委委员薛骞来寿县扩大武装,拟在寿县成立第一〇八团。他们在上奠寺小学召开县委扩大会议,传达中心县委关于扩大苏区外围武装斗争的指示,决定发动群众进行经济和政治斗争,伺机发动武装暴动。

11月,中共六安中心县委书记舒传贤到寿县指导工作。

1931年

3月,中共小甸支部组织发动20多名店员罢工。中共皖北中心县委(又称寿县中心县委)成立,李乐天任书记。皖北红军游击大队成立,方和平任大队长,曹鼎任政委。皖北红军游击大队和1000多农民举行瓦埠暴动。

4月中共皖北中心县委召开寿县各区委、特支书记联席会议,总结瓦埠暴动失败原因。

7月,中共皖西北中心县委书记吴伯孚受中共中央委托,来寿县指导工作,召开扩大会议,讨论发动游击战争问题。

8月,驻南京的国民党陆军第四师工兵营第三连连长杜一民(中共党员)率领全连起义后到达寿县,同寿县县委接上关系,与瓦埠暴动后分散隐蔽的武装人员合编为寿县游击队。

10月,寿县游击队在方和平、杜一民率领下,攻打菱角嘴恶霸地主李惠涛庄园,吸收50多名新队员。不久因受国民党县政府常备队和地主武装围攻,游击队暂时分散隐蔽。月底,分散隐蔽的游击队百余人携枪在瓦埠奠岗集中,在队长曹鼎、政委李英、副队长唐志远(凤台县委书记)率领下,到颖上、阜阳一带开展游击战争。

11,寿县游击队帮助凤台黄家坝农民暴动,遭地方团练和红枪会2000多反动武装围攻。李英、曹鼎、唐志远等80多人壮烈牺牲,仅20余人脱险。

12月,中共中央巡视员陈文来寿县检查和指导工作,改组了中共寿县县委,曹广化任书记。

1932年

5月,红二十五军一部占领正阳关,缴获大量物资运往苏区。寿县党组织发动100余人的游击队随红军撤离正阳关,进入苏区,后来被编入红军,参加反"围剿"战斗和长征,绝大部分牺牲。

7月,中央巡视员在寿县召开县委扩大会,传达中央指示,成立中共寿县中心县委,书记杨守先,组织兼军事委员文元。中心县委直属中共上海临时中央局领导,指导寿县、颖上、凤台等9县党的工作。寿县中心县委成立党报委员会,由文元负责,创办《皖北布尔什维克》和《皖北真理报》。

9月,中共寿县中心县委召集阜阳、太和、蒙城、寿县4县联席会议。县委和正阳区委在城区组织城西湖筑堤民工开展要求增加伙食费和反对警察逮捕工友的斗争,取得胜利。寿县中心县委把小甸、王竹滩、大井、杨庙、双庙、石家集等地游击小组合建为寿县游击队。

11月,寿县中心县委召开党员代表会,改组中心县委。书记宋德渊。中共寿县中心县委指导范围扩大为12个县。

1933年

3月,寿县游击队利用枣林铺传统庙会时机,处决了叛徒董曙东、豪绅邵子英等5人,缴枪6支。

5月,中心县委书记宋德渊调中央受训,书记由张国诚代理。

6月,寿县游击队拦路伏击恶霸、国民党区长。

9月18日,县委举行九一八纪念会,向群众公开演讲,组织群众游行示威,呼喊口号;同时发动学校联合举行纪念会。

12月,寿县游击队突击隐贤保安分队,击毙保安副司令姚霭卿。中央巡视员张国诚再次到寿县检查指导工作。

1934年

2月,中共寿县中心县委发给涡蒙县委指示信,部署扒粮斗争、士兵工作及年关斗争。寿县游击队攻取余家小圩、洪家圩,镇压豪绅4人。

3月,寿县游击队第三中队为响应鄂豫皖红军行动,积极向淠河一带行动,攻打地主庄圩,缴获部分枪支弹药。

5月,中共寿县中心县委召开皖北12县联席会议,拟定皖北各县委决议案,并给红军游击队发了贺电。中央巡视员来寿县检查指导工作。中共寿县中心县委调回张如屏领导游击队工作,再次组建皖北红军游击大队,孙瑞训任大队长,张如屏任政委,曹广海任副大队长。

6月,寿县游击队员化装成赶集群众攻打开荒集,枪毙剿共司令毕少珊,获枪20多支。皖北红军游击大队先后攻打吕小圩和众兴区公所,并组织群众扒地主粮食。大队长孙瑞训战斗负伤,被捕牺牲,曹广海接任大队长。

7月,中共寿县中心县委改组,仇西华任书记。

9月,由于敌人加紧搜剿,中心县委在小甸集召开紧急会议,决定游击大队立即向合肥方向转移,留下仇西华、董吉贤等人坚持隐蔽斗争。

10月,皖北红军游击大队转移到合肥,与合肥游击队合并成立皖西北游击大队,大队长曹广海,政委张如屏,副大队长孙仲德。同时成立皖西北中心县委,刘敏任书记。中共上海临时中央局来信指示取消寿县、合肥两个中心县委,拟成立安徽省委,由刘敏任书记,省委机关拟设于寿县。皖西北游击大队转移到舒城春秋山被敌包围,激战中大队长曹广海和一批骨干牺牲,孙仲德接任大队长。

11月,刘敏、张如屏等人商讨,认为成立安徽省委条件暂时不具备,议定成立皖西北临时特委,刘敏任书记。临时特委领导游击大队在合肥、舒城、庐江等地开展武装斗争,同时恢复发展党组织。

1935年

2月,中共皖西北特委正式成立,书记刘敏,组织部长张如屏,宣传部长李德保,妇女部长王天云,农运部长张士发。

6月,中共皖西北特委决定把皖西北游击大队扩建为皖西北

独立游击师,师长孙仲德,政委张如屏,参谋长曹云露,全师三个连,260多人。为了更好地支援苏区,决定拨出130人枪加入大别山红二十八军。后来孙仲德又率一个半连进入苏区整训,与红军并肩作战。

10月,中共皖西北特委重建一个连队,由张如屏、曹云露率领进大别山与孙仲德会合。

1936年

2月下旬,中共皖西北特委在庐江宋家小圩开会,改选和增补特委成员。

夏末,刘敏、张如屏赴上海找临时中央局,未果。后得知党中央在延安的消息。

1937年

6月,刘敏带曹云露、杨银声、奚业胜、顾鸿奔赴延安。

8月,张如屏陪同宋天觉到皖西北各地交接工作后,带陈郁发等人第二批到延安。

7月,寿县抗敌后援会在城关成立,由原国民党爱国将领石寅生任主任委员。

秋冬间,寿县部分旅外青年和爱国人士回乡,在东南乡的瓦埠、下塘一带,召开各阶层人士会议,发表抗日宣言和《告家乡父老书》,号召团结起来一致抗日。

1938年

1月,中共安徽工作委员会在寿县杨家庙(今属长丰县)成立,曹云露任书记，张如屏任组织部长兼统战部长，宋天觉任宣传部长。工委在寿县、霍邱、六安、合肥、凤台等地恢复党组织，发展抗日武装。

2月，中共安徽工委书记曹云露到霍邱成立中共霍邱特支；接着到六安恢复党组织，先后成立了六安特支、六安县委。

3月，安徽工委在杨家庙成立皖北抗日游击支队，张焕亭任支队长，张如屏任副支队长（政委）。

4月，中共安徽省工委在六安成立，彭康任书记。原安徽工委撤销，改为寿县中心县委，曹云露任书记，涂仲庸任组织部长，董积贤任宣传部长，领导寿县、凤台、合肥等县党的工作。安徽抗日自卫军第一路军在寿县保义集成立，驻寿县、霍邱、颖上等地。石寅生任总指挥。

5月，皖北抗日游击支队改为凤阳抗日游击大队，由张如屏、涂仲庸等率领，袭击了由日军占领的凤阳县城。同月下旬，凤阳抗日游击大队改编为安徽抗日自卫军第一路军的直属第三大队，曹云露任大队长，并在队内建立党组织。

6月6日，寿县城首次沦陷。

7月，曹云露、赵筹率领自卫军第一路军直属第三大队收复县城。寿县抗敌后援会改为寿县民众抗日动员委员会，石寅生任主任委员，共产党员在其中发挥主要作用。

8月，安徽省工委派黄岩在霍邱县河口集召开寿县、六安、霍邱三县党的会议，成立中共寿六霍中心县委。月底，寿六霍中心

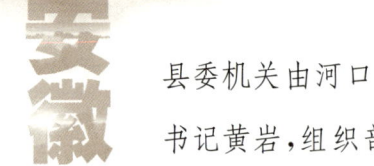

县委机关由河口集迁到寿县隐贤集,改名为中共皖北中心县委,书记黄岩,组织部部长涂仲庸,宣传部部长董积贤,军委书记曹云露。

11月,中共寿县县委成立,书记涂仲庸,委员刘鸿文、董积贤、曹树屏、徐为政、曹伦。

同年冬,省动委会委托第八工作团在寿县成立,团长先后是董积贤、曹定律,副团长徐康明。中共寿县县委在该团秘密成立了党支部。

1939年

2月,中共安徽省工委撤销,成立鄂豫皖边区党委,并组成皖东工委,寿县归属皖东工委领导。

春,安徽抗日自卫军第一路军被迫宣布解散,其第三直属大队以石家集、保义集、众兴集抗日自卫队的名义进行武装斗争。不久,寿县形势进一步恶化,由赵筹率队撤到皖东抗日根据地。

9月,重新建立寿县县委,马曙任书记兼组织部长,王子均任宣传部部长,张正杰任统战部部长,徐宏谷任民运部部长。

10月,新四军军部副官魏立成回家乡杨庙动员董完白组织青年参加抗日队伍。董在当地招收60多人,到青龙厂参加新四军。后来成立新四军江北指挥部特务营,董完白任营长。

1940年

2月,驻寿县的省动委会直属第五、十六、十七工作团以及在寿县工作的共产党员与进步人士分批撤离,县长何德润弃职,也跟随撤离,到皖东参加新四军。县委书记马曙与县委统战部长张正杰等人智取县政府放在众兴区区公所的100多支枪,运往青龙厂支援新四军。

3月,县委组建杨海波游击大队,队员100多人活动在茶庵集一带。方和平、杨守先两个游击大队在张店伏击国民党缉私队顽军100余人,缴枪100余支。不久,这两支游击队转移到皖东抗日根据地,编入新四军新八团。

4月12日,日军第三次攻陷寿县城,安徽省保安第九团官兵奋勇抵抗,大部殉国。

1941年

6月,新四军二师六旅十八团政治处主任杨效椿率领十八团四连指战员进入寿县开展游击战争,同时成立寿县军政委员会,杨效椿任书记。寿县县委领导的游击队配合十八团攻打驻杨公庙的日伪军,收复杨公庙。

9月,十八团四连攻打驻杨家庙的伪军。新四军十八团副参谋长方和平率第三营从淮南路东到寿县配合行动。次日被日军包围,方和平在突围时牺牲。

11月9日,十八团团长陈庆先率两个营到寿县活动,至13日在倪大郢全歼国民党顽军一个中队。

1942年

3月,县委书记马曙奉命到路东根据地工作,陈世新接任县委书记,不久在战斗中牺牲,杨效椿兼任县委书记。

6月,新四军淮西独立团在寿县成立。

11月,寿县抗日民主政权——寿东南办事处成立。

1943年

2月,中共路西地委决定成立中共寿六工作委员会,由赵凯任书记,活动于寿县、六安、合肥、霍邱4县交界地区。

5月中旬,淮西独立团粉碎日伪军对寿东南根据地的"扫荡"。

7月,淮西独立团攻打杨公庙,全歼伪军一个连。

同年秋,驻朱集的日伪军到王集抢掠时,淮西独立团迎头痛击,打死日本兵37人,俘虏日伪军90多人。

11月,淮西独立团粉碎日伪军对寿东南根据地的"扫荡"。

同年冬,寿东南办事处改名为寿县抗日民主政府,赵筹任县长。民主政府设在禹庙岗。

1944年

1月1日,日伪军分兵八路围攻禹庙岗,淮西独立团掩护县政府和人民群众突破包围。

2月22日,淮西独立团攻打三和集伪军。

3月,中共寿六工委及其领导的寿六武工队完成使命,撤回到皖东根据地。

同年秋,淮西独立团在县委和游击队配合下,智取杨老圩伪据点。

1945年

8月,寿东南抗日武装和淮西独立团先后攻克或收复拓塘集、朱家巷、水家湖、朱家集和大小孤堆集,将路东和路西根据地联成一片。

10月,国民党桂系四十八军一个团和安徽省保安五团及反动地方武装,大举进攻寿东南根据地。淮西独立团转移到路东藕塘一带。

1946年

1月3日,中共华中四地委决定成立中共寿六合霍工作委员会,任命赵凯为工委书记,杨刚为副书记兼组织部长,曹云鹤、董完白、冯道生为工委委员;成立寿六合霍县政府,赵凯兼县长、董完白任副县长。同时以冯道生、杨刚两支武工队为基础组建寿六合霍游击大队,冯道生任大队长,赵凯兼任政委。

3月9日,中共寿六合霍工委率游击大队从定远吴家圩出发,向淮西挺进,进入寿县,开展游击斗争。

6月,华中分局七地委城市工作部蚌埠工委派蒋树民、朱怀明等同志到淮南路西、寿县西乡敌占区开辟工作,发展组织。先后联络进步青年和社会进步人士100多人参加地下革命活动,建立10多个联络点,并在国民党县政府内部做策反工作。

7月中旬,掩护中原军区主力部队突围的第一纵队皮定均旅5000余人穿过大别山到达高刘集附近,在地方党组织和淮西游击队的协助下,从吴山、下塘一带顺利越过淮南铁路东进。

1947年

3月,寿六合霍游击大队第二次攻打高刘集。中共寿六合霍工委派孙祝华到淮南路东建立淮东工委。

8月,寿六合霍游击大队第三次攻打高刘集。

12月,中共寿六合霍工委书记赵凯、委员董完白、冯道生先后前往大别山与皖西三地委取得联系。中共皖西区党委增派宋孟邻、张慕云等6人到淮西加强领导,并支援寿六合霍游击大队三挺机枪。

1948年

2月,中共皖西区党委决定改中共寿六合霍工委为中共寿六舒合县委,书记赵凯,副书记宋孟邻、杨刚;建立寿六舒合县民主政府,县长赵凯兼,副县长董完白、孙祝华;寿六合霍游击大队扩建为寿六舒合县总队,张慕云为总队长,赵凯兼政委,杨刚兼任副政委,曹云鹤任政治部主任。

2月20日,寿六舒合县总队300余人在徐庄圩被桂系七十七师的查营和省保安九团层层包围,经激战突出重围,牺牲16人。

4月,师长梁从学和参谋长孙仲德率华中军区一个团从苏北向大别山进发,经过寿六合地区时,当地党组织发动群众给予大力支持,并协同作战,攻下双枣树大地主圩子。

5月25日,寿六舒合县总队在吴楼附近伏击桂顽查营,歼敌60多人。

6月,杨效椿率部配合寿六舒合县总队攻占三义集附近的邓新远圩子,歼敌寿县特务队。

11月,寿县地下党组织争取寿县自卫总队第一大队长李旭东等酝酿起义。

1949 年

1月,淮海战役胜利结束,国民党残部南逃,董完白率部接收下塘集。国民党寿县自卫总队宣布起义,寿县城实行军事接管,朱怀明任军管会主任。寿县城和正阳关和平解放。成立中共寿县工作委员会、县民主政府,朱怀明任工委书记,蒋树民代理县长。寿县全境解放,寿六舒合县撤销,以瓦埠湖为界,湖东成立寿合县委、县民主政府。

2月,瓦埠湖以西,建立中共寿县县委、寿县民主政府。县委书记白鲁克、县长刘伟。县委、县政府机关设于寿县城关,隶属皖西三地委,4月改属六安地委。

3月,寿合县正式成立支前工作指挥部,县长董完白兼任指挥。同时,寿县也成立担架师,刘伟任司令;寿县支前指挥部成立后,也由刘伟兼任指挥。

4月,寿合县、寿县人民第一次使用全国统一的稳定的人民币。

6月下旬,中共皖北区党委决定皖西、江淮各县恢复原建制,寿县与寿合县合并,成立中共寿县县委、寿县人民政府,隶属六安地委。

9月,皖西地区剿匪斗争全面展开。寿县广泛宣传、动员,开展群众性剿匪斗争,至年底基本剿灭残匪,安定了社会秩序。

10月1日,寿县人民热烈欢呼中华人民共和国成立,在城关召开万人大会,庆祝开国大典。

参考文献

[1]寿县地方志编纂委员会.寿县志[M].合肥:黄山书社,1996.

[2]中共寿县县委党史工委办公室.寿县革命史[M].合肥:安徽人民出版社,1992.

[3]中共六安地委党史工作委员会.皖西革命史[M].合肥:安徽人民出版社,1987.

[4]《安徽通史》编纂委员会.安徽通史·清代卷(下)[M].合肥:安徽人民出版社,2011.

[5]沈寂.中国近代史事论丛[M].合肥:安徽大学出版社,2009.

[6]徐承伦.近现代安徽历史人物论集[M].合肥:安徽大学出版社,2009.

[7]安徽省六安地区地方志编纂委员会.六安地区志[M].合肥:黄山书社,1997.

[8]中共安徽省委党史工作委员会.安徽现代革命史资料长

编·第一卷[M].合肥:安徽人民出版社,1986.

[9]张湘炳,蒋元卿,张子仪.辛亥革命安徽资料汇编[M].合肥:黄山书社,1990.

[10]中共安庆市委党史研究室.中国共产党安庆地方史·上卷[M].北京:中共党史出版社,2001.

[11]方兆本.安徽文史资料全书·六安卷[M].合肥:安徽人民出版社,2005.

[12]安徽省政协文史资料研究委员会.淮上起义军专辑[M].合肥:安徽省政协文史资料研究委员会,1987.

[13]中共芜湖市委党史研究室.中国共产党芜湖历史·第一卷[M].合肥:安徽人民出版社,2008.

[14]中共安徽省委党史工作委员会.安徽中共党史人物传·第一卷[M].合肥:安徽人民出版社,1993.

[15]中共安徽省委组织部,中共安徽省委党史工作委员会,安徽省档案馆.中国共产党安徽省组织史资料[M].合肥:安徽人民出版社,1996.

[16]中共安徽省委党史工作委员会,安徽省档案馆.安徽早期党团组织史料选[M].合肥:1987.

[17]中共六安地委组织部,中共地委党史工作委员会办公室,六安地区档案馆.中国共产党安徽省六安地区组织史资料[M].合肥:安徽人民出版社,1995.

[18]中央档案馆,安徽省档案馆.安徽革命历史文件汇集·

第一册[M].合肥:安徽出版总社非正式出版字(86)第2017号,1987.

[19]安徽省政协《安徽著名历史人物丛书》编委会.革命中坚[M].北京:中国文史出版社,1991.

[20]中国社会科学院现代革命史研究室.南昌起义资料[M].北京:人民出版社,1979.

[21]王军.高语罕传[M].北京:中共党史出版社,2011.

[22]中共寿县县委党史办公室.中共寿县党史人物[M].合肥:安徽人民出版社,1990.

[23]中共安徽省委党史工作委员会.安徽中共党史人物传·第一卷[M].合肥:安徽人民出版社,1993.

[24]中共寿县县委党史办公室.寿县革命回忆录[M].合肥:安徽人民出版社,1989.

[25]中央档案馆,安徽省档案馆.安徽革命历史文件汇集[M].合肥:安徽省出版总社,1988.

[26]中共寿县县委组织部,中共寿县县委党史办公室,寿县档案馆.中国共产党安徽省寿县组织史资料[M].合肥:安徽人民出版社,1993.

后　记

　　《红色寿县》一书共分为八章,基本按时间顺序进行编排,兼顾有特色的章节。全书记述了民主革命时期寿县人民的英勇奋斗历程,是对寿县红色历史文化的真实记载。

　　在寿县这片红色的土地上,诞生了众多革命历史人物,传颂着脍炙人口的革命故事。本书撷取其精萃,挖掘红色资源,传播红色故事,以希望读者能从中感受寿县的红色历史,继承革命传统,弘扬红色精神。

　　本书编写者蒋二明自1983年以来一直从事地方党史的学习和研究,对1959年以来征集的各种史料进行过认真的梳理,对寿县革命史更是倾注了很多精力,并吸收了寿县党史工作者的成果。在此,谨向革命前辈表示崇高的敬意和深切的怀念,对寿县党史工作者表示诚挚的感谢!

　　由于本书撰写时间仓促,编写者近年身体欠佳精力不济,书中难免有疑误之处,恳请广大读者批评指正。

蒋二明